大学生创意创业

策划　大林
主编　刘之汉
执行主编　张合军

知识产权出版社

内容提要

本书提出了一系列创意创业的理论与方法，提炼出创意创业的新概念，为全国大学生、研究生创业、就业指出路径。本书借鉴美国十余所大学的大学生创业与风险投资的经验并结合我国的实际情况进行归纳总结，以此启发中国大学生采用另辟蹊径，新颖独特的方法创业、就业；本书集合众多新颖的创业就业思维模式，大学生、研究生可以借鉴、运用，以此奠定自己的事业发展的理论基础；本书可谓是大学生、研究生创业、就业必备之宝典。

责任编辑：荆成恭

图书在版编目（CIP）数据

大学生创意创业 / 刘之汉主编.—北京：知识产权出版社，2010.5

ISBN 978-7-5130-0007-9

Ⅰ. ①大… Ⅱ. ①刘… Ⅲ. ①大学生—职业选择 Ⅳ. ① G647.38

中国版本图书馆 CIP 数据核字（2010）第 081444 号

大学生创意创业

DAXUESHENG CHUANGYI CHUANGYE

刘之汉　主编　　张合军　执行主编　　大　林　策划

出版发行：知识产权出版社

社　　址：北京市海淀区马甸南村 1 号	邮　　编：100088
网　　址：http://www.ipph.cn	邮　　箱：bjb@cnipr.com
发行电话：010-82000860 转 8101/8102	传　　真：010-82005070/82000893
责编电话：010-82000860 转 8341	责编邮箱：jcggxj219@163.com
印　　刷：北京富生印刷厂	经　　销：新华书店及相关销售网点
开　　本：880mm×1230mm　1/32	印　　张：9.5
版　　次：2010 年 5 月第 1 版	印　　次：2010 年 5 月第 1 次印刷
字　　数：282 千字	定　　价：28.00 元

ISBN 978-7-5130-0007-9/G・331

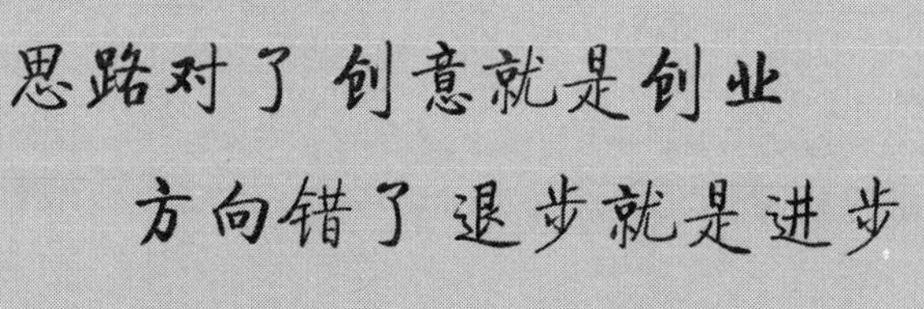
思路对了 创意就是创业
方向错了 退步就是进步

《大学生创意创业》

目　录

篇　前
期　望

胡锦涛总书记对青年的期望

去年五四青年节前夕，胡锦涛总书记来到中国农业大学，与师生们共迎五四青年节，总书记对广大青年团员提出了殷切希望。

今年五四青年节前夕，中国农业大学的师生给胡锦涛总书记写信，汇报了他们一年来按照总书记要求刻苦学习、勤奋工作、投身实践的情况。

胡锦涛总书记给中国农业大学师生回信，全文如下：

中国农业大学师生们：

在“五四”青年节即将到来之际，很高兴收到你们热情洋溢的来信。首先，我向全校师生表示亲切的问候，向青年朋友们致以节日的祝贺！

从你们的来信中了解到，一年来，中国农业大学认真践行服务“三农”的宗旨，教学、科研、管理等各项工作都有了新的明显进展；同学们通过刻苦努力，学业、品德、能力等方面都有了新的可喜进步，不少同学毕业后自觉到艰苦地方和基层一线去工作，以出色表现赢得了各方面的肯定。我为你们取得的成绩感到由衷的高兴。

解决好“三农”问题是全党工作的重中之重，实现农业现代化是我国基本实现现代化的一项重要任务。这为农业院校赋予了重大责任，也为广大农科学子提供了广阔舞台。希望中国农业大学始终秉持“解民生之多艰，育天下之英才”的校训，下大气力提高教学水平、加强科研攻关、培育优秀人才，为发展现代农业作出更大贡献。希望中国农业大学的同学们牢固树立远大志向，努力掌握过硬本领，在热情服务“三农”的实践中建功立业，书写美好的人生。

胡锦涛

2010 年 5 月 2 日

（转引自中国农大新闻网，责任编辑：陈卫国）

序篇

穿行在创意创业之林

创业象土地，无论是荒原还是沃土都承载着创业者的梦想，梦想是希望的种子，播撒在同一块土地，多半梦想中途破灭，但总会有幼芽破土而出，以剑指苍穹之势茁壮成长，成为这片土地的地标，供远行的人们遥望。

创意象一棵树，有些创意则是树叶，它注定没有果实，但是它衬托着花之美，供给果实的养分；有些创意是花朵，因为它在经历夏雨的洗礼和秋阳的润色之后会结出硕果。

创意的树扎根于创业的土地上，就会生长出一片茂盛的创意创业之树，滋养出成功事业之果。

几经沧桑，曾经播种的地方已经从视野中消失，取而代之的是这创意创业的浩瀚森林。

序　一　《大学生创意创业》

光华大学生创业发展专项基金秘书长　林　军

由天津创意策划研究会与华夏经济文化交流协会联合编撰的《大学生创意创业》的出版，对于大学生们来说，无疑是一本难得的好书。这本书集合了北京大学、清华大学、上海大学、广州大学等十几所大学师生的共同创意写作，总结了全国大学生用创意的思维进行创业的经验。因而，对大学生创业有着针对性强、实用性大的显著优点，可作为大学生全新观念创业的一本工具书。

众所周知，大学生就业难，创业更难。大学生创业面临资金、经验、环境等多方阻力。然而，大学生创业又是高质量的就业，是带动大学生就业的重要途径。因为其一，创业本身就是就业，创业带动就业。国内外调查显示，一个人创业，平均可带动三至五人就业。没有创业，就不能促进就业。其二，创业是大学生经营兴趣的引领。有兴趣就会有激情，就会产生动力，从而专注于事业，充分发挥大学生的聪明才智。其三，创业能培养良好的心理品质。由于创业要面对艰难、曲折、风险等不确定因素，因此能很好地培养大学生的诚信、自立、自强、坚忍不拔、敢冒风险、勇于拼搏、学会自我调节和团队合作意识等良好心理品质。此外，创业还能提升大学生的能力素质，能够改善大学生的知识结构，等等。所以，如何帮助大学生创业，就成为了全社会都应关注的一个重大课题。《大学生创意创业》，正是这个重大课题的一个研究成果。

成立于1993年的中国光华科技基金会，自2004年10月由共青团中央主管基金会的业务以来，在团中央书记处的坚强领导下，基金会以创建全国一流基金会为目标，以提高基金会核心竞争力为手段，秉承“服务、规范、创新”的工作理念，不断探索、锐意进取，社会影响力不断增强，2008年获得民政部颁发4A级社会组织等级。基金会下设的创新工程部，即“光华创新工程”，就是围绕“创新、创意、创业”主题，与诺基亚、SK、欧迪芬等国内外知名企业开展“中国青年创业支持计划”、“光华创新教室”等项目，也就是大力支持大学生创业。如今年3月，中国光华科技基金会获悉湖南大学生创业集团的筹建喜讯，立即表态支持1100万元的图书表示祝贺，且已与湖南人文科技学院签订了捐赠协议。故而，作为“中国光华科技基金会光华大学生创业发展专项基金”秘书长的我，当然也就非常乐意为《大学生创意创业》作序了。

我相信，通过《大学生创意创业》，大学生们一定能树立起创业意识，奋起创业、创新，提高创造能力。同时，在全社会的关注、各方面的大力支持下，一定能涌现出更多的创业人才。

创意创业新概念

中国策划家思想文库主编 大 林

《大学生创意创业》宝刀出鞘，面向全国大学生发行，这里汇聚了当前大学生创业题材最为鲜活最具创意的话题，它一改时下所谓调整心理、放下姿态，面对现实的千人一腔式的说教式写作，我们旗帜鲜明地赞成以创意带动创业，倡导运用创意的艺术意境、创意的哲学原理帮助大学生运用自己的思维去面对就业，而不是无限次的去面试择业，更不要盲目投资创业。这个“自己的思维”便是每个人心中的哈姆雷特。

创意创业是准备就业的大学生在择业之前的一个思维训练营，这个训练营就是这本《大学生创意创业》。

让我们共同认识创意创业

先从触类旁通的方式了解创意创业这个词的性质，创意创业是个 ABAC 式词语，好比全心全意、戒骄戒躁。与创意创业这种词语接近的词有音乐电视、电影电视。音乐电视不是简单的音乐与电视的相加，而是指音乐制作人以歌唱演员作为主体演唱，配之与歌曲主题吻合的电视画面，形成一种声情并茂，通过电视观赏的有画面的音乐作品。显然音乐电视作品的制作形式、观赏形式都脱离了舞台表演，成为了电视传媒的节目。同理，电影电视是以电影的手法、电影的片长乃至电影器材拍摄的故事片，却通过电视播出的形式，成为广大观众喜闻乐见、短小精悍的“非电视剧型的电视专供电影作品”，所以说创意创业也一样，是个不可拆散的整体概念。

因此我们对创意创业有三个表述：

1. 创意创业是一个学习科目

大学生在大学学习各种专业，没学过创意创业，这里所说的创意创业是相当于一个专业的一门知识，它由创意原理与方法、创业认识与途径组合而成。

2. 创意创业是一个准备阶段

大学生创意要学、创业要学，创意创业的科目、内涵、外延等方方面面都要学，并且是为了就业、择业或是创业而学；为时刻准备走向工作岗位而学。

3. 创意创业是一个体验感受

创意创业的学习与准备为的是日后去创业，所以这些学习必须是身临其境的感同身受，从动议到创意力求完善，从构想到实施精准策划。

因此本书提出一系列观点来支持创意创业这一全新概念：创意创业是一个出类超群的整体概念；创意是创业的先导，不可以毫无创意地去创业；创意就是职业，你有创意你就是职业；心有多高就能飞多高，创意创业就像飞机起飞前需要助跑；不要着急找工作，创意创业就像马拉松，起跑刚开始不必着急；不工作也是一种选择，创意创业循序渐进，渐入佳境……

本书在编撰过程中不断有好消息传来：

据天津市创业策划研究会介绍，天津市各文化、科技企业只要是接受一名用创意创业方式来实习的学生，便可获得政府5000元的补贴；

据《北京晚报》2010年5月9日报道，北京市部分高校将创业学分纳入大学生毕业时的总学分考核之中（详见尾篇）。

创意创业只是创业的启始与实验阶段，并不是真实的创业，《大学生创意创业》只是一本纸媒，不可能帮大家直接实现创业梦想，但完全可以引导您寻觅到无数可能。

你信，你就行，人生没有不可能。

序　三　坚持创意创业　走向希望之路

天津市创意策划研究会会长　霍兆虎

党的十七大报告提出，要“实施扩大就业的发展战略，促进以创业带动就业。”这表明扩大就业的根本出路在于：要通过不断的创造来促进创业的有利环境，大力培养劳动者的自我发展能力，依靠劳动者的主观能动性实现国民充分就业。而大学生更易具备的高水平知识技能、创造性思维以及自我发展的主观能动性使他们必将成为创业的领军者。

在这样的形势下，以创业带动就业被赋予了重要的现实意义。但是据调查显示，相比发达国家大学生创业率在20%~30%，我国大学生创业率仅为1%~2%，大学生蠢蠢欲动谈创业，而实际付诸实践的人并不多，在仅有的创业实践学生中大多又以失败而告终。2008年10月国务院办公厅发布了《关于促进以创业带动就业工作的指导意见》，中央到地方政府也颁布实施了多项支持大学生就业的优惠政策，但真正进行创业的大学生还只占有创业想法大学生的极少部分，大学生创业遭遇瓶颈所带来的信心不足使政策落实缺少现实空间。这些瓶颈包括：

1. 观念：根深蒂固的“学而优则仕”的传统思想，无论从成长环境还是自身都制约着大学生的创业意识；

2. 经验、知识和技能：大学生对于创业的基本流程、企业运作模式和管理方法知识匮乏，没有管理、营销等方面专业知识结构，社会经验不足也使大学生缺乏运营一个企业所需的综合能力；

3. 资源：没有好的项目、资金不足、创业团队等基本资源缺乏，社会关系与人脉、服务机制等社会资源的缺乏。

综上，现阶段急需创业载体完成大学生创业意愿与政府鼓励创业政策的对接，需要有一个能吸纳大量大学生创业就业的产业，创意产业作为“知识密集型”的产业，能够为大学生提供广阔的就业和创业的平台。温总理在十一届全国人大二次会议上的《政府工作报告》上特别提到，2009年要促进创意产业发展，足见创意产业这一新兴领域已开始在中国产业经济发展中扮演重要角色。创意与创业的结合具有其必然性，大学生把创意产业作为创业选择，将加快培养创新型人才、建立创新型社会的步伐，也将为创意产业本身注入新鲜的血液和活力，推动其快速发展。创意创业项目具备不消耗资源、无污染、以创意知识为“原料”、以中小企业为主要对象、低投入、低门槛、范围广泛、领域众多、可发挥空间大等优势，创意产业因其诸多特点也已经渐渐成为大学生创业首选。

天津就依托历史文化资源以及多个创意产业园区带动就业和相关产业发展。天津市现有的创意产业园区中，凌奥与意库、北新与海泰高新技术园区软件园等几家园区都开展了用创意带动创业的示范基地，而且各自的创业侧重方向不同，能满足创业者的不同需求。创意创业项目为高校、政府、企业等社会各个环节在解决大学生就业、创业方面提供了新的途径。

首先，高校通过创业基地解决大学生就业率。在高校开办创业课程，包括师资力量的汲取。还要在高校中建立工作站，深入了解学生需求，提升学生创业意识，全面开展各项工作，这都需要高校的大力支持。

其次，政府在当前紧迫的就业形势下，“创业带动就业”就有效解决大学生就业问题。解决大学生就业问题已经成为政府工作的首要内容，每年数以千计的大学生通过创意开始他们的创业之路，无疑为政府缓解了部分就业压力，更是对“创业带动就业”的良好践行，能够使大学生创业意愿与政府支持创业政策得到有效的对接。

再次，开发出数量可观的创意产业项目。在大学生用创意带动每一个创业项目都将经过认真的评价、讨论及优化，成型后的实施过程更是有优秀的导师团队及先进的硬件设施予以支持，定将有大量的创意产业项目投向市场，带来不可限量的经济和社会效益，同时也将为我国的创意产业发展做出贡献。

最后，造就一批难得的创意创新人才，创业本身就是以创意为前提的，而创意也需要靠创业来实现，二者从广义上是相辅相成的关系。创意氛围的熏陶，创新思维的培养，再加上整套培训体系的锻炼提升，定会造就出一批高素质的创新型人才来满足企业及社会的需要。伴随天津创意产业的发展，整体环境的改善，每年诞生的优秀人才中有很多人会选择留在让他们创业梦想成真的地方，其示范效应定能为天津留住人才。

作为国家首个创业带动就业实验区，天津从 2009 年开始，四年内预计投入 10 个亿用于各类创业补贴，其中以创意创业作为推进大学生就业的重点项目就此开启。一代大学生的创意创业新观念，已在路上。

序　四　百城万校　创意创业

华夏经济文化交流协会会长　刘之汉

“读万卷书、行万里路”是中国传统文化的古训。其言近旨远，强调知识与阅历并重。

万里行在中国有着许多非凡的记录，有改革年代的沿海经济万里行、有《经济日报》发起的全国质量万里行、有广州《南风窗》创建的教育百万行。这些个万里行、百万行在中国各个历史阶段无不起到了宣传、鼓动、激励中国人民奋发向上、努力拼搏的作用。

今天“百城万校我创业”全国万里行行动马上就要开始了，我们选择天津滨海新区作为首站，对大学生们劝学劝业；为大学生创意创业提供政策指导、策划指引，号召大学生运用创意创业减轻国家负担；运用创意创业方法解决就业难，宣传大学生创意创业经验，推动中国产业文化与文化产业，带动校企合作，倡导新时代的新就业观，实现“以创业带动就业”的战略部署。

【主体行动】

1．编撰《大学生创意创业》；2．举办大学生创意创业大型报告会；3．举行百城万校入城仪式、入校园仪式；4．全国大学生创业创意大赛、辩论赛；5．创业创意校园演讲会、巡回展；6．创办创意创业俱乐部；7．创建大学生创意创业基地。

【行动口号】

1．读书破万卷，创意手到擒来；2．百城万校我创业，千方百计齐创意；3．劝学劝业百城动，创意创业万校行。

五月的鲜花开满了大地，大地是那么美好。五月有劳动节，劳动是我们每个人的权利；五月有青年节，青年是时代的先锋。我们关注着青年，也关注着就业，《大学生创意创业》就是满怀着对你们的殷切期望而编撰的一本实用工具书，它真知灼见、言简意赅，开放给所有向往创意、崇尚科学、立志创业的人，她导向睿智、趋向实战，以我们的肩膀做台阶、经验做阅历，一旦有需求就请你把它翻开……

序　五　天津：重塑创业城市之魂

天津市创意产业协会秘书长　张合军

当创业成为一个时髦名词的时候，很多人并不知道，天津的城市之魂正是创业，天津，实实在在的中国的创业之都。

在一个五千年文明史的国度，一个六百年历史的城市无疑年轻而生机勃勃。作为一个与西方文明直接对撞的港口城市，无论是中国北方的农民，还是中国南方的商人，无论是晋商、徽商、浙商、粤商，还是法国人、德国人、美国人、俄国人，在这个移民城市上演了无数实现梦想的传奇。

创业，是这个城市贯穿始终的主题；创业，是这个城市赖以生存，赖以发展的城市之魂。

各路移民的创业之路，就是天津的城市之路。天津海纳百川的城市性格给了寻找梦想的人们以宽广的舞台，张伯苓创办了南开学校，创造了百年南开两总理的奇迹；张季鸾创办了《大公报》，造就了华文传媒报刊业的经典；范旭东，被毛泽东评价为“工业先导，功在中华”；宋裴卿，“抵羊”商标给了多少中国人以骄傲和自豪。在天津成就梦想的人们数不胜数，在天津创业成功的事例不胜枚举。

正是这样的深及骨髓的创业精神，造就了天津的城市辉煌。

青年学子们，你们知道天津的卫文化、码头文化、产业文化、饮食文化、小洋楼文化、民间工艺、曲艺、武术是怎样共同组成天津文化的吗？创业精神无疑是构成天津文化的最佳核心。它充满着乡土气息，涵蕴着丰富的生活共识，不仅规范着天津人的生活理念，更影响着几代天津人的精神境界。

天津从明清到民初，是实实在在的中国陪都，无论是清室皇戚贵胄，还是北洋各派军阀，或是民国官僚政客，一旦政治上失势之后，便纷纷麇集天津，托庇于外国势力，在租界里建造豪华住宅，或从此颐养天年，或准备东山再起。

梁启超故居纪念馆、李叔同故居、溥仪在津故居等名人旧居、名人故居等待着我们去解读它的深邃含义。当然还有张伯苓、吴云心、陶湘、徐世昌、张自忠、吉鸿昌、张学良、傅斯年、霍元甲、王光英、张学铭、谢添、骆玉笙、历慧良、马泰、邓颖超、刘清扬、郭隆真、杨秀峰、康世恩、荣高棠、梁漱溟、张申府、汤用彤，还有戊戌变法的重要参与者王照、“氢弹之父”于敏、诗人郑愁予、作家罗兰、国画家周思聪、国学大师张中行、中科院院士严陆光、郝柏林、剧作家曹禺等等。这些文化的、艺术的、政治的、商业的、科学的名人都承继并标榜着这个创业城市的创新精神，移民城市创造出的惊人的城市活力给中国的近现代史留下了华彩篇章。

这是一个创业城市，这是一个鼓励创业梦想的城市。

当天津滨海新区进入国家发展战略，当天津被认为是中国经济发展第三极之时，拂去计划经济灰尘的天津，创业重新成为这个城市的精神特质。

当你在海河之滨散步，河水涟涟、海风习习吹来，披一身燕赵侠风，蕴涵着太行神韵，带着岁月的记忆流入了渤海。海河儿女始终怀着一颗虔诚的心，让我们对母亲河顶礼膜拜。杨柳青古朴的年画，大沽口倔强的炮台，南开校园总理的嘱托，让我们怎么不心潮澎湃，而张伯苓、张季鸾、侯德榜、范旭东、宋裴卿等天津人创造的伟大成就，对今天的青年学子更具可资借鉴的现实意义。

在这个创业城市创业，在这个尊重梦想的城市实现梦想，你准备好了么?

创意创业篇

导航仪

时间不再充裕，24 小时，8 小时努力工作、8 小时不知所措、8 小时辗转反侧，时间里没有自己，因为缺乏创意。

地点不再固定，两只脚随着秒针一刻不停，步伐凌乱，在这城市的地面上画曲线，在这里，没有立足之地。

人物不再温存，所面对的是陌生的城市，陌生的人群，陌生的脸，在这里，天涯海角之间的距离就是两颗心的距离，人潮人海中，遗失自己。

似乎经历了沧海桑田，这一切就发生在走出大学校门之后。时间成了指间沙，地点成了雾中花，人物都是路人甲。

如何摆脱这种苦闷的生活。到底是哪里出了错?

时间、地点、人物都没错，错的是方向。也许，该转个弯，或者调个头，转向何处？创意创业！

创意，只要训练思维，人人都有；创业，只要付诸行动，总会成功。

人生的路上总会迷路，尤其是大学毕业之时，此时开启创意创业的导航仪来指引人生，从此，时间、地点、人物尽在把握之中。

观　点

心有多大　舞台就有多大

北京大学政府管理交流中心　刘金彪

面对就业难的现实，待业大学生心理恐慌、彷徨、不知所措、愁眉不展，这些情绪都是可以理解的。但是我们想要前行，就要树立起雄心壮志，中央电视台广告部曾以“心有多大，舞台就有多大”做过一条自身形象的广告片，画面是一个年轻舞者在旋舞，舞着舞着天地随之变得越来越宽广……

大学生朋友，你一定听说过“创意”，但听说过“创意产业”吗?

“创意”概括的讲，就是创造性的意念。它是一切思维成果的最初萌芽和最富价值之所在，是一切创造思维主体最宝贵的思维结晶和生命价值的体现。这样的理论概括或许你不能够完全理解它所表达的涵义。实际上创意就是由一个个的意念或说是由一个个的灵感形成的创造性思维。有关创意的原理，东西方创意大师的解释不尽相同。但是，我们可以依据系统论、全息论、相干论、有“意”论等科学理论体系来研究和探讨创意原理的基本特征。创意，即是来自头脑，就会千姿百态，我们不必苛求标准的原理。

因为世间的万事万物的存在形式都有一定的系统性，比如人体有：呼吸系统、消化与吸收系统、神经系统、骨骼系统等；又比如电脑软件有：维护工具系统、优化工具系统、测试工具系统、资源管理工具系统以及安全工具系统，等等。事物的系统性是由事物本体的场效应决定的，这就是系统论的基本特征。创意的基本特征是灵机一现与强烈的动议相撞。

系统与系统之间的相互联系与作用总是相干的，譬如说“牵一发而动全身”，譬如说维护工具系统中的辅助工具与清理、卸载工具都具有维护和修复的功能。人与自然，自然与环境，环境与气候都是相互关联的。创意总是不期而遇，却是有备而来。

“春江水暖鸭先知”、“一叶而知秋”，这说明任何一个事物在其相互关联的过程中，都在表达着另外一种信息。这是因为大千世界本身就是一个不同全息度的全息系统。这就是世态万象全息说，也称为元素映象说。创意是睿智闪现，而闪现来自勤奋与思维。

世间有神灵吗？我们且不论其有无或对错。但是，科学研究表明人和物是有“意识”的，存在着的有灵性的物质严格地说普遍地存在着“生命特征”。虽然人们无法认识整个世界，但是人、社会、大自然和宇宙却都处于一种似乎有意安排的和谐之中。创意也是如此，幸运女神垂青有准备的人。

上述理论的阐述在于引导大家明确一个重要的观念，就是“世上无难事，只怕有心人”。

只要用心学习、用心体会、用心做事、用心发现、用心意想就能激发创意灵感，就能成为有创意的人。只有有创意的人不断去创意，或者由众多的创意人投身到创意事业中去，创意的氛围就有了，创意的文化就丰富了，在此境况下创意产业也就诞生了。

主 张

文化创意最能创业

清华大学文化创意产业研究中心 李 季

教育部部长袁贵仁在2010年全国普通高校毕业生就业工作视频会议上直言：国际金融危机对我国就业的不利影响还没有消除，如果说2009年是经济最困难的一年，2010年可能是最复杂的一年，整个宏观层面就业形势就很严峻。那么，2010年的毕业生人数630万，再加上往届没有实现就业的，需要就业的毕业生数量有可能达到700万之多。

由此可见，在十年间我国的高校的毕业生已经翻了五倍，每年到了毕业的时候总是有数不清的学生穿梭于招聘会，有的学生找到了工作，但是很多的却是两手空空。同样的，有很多的企业抱怨招不到合适的毕业生。在这里我们姑且不去追究到底是怎么产生的这种状况，责任在谁。单从毕业生创业来提出几点建议供大学生朋友们参考。

尽管很多人对大学生创业提出种种非议，比如经常听到这样的声音，讲大学毕业生社会经验不足，人际关系不够，而且资金也成问题，因此似乎很大一部分力量是不鼓励大学生创业的。但是，只要我们多想一步，李开复虽然做过微软与Google中国的总裁，但是他在演讲的时候还是颇有体会地表示自己宁愿先创业，再去伟大的企业工作。或者我们可以这样理解，有很多行业不适合刚毕业的大学生来创业，比如需要过多启动资金的房地产、制造业、连锁零售等，但是有很多高门槛、高附加值、低启动资金的行业却极有可能给刚刚创业的大学生带来前所未有的机遇。前人的经验固然重要，但是毕业生应该多一点自己的甄别能力，要多听从成功人士的成功经验，而不是随便听到一条小道消息就如获至宝，然后亦步亦趋。

说到我们创业的重点，首先就是要选好行业，大学生经过了多年的专业学习，而且在较为前沿的教育环境中受了多年的熏陶，不论专业水平到底有多么专业，最起码已经培养起来一种对于新事物的快速接纳能力、对自己感兴趣事物的全力以赴的态度、对别人优点的快速发掘与见贤思齐的学习能力，这些正是从事文化创意产业创业难能可贵的宝贵素质。这些素质也是大学毕业生区别于其他劳动群体的优势所在，如果大学生创业的时候选择了人人可以从事的进入门槛低的行业，这样他们本身的知识文化积累的优势就不是这么明显了，而且面临的竞争者比单纯的大学生要多出更多倍。所以说大学生从事文化创意创业是一个明智的、物尽其用的选择。

和前面提到的问题类似，文化产业也包含了非常广阔的范围，相信从本书的各章节的讲解，大学生也应该对文化创意产业有一定的了解，决定了从事文化创意创业后，要找准自己适合的方向，盲目地去创业是不容易成功的。当然，毕业生要根据自己所在区域的特点，进行一个初步的调查，看看到底哪一个文化创意行业是有潜力、有市场、可行性强的。这和平时大家所说的“磨刀不误砍柴工”是一个道理，准备工作做得充分一些以后的麻烦自然会少很多。开始的定位做好了，坚持走下去，也省去了以后进展中的犹豫和踟蹰。

现在全国各地的文化创意产业园区争先恐后地涌现，并且很多园区非常重视产业的聚集效应，也有一些创意创业产业园区，这些园区不仅给大学生提供了创业的各种优惠政策，甚至有一些资金上的扶植。有志从事文化创意创业的毕业生可以考虑先到这样的园区进行初期的创业阶段。节省下了部分的日常费用和税收的优惠，相信创业者可以轻装走得更远。

从事文化创意创业可以这样理解，就是将自己头脑中的智力资源转化为具体的产业，如果有时间，强烈推荐毕业生到北京、上海、深圳这些文化创意产业发达的地区实地看一下，这样可以保持与这个行业前沿的同步，而且有可能在北京789、上海外高桥或者深圳华强园区一些不经意的点滴就可以激发你的创意灵感。加上大学生本身就对新事物的感知能力，说不定下一个新产业帝国就在你的这样无心回眸中产生了。

另外一个建议是让大学毕业生多多去跟前人请教，无论是文化创意产业的成功者，还是现在正在从事着一些领域研究的学生都值得毕业生虚心学习，能有机会当面请教最好，如果没有这样的机会，可以多听听这些人的讲座，再不行就去网上找找他们的视频或者书籍，再不行就去找几本有关的书多看一看。文化创意产业是个复合型很高的行业，对社会和行业的洞察力越敏锐，越容易发现最好的机会，然后抓住时机就非常有希望作出一番事业。

有一点是非常忌讳的，就是模仿，我们见过了太多了这样的例子。比如，一旦一个人做起了某个生意，而且做得不错，便会有一大批人前赴后继地在这个人周围开始类似的生意，这是“一窝蜂”现象，或者说是模仿吧。文化创意产业有着独特的特点，因此尽量挑选进入门槛较高的行业着手，不能让模仿着轻易超越，更不能去盲目模仿别人的成功。创意是这个时代宝贵的财富，创业者尽量应该把精力放在如何发掘更多的创意，并且把创意转化为财富，而不是急于学习与模仿别人的东西。

最后再说一点，尽管文化创意创业是有着美好前景的事情，但是每个创业者一定要做好两个准备：“时刻准备着摔倒”、“时刻准备着摔倒后爬起来”。创业毕竟不是纸上谈兵，需要真刀实枪地去演练，而且有很多的无法预期的现象出现，这和做其他事情都是类似的。但是相信只要大学生朋友有一种百折不挠的精神，遇到了困难能够不气馁，积极寻求解决方案，全力以赴去处理。从哪里跌倒了就从哪里爬起来，相信最好的成功就在不远处。

不要觉得文化创意产业多么神秘，只要你坐下来，用心去多研究一下，会发现里面有很多机会的。如果人人都了解了，每个人都可以像专家一样了，这个行业也就不值得你去选择了。所以抓住机遇，去文化创意产业创业吧！

方　向　　**睿变的大学生创意创业**

中国小康年鉴主编　晏　滔

变化、发展、运动是社会的常态。今天不生活在未来，未来就生活在昨天。我们在昨天和未来的择业中徜徉。

走出梦幻的大学，手持“绿色”的职业通行证，然而我们却撞上了“红色”的就业“门禁”。于是，我们的目光停留在那些混乱的职业之窗。闹市，开着无数的就业之窗，然而，南来北往的我们在梦想的通衢大道上逛着，逛着，就“迷思”在那一扇扇“窗”的风景中，却无法领略创意的旖旎风景——这就是我们创设《大学生创意创业》的初衷。

这扇展示创意创业最美风景的窗口就开在天津市创意策划研究会。创意创业的风景之窗曾一度寂寞着，是因为每一个大学生也都有一扇自己的心窗，这扇窗不能从外部打开，它只能由内心深处向外推开。于是，创意创业之窗与大学生的心窗在快乐的对视中，露出睿智的微笑。

【睿智与解放】

《大学生创意创业》告诉我们：只要我们创意前行，我们就要做自己，就能从切身做出选择、感觉、需要、表达。这样，生命动力才能传遍全身并解放自己。做自己，自己就是种子，幸福则是果实；播种前者，后者就一定会生长。

80后、90后，一直以来在过来人眼里都是少不更事的代名词，但一夜之间人们发现，早已经是人才辈出，刘翔1983年出生，姚明1980年出生，而在80后、90后大学生中的成功创业者，就让人们留意到我们所做的事情已经成为我们的骄傲。

从央视《新闻会客厅》栏目，一段李小萌与青年创业家高燃的对白或可看出些许端倪：

李小萌：你最著名的一句话是说，你不希望你的人生一眼就看到头，你能跟我讲讲什么是一眼能看到头的人生?

高燃：我之前特别想做一个记者，当我真正做了一个记者的时候，我认为这不是我的人生。人生的长度是我没办法来计算的，但是我希望这个人生的宽度能够比较宽广。说实话，我还是非常追求影响力的，我非常喜欢李开复说的一句话，他说："追随我的心，去做一些最有影响力的事"。

李小萌：你当时是把杨致远堵在了电梯里，他当时是用什么样的目光在看你？

高燃：他当时比较奇怪，杨致远把电梯门按住等 CEO 进去，我说，我来吧。杨致远就进去了，我立马自己把电梯门关上，把我的商业计划书给他，我说我很佩服你，你要看看我的商业计划书。

李小萌：你那个计划书，最后一句话是写的什么？

高 燃：我比较喜欢姚明，他从中国到美国的第一句话就是说，让我们一起开创大场面，我非常欣赏这句话，我就说："让我们一起开创大场面，这个时候已经到了。"

【旁白】

高燃作为 P2P（点对点）流媒体企业的典型代表，在新浪、搜狐、网易这三家门户网站关的新闻大战中，mysee 稳坐一隅，为新浪和网易同时提供 P2P 流媒体直播服务。mysee 开创了中国互联网大规模视频直播的先河，高燃被媒体称为"中国最年轻最活跃的青年创业企业家"之一。

【厚墙与窍门】

在大学生就业这个变得越来越"厚"的"墙"跟前，创意创业便成为大学生需要掌握的窍门。创意也在改变就业的内容。15 年前，没有人能理解"免费服务"能成为最为发展的商业模式。网络的发展提供了一种启示："免费"已上升为一种相当有收益且有效的经济模式。

大学生经过多年的教育，背负着社会的种种期望，在社会经济发展的同时，大学生创意创业逐渐被社会所接受，同时也肩负着提高大学生就业率和社会稳定这样的历史使命。

事实上大学生就业与创业本就是同一个问题的两个视角，面对"就业墙"之厚重，我们为何不选择"创业窍门"之快乐？在创意创业的通衢大道上我们有我们的优势：

我们对未来充满希望，有着"初生牛犊不怕虎"的精神。我们在学校里学到了很多理论技术，我们的创业从一开始就必定会走向“用智力换资本”的“创意创业”的必然之路。

我们有创新精神，有对传统观念挑战的信心，而这种创新精神就是我们创业的动力源泉，成为成功创业的精神基础。创意创业的最大好处在于能快速提高自己的能力、增长经验，学以致用；最大的诱人之处是通过创意创业，可以实现自己的理想，证明自己的价值。

在相当一部分创业计划书中，许多人还仅仅停留在创意点子上。其实，现在的投资人看重的是你的创业计划中真正的技术含量有多高，在多大程度上是不可复制的，以及市场赢利的潜力有多大。而对于这些，你必须有一整套细致周密的可行性论证与实施计划，决不是仅凭三言两语的一个主意。

《大学生创意创业》告诉我们创意创业的六大途径：

途径一：大学课堂、大学图书馆与大学社团

途径二：媒体资讯

一是纸质媒体，人才类、经济类是首要选择。二是网络媒体，管理类、创业类是必要选择。此外，创业中心、创新中心、大学生科技园、留学生创业园、科技信息都可以学到创业知识。

途径三：工商界人士

在他们那里，你将得到最直接的创业技巧与经验，更多的时候这比看书本的收获更多。

途径四：曲线创业

先就业、再创业是时下很多学生的选择。但必须是为创业的就业，不是为生计的就业。

途径五：创业实践

积极参加大学生创意创业大赛、工业设计大赛等，通过兼职打工、试办公司、试申请专利、著作权登记、商标申请等事项来完成；也可通过创意项目、创建电子商务网站、谋划书刊出版事宜来完成。

途径六：校园代理

大学生由于经验、能力、资本等方面都存在不足，直接创业存在很大困难，而校园代理对经验、资金等方面要求不高，可以积累市场经验、锻炼创业能力。可以为毕业后的创业之路准备必要条件。

视　角

大学生创业在重庆

重庆青年创业者协会 喻卫东

重庆市青年创业者协会是重庆青年创业者学习、交流、沟通、互助、共赢的发展平台。

希望能帮扶那些正在创业的青年创业者。可以更好的协助政府施行有利的创业政策，也能提供工商界一个交流圈，做到真正的互利共赢。2008 年 6 月 18 日，在重庆创建了青年创业者俱乐部（今青年创业者协会）这样一个以创业为主题的公益性组织。

重庆已经推荐了唐大焱、赵平、徐利君等 3 名创业者参与中央电视台《创意梦工厂》活动，2010 年 4 月 27 日，他们去成都参加了中央电视台《创意梦工厂》成都站的海选，其中一位有可能到北京参加节目录制。

还有《我要创未来》活动是一档在全国范围，以选拔的方式寻找最具潜力的创业人群和创业项目的活动。创业者展示自己的创意，陈述项目，注重创新，接受考评。通过考评的优胜者可获得相应的资助，实现创业梦想。在各城市选拔"青年创业榜样"，并在年终的时候评选出"年度青年创业英雄"。对于有创业创新创意或者正在经营项目的青年创业者，是个很好的平台。利用这个平台可以秀出自己的创业风采。这也是继中央电视台财经频道举办"创业课堂"成功实践后，另一个利用典型人物推动大学毕业生、农民工增强创业信心的创业节目。

2009 年，中共中央政治局常委李长春对该节目作出重要批示："经济频道办创业课堂是'三贴近'的成功实践，要用大学生、农民工中的创业典型人物的成功实践大力弘扬创业文化，望深入挖掘，办出名气，创出品牌，推动大学毕业生、农民工增强创业信心。"

这样一个大舞台，确实是给重庆乃至全国有胆有识的青年创业者们一次绝佳的机会。

重庆青年创业者协会将联合重庆地方政府有关部门及媒体力量，策划"首届重庆青年创业大赛"，利用中央电视台财经频道《创业》栏目的影响力和平台，搭建重庆青年创业者学习、交流、互动沟通的桥梁，希望更多的重庆大学生及青年创业者参与进来。

重庆青年创业者协会作为的一支地方媒体与民间创业帮扶力量亲密合作，去年成功举办了“《创业大讲堂》走进高校和社区”活动，其中5月份的商界传奇人物宁俊达先生在重庆邮电大学的讲座，更是受到广大学子的喜爱。重庆青年创业者协会拟推出《创业大讲堂》巡回演讲团走进重庆各大高校进行演讲报告，下个月将在重庆大学开讲，而讲师是来自中国青年政治学院副院长、国际劳工组织KAB创业教育中国研究所所长李家华教授。

希望通过这些名人的讲座对学子们将来的创业规划有所帮助。将这样的创业课堂推进重庆各个高校，帮扶青年大学生就业、创业。

政府对“青年就业”这个问题也越来越重视。今年4月15日由国家六部委联合开展2010年高校毕业生就业推进行动就指出：“力争应届高校毕业生初次就业率达到70%”。现在越来越多来自社会各界的帮扶力量在关注大学生就业、创业。比如：首届重庆公众创业大赛、重庆大学生村官创业设计大赛等创业活动，就是落实青年及大学生就业、创业政策的一些重要举措。

重庆青年创业者协会正谋划建立“重庆青年创业学院”，是个非学历教育的创业培训机构，为更多想创业的青年 及大学生朋友进行全面的创业培训，帮助他们实现人生梦想。

全国人大常委会副委员长、民建中央主席陈昌智3月12日对我们发起成立的重庆市青年创业者协会为大学生及青年创业者搭建学习、交流、沟通、互助成长平台的做法予以充分肯定，并作出批示：“很好。你们建创业者协会很有意义。为社会作出更多贡献。”这使重庆青年创业者协会的同仁和朋友受到极大鼓舞，表示一定努力把这件利国、利民、利于社会、利于重庆发展的好事做好，把青年创业者协会平台做大做强，为“创业重庆”营造更好的氛围。

重庆市工业服务港建立重庆市大学生创业体验基地，为即将创业、正在创业的大学生们提供免费办公室，同时还将请来营销、融资、项目管理等相关专家，提供专业的技术指导，帮助其“孵化”创业项目。该创业体验区总面积达1500平方米，每个免费工作室为6平方米，均为统一装修风格的半封闭式“格子间”，共约80间。按照规划，工作室面积虽小，但却“五脏俱全”，内设可供办公桌椅、资料夹、台历、宽带网络接口（自备电脑）等。

为了方便创业者们会谈，体验区内还设有50平方米的封闭式会客区，内有沙发、茶几、饮用水、各公司的宣传资料、投影设备等，这个区域还有专门的接待人员协助创业者接见客户。

体验区将统一为创业者提供打印机、传真机等设备及设备维修人员，而专业的办公室文员则可以统一为创业者免费接听电话、记录来电、打字复印、传真及员工考勤。

每天有专家值班

很多初次创业者缺乏必要的实战体验，体验区不仅有专家、行业人士亲自指导，还能为资金困难的创业者节约很多钱。体验区相当于一间现代化管理课教室，让创业者在最小的风险下亲身经历创业实战及创业心理的调适。

创业大学生遇到困难可以咨询政府有关领导、有经营实力的企业家、促销及融资等方面的知名专家。

统一办理工商执照

体验区特意协调市内相关政府部门，将统一为创业者提供工商执照办理和商标注册等，对于有发明创造或很有创意的产业，服务港方面还会帮创业者申请专利。另外，他们还将和税务部门联合，对区内创业者进行税收减、免等相关手续的办理。

好项目可“赶集”

对于特别有创意的创业点子，信息港还专门开设了“创意商场”供创业者进行交流。目前信息港收集了来自高校师生、社会人士、热衷于发明创造人士的创意点子近千个，范围涉及了日用品、外观设计、地图、汽车配件、健身器材等多个方面。

思　辨　# 行走在创意和创业之间

广州南方人才基地 张大文

创意，中华民族一脉相承的文化遗产；世界精神财富的东方瑰宝！

创意，在当今中国已经成了一门产业，这可真是始料未及，今天我们把创意创业连在一起用来指导大学生就业。

创意从词面上解释是创造性思维与意趣，大而言之，举凡运用创造性思维而工作的职业与行业都可谓之创意，举凡从事艺术创作的、科学研究的、创造发明的、意识形态的、文化产业的、策划咨询的无一不是创意，这种余韵流风造就着创意人物，引无数英雄竞折腰！

创意致富，富可敌国

创意源自意识形态，服务社会经济。电视创意栏目《赢在中国》在策划相助下横空出世：节目以著名企业家做投资做评委；参赛者群策群力，力争上游，金点子，好创意脱颖而出；优胜者获得投资梦想成真；电视观众感同身受、受益匪浅；电视台更是满盆满钵、满堂喝彩。一个节目投入产出以数亿万计，不得不说创意的巨大效能。

正在天津举行的2010赛扶中国创新公益大赛，是《赢在中国》的姊妹篇与预备榜，天津参赛的南开大学代表队以五大道风情旅游开发为题；天津工业大学代表队以时尚魔方、我的俱乐部为题；天津大学代表队以花之桥、剪布艺术为题；中国民航大学代表队以绿色驾行、包子超人为题进行了角逐取得了骄人的成绩，为天津大学生创意创业创立了样板。

创意心动，动力十足

以高铁为标志的中国铁路再一次提速令人意气风发，已经开行的广州到汉口的高铁车程已减少到4小时，北京到上海的高铁车程也在 5 小时左右，中国铁路挖潜力、寻良策，在创意上狠下功夫，速度是交通第一生产力，在夕发朝至、双轨运行、城际列车、全列动车诸多措施之后又添高铁运行，再建奇功。可想而知的是新版中国列车运行图定是创意领先、技术饱满的先遣图。

创意穿石，石破天惊

北京人文大学是教育界的驰名品牌，24 年间培育了 50 万名学生，全校 18 个学院遍布人文各学科，它以自己的特色定位吸引高校师资，始终把就业当作第一目标的教学思路确立了学生的志向，突破了私立高校招生难、就业难的瓶颈。

新建的北京人文大学中国策划学院更是以创意领先，需求殿后，把职业当专业，开办商务策划师专业，学以致用。教学订单络绎不绝，不情之请纷至沓来。与创意至为密切的东方策划学科全国首创，与创意同呼吸的文化产业策划门庭若市，把创意当作学问又当作方法，怎不石破天惊。

创意创业是个新概念，大学生们需要掌握它，了解它的流程，我们是这样为大家设计的。

1. 创意创业首先要有一种动议，就是想干什么，例如说设计一免费模式吸引顾客，而后才是创意。

2. 创意创业必须找一种方式或是媒体来进行策划。例如是运用地图来创业，或者是运用印刷增值的方式来创业。

3. 寻找到了媒体或方式，下面就要进行策划，要争取免费运用这些媒体或方式，利用这种媒体或方式的资源来进行创业。

4. 根据以上的动议、创意、策划对项目进行尝试，总结经验，以利再战。

5. 最后才是筹措资金正式的开展创业。

创意是一件很难的事情不是有创意就能创业，没有资金无法创业的大学生们要通过创意创业的训练，循序渐进的开展创业，在这个过程中前面是创意、中间是媒体或方式、后面是创业，如何行走在创意创业之间请看下表的提示：

创　意	媒体或方式	创　业
医院产业文化	地图	编绘《广州市医疗地图》
免费广告刊登	指南	采编《上海美食指南手册》
电视促进销售	电影	定制《丑女无敌》电视剧
印刷增值服务	笔记本	编制《2011年效率手册》
一盒百人名片	名片	交换同乡会与会名片
商务音乐晚会	人与人	跳号选座人人都是资源
新闻传媒外驻	非企业单位	大学生投稿工作室
会员会费定额	非市场归集	天津私人俱乐部会费
开设慈善超市	非营利机构	天津红十字基金会

从上表可以看出创意是一个奇特的想法，它通过媒体或方式可以形成创业的雏形，长久地经过这样的训练尤其是深入其中的参与，我们会感受到创意与创业之间关联，除了媒体或方式还有领域或行业、模式或方法。

角　逐

当文化遭遇经济

华夏经济文化交流万里行　关　晰

西方现在很时兴时间生态学。它的学说是，整个社会正在以不同的速度互动和奔跑着，在所有的成本中最要讲究的是时间成本，而时间成本又告诉我们不要匆匆忙忙的地去做决定，这里有个循序渐进、因势利导的问题，有种骑马找马，边工作边找工作的方法看似节约了时间，却是浪费了生命，至少是无端的交了“时间税。”

仅仅是为了生活，我们可以不要工作，大学生们的家长可以节衣缩食再养他们，两三年，也正因为这种原因存在，大学生选择读研究生延缓就业就是处于这种家庭经济状况和社会就业状况下的选择，但是研究生最终还要毕业，还是要去找工作，那时的工作更不好找，因为研究生的姿态高了，要价高了，年龄也大了，企业不要了。

文化遭遇经济，大学生创业更无从说起。

我们通过中央电视台《赢在中国》大型电视创业大赛来看，那里展示的是经过自下而上十几轮的混战才拼到最后的景象，当然他们很了不起，获胜者赢得了投资家们的千百万资金。湖北卫视《创业真光荣》、江苏卫视《城市英雄》那都是经过策划家们的精心策划，导演们的悉心导演所创造的一幅幅创业神话，但那是电视秀场，生活中完全不是那样。

“今天，去做职业工作的人越来越少，暂时不就业的现象越来越多，象读研究生、出国留学、职业太太、神游四海、闭门修身、应聘试工、尝试创业……种种缓冲就业的方式不失为一种明智的选择。既给社会减轻了压力，又给自己集聚了能力，象这样的事情，那样的故事本书中有很多的表述，这是一本方法论的《大学生创意创业》”。

文化遭遇经济，大学生就业为何这么难?

有不有一种方法解决这个就业难，我们注意到了有许多的大学生勇敢的站出来大谈创业，甚至是著书立说，象《大学怎么读》、《学生明日领袖》无不展开了一幅幅绚丽的图画，但仍然是远离现实，不切实际。

我们所提倡的“创意创业”是一个整合词语不是联合词组，我们把创意创业看成是一个整体，它是一种时态，也是一种状态。

大家都知道英语讲时态，它分为一般时、进行时、完成时、完成进行时，大学生就业似乎也可以分成类似于这样的诸多时态。而我们不要停留在过去时，在面对现在时的时候要多考虑将来时，特别是将来进行时和将来完成时。十多年前我为《学习的革命》做总体策划师就提出过一句宣传口号：“今天不生活在未来，明天就生活在过去”这句话和这本书激励过千千万万人，他们从那时开始，马上投入现在时的学习为了将来时的美好。今天的大学生就业就面临着一个时态的问题，所以我们极力主张大学生们运用创意创业这种时态，也就是不要匆匆忙忙的就业，包括一边工作一边选择职业。我们提倡的是想好了再做，做起来才好。

当文化遭遇经济，是激战还是避让?

文化说：我们是软实力，攻无不克，战无不胜；

经济说：我们是硬实力，坚强无比，无坚不摧。

文　论　大学生创业模式的探索与创新

林　勇等

［摘要］大学生创业是高质量的就业。大学生创业需要得到全社会的广泛支持，尤其是政府、高校和企业的大力扶植。大学生创业缺少底气，关键是缺少资金、经验和良好的创业平台。设立、开发大学生创业基金会、创业集团和创业城，将为破解大学生创业难题探索一个崭新的创业模式。

［关键词］大学生创业；校企合作；大学生创业基金会；大学生创业集团；大学生创业城；大学生创业扶植政策。

当前，大学生就业创业已成为全社会共同关注的热点和焦点。大学生创业是高质量的就业，是带动大学生就业的重要途径。虽然想创业的大学生很多，但大学生创业率和成功率都非常低。一项调查显示，78%的在校大学生表示会考虑创业，可最终走上创业之路的不足2%，创业成功率则不到5%。2006年，北京17.5万名高校毕业生中，选择自主创业的仅有146人，不到毕业生总数的0.1%。大学生创业要面临资金、经验、环境等多方阻力，因此，很多人只是有想法而难以付诸实施，以致很多创业的良好愿望、计划只能“中途夭折”。解决大学生创业缺少资金、经验等难题，必须紧紧依托高校、政府和企业三方，为大学生提供创业指导以及场地、资金等方面的资助，搭建大学生创业的良好基础平台。在这方面，全国各地如杭州、桂林、大连、宜春等地，都进行了大胆的探索尝试并取得了可喜的成绩。本文就湖南人文科技学院、湖南九龙经贸集团进行校企合作，倡议、发起和设立大学生创业基金会、大学生创业集团和开发大学生创业城，倡导、组织大学生积极加入创业行列，探讨和研究大学生创业就业新模式。

一、创业带动就业——创业是高质量的就业

创业的本质是自谋职业。创业能改变命运，是高质量的就业。

温家宝总理在《政府工作报告》中明确提出："拓宽就业、择业、创业渠道，鼓励自主创业、自谋职业等多种形式的灵活就业，以创业带动就业。"笔者认为，创业之所以是高质量的就业，主要基于以下几个方面：

（一）创业本身就是就业，创业带动就业。国内外调查显示，一个人创业，平均可带动三至五人就业。没有创业，就不能促进就业。

（二）创业是大学生经营兴趣的引领。有兴趣就会有激情，就会产生动力，从而专注于事业，充分发挥大学生的聪明才智。

（三）创业能培养良好的心理品质。由于创业要面对艰难、曲折、风险等不确定因素，因此能很好地培养大学生的诚信、自立、自强、坚忍不拔、敢冒风险、勇于拼搏、学会自我调节和团队合作意识等良好心理品质。

（四）创业能提升大学生的能力素质。创业要面对市场的激烈竞争，要有比较丰富的社会知识经验，从而能"逼"着大学生提升学习创新能力、分析决策能力、识人用人能力、组织协调能力和社会交际能力，积累人脉资源。

（五）创业能够改善大学生的知识结构。创业者要进行创造性思维，面对经营中的突发问题作出正确决策，就必须掌握广博的知识，不断完善自己的知识结构，不断丰富自己的专业知识、管理知识、商业知识、财务知识和法律知识。

二、大学生创业基金会——为大学生整合社会资源

资金问题是制约大学生创业的一个重要瓶颈。大学毕业生刚走向社会，不可能有资金积累，创业起始资金只有靠家里支持。而对于一般家庭来说，供子女上完大学已属不易，何谈拿资金供子女创业。虽然各地政府相继出台了支持扶植大学生创业的贷款优惠政策，但银行贷款由于种种原因使创业者只能望洋兴叹。同时，大学生创业、即使是最优秀的团队创业，也不可能100%的成功，全社会在鼓励大学生创业的同时，应该形成允许、包容大学生创业失败的风气。温家宝总理在《政府工作报告》中提出了"建立健全公共投资带动就业的机制"，湖南人文科技学院、湖南九龙集团校企合作倡议设立大学生创业基金会，公开向社会各界募集资金，是解决大学

生创业起始资金、从而带动创业就业的有益探索，可以为大学生创业增加信心、勇气、底气。为此，笔者在撰写校企合作文本时提出了设立“大学生创业基金”的构想。

（一）大学生创业基金会的宗旨：汇八方涓流，开创业新风，全面支持和推进大学生创业就业。

（二）大学生创业基金会公益活动的业务范围：

1. 重点资助应届毕业生创业就业；

2. 重点资助有经验、有资金的往届毕业生加盟大学生创业团带动应届毕业生；

3. 资助贫困大学生创业就业实习培训、勤工俭学；

4. 资助大学生创业创意竞赛相关的公益活动。

（三）大学生创业基金会财产主要用于：

1. 支持、资助大学生创业项目开发启动；

2. 资助大学生创业项目引进；

3. 资助大学生创业就业辅导培训；

4. 资助大学生开展创业课题研讨交流；

5. 设立大学生创业创意竞赛活动奖金；

6. 资助大学生创业项目专利研究开发；

7. 资助有益于大学生综合素质拓展的活动；

8. 按照捐赠者意愿设立的资助项目。

（四）大学生创业基金会所有的社会捐赠（赞助）是补充、支持大学生创业就业经费的重要来源。高校要鼓励校内各单位和个人积极为创业基金会募集社会捐赠（赞助）；基金会必须合理、规范地使用社会捐赠（赞助），提高社会捐赠（赞助）的使用效益。

三、大学生创业集团——搭建大学生创业就业大平台

当创业者决定创业，选定了创业项目后，最重要的任务就是组织团队，而大学生创业集团正是整合资源、组建优秀团队共同创业的最佳平台。为探索校企合作新模式，拓宽大学生创业就业渠道。今年一月，由湖南人文科技学院、湖南九龙经贸集团倡议组建湖南大学生创业集团有限公司。通过三个月的酝酿筹备，大学生创业集团的运作思路已基本成熟，力争将创业集团打造成吸引和凝聚大学

生创业就业的良好平台与实训基地。

大学生创业集团的经营宗旨为：带领、指导、服务大学生创业就业，为大学生创业就业搭建发展平台，建设、培育大学生创业孵化基地。

大学生创业集团的经营目标为：提高大学生创业力、就业力，以创业带动就业，打造全国大学生创业就业第一品牌，探索总结一套适应全国大学生创业就业的创新模式。

（一）大学生创业集团的基本经营思路。大学生创业集团秉着“独立经营、自负盈亏、自我约束、自我发展”的经营原则，营造“政府指导、学校倡导、企业引导、社会辅导”的良好氛围，在九龙集团的业务指导、支持和与建立更广泛的企业合作基础上开展经营活动。大学生创业集团以开发现代服务业项目为主导，基本经营思路如下：

第一是紧紧围绕提高大学生的创业力、就业力，开发大学生创业就业培训。

龙集团仙女山庄、九龙华天酒店建立创业就业培训基地，由湖南人文科技学院聘请企业界、职场成功人士担任大学生培训导师，并颁发“客座教授、讲师”聘书，同时由大学生创业集团统一安排大学生实训。

第二是从应届或往届大学生的创业力出发，开发校内外。

大学生创业集团设立学校服务部、市场拓展部，组建大学生营销、服务队伍，建立以集团投资指导、大学生参股或控股的经营实体，为在校学生、教职员工、家属及有针对性的社会消费群体提供产品销售与服务。

第三是开发“服务三农、服务城镇”的农业休闲与综合开发项目。

联合与独立开发休闲农业项目，建立农业科研基地，与高校、企业共同研发“三农”产品。

（二）大学生创业集团的组织架构。大学生创业集团严格按照公司法人治理机制来设计组织架构，同时，根据大学生自身涉足产业特征与科学高效的运作模式来统筹设计。

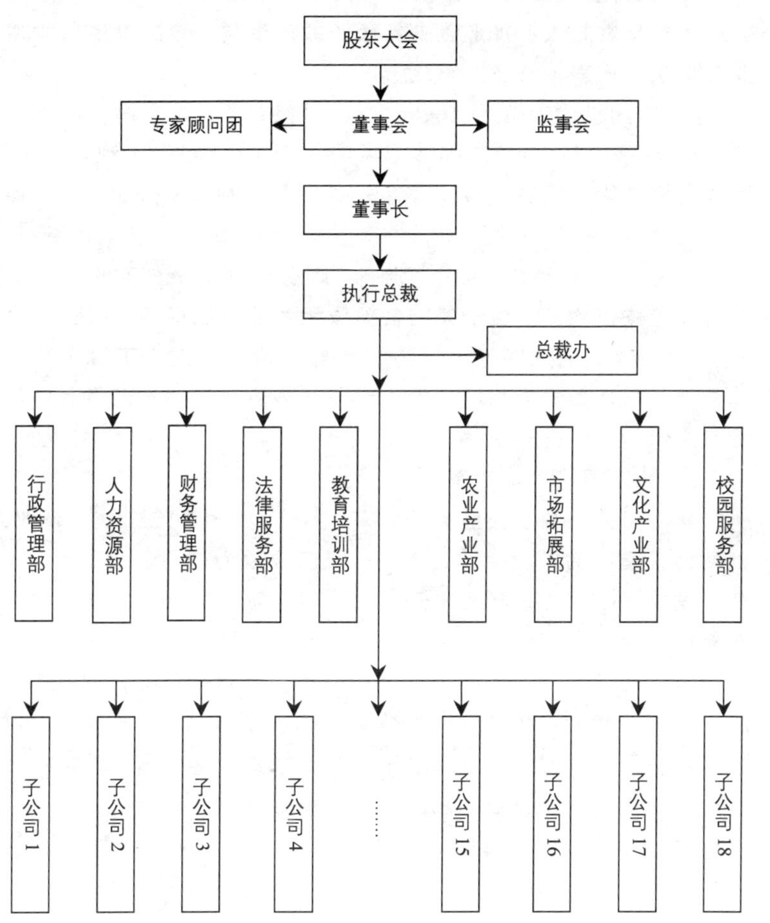

组织设计说明：

1. 股东构成

加盟创业集团子公司若干。

自然发起人若干。

2. 董事长人选

由股东大会选举加盟创业集团的大学生创业成功人士（并由学院、政府共同参与董事长人选的政审）。

3. 执行层主要成员

由自然发起人和加盟创业集团、并已取得一定成就的大学生创业公司法人代表（经理）组成。

4. 集团机构暂按九部一室的设计构想

4.1 总裁办公室负责全集团的综合管理、协调、宏观政策研究，董事会授权内的投资决策，经营战略、制度制订及企业文化建设等主要工作；

4.2 行政管理部、人力资源部、财务管理部：该三部分别为人、财、物管理机构，负责全集团各单位相关业务的指导、服务工作；

4.3 教育培训部等6部为事业部单位：分别由下属子公司经理兼任，具体负责本系统产业的经营与发展，并为集团的整体经营发展提供信息研究与服务。

5. 集团母子公司关系

集团母公司的主要任务是培育、提升大学生的创业力、就业力、创新力，是以追求社会效益为主、经济效益为辅的企业法人，是指导、支持子公司（大学生）开展创业经营活动的经济实体。集团负责整体品牌策划运营、项目申报实施和资源整合调配，向子公司收取一定的管理费用。集团为子公司提供经营指导服务，原则上不控股子公司，使大学生创业能发挥最大的自主权；子公司独立经营考核，自负盈亏，母子公司属经济联盟、经营合作紧密型关系。

（三）大学生创业集团的近中期目标计划。

第一阶段：创业起步期（2010年）

完成大学生创业集团申报注册、启动资金筹集（主要通过“创业基金会”）、组织机构设置与班子主要成员的配备到位，挑选2010年应届毕业生100名创业，人均支持创业经费5万元，集团第一年共安置创业就业见习人数1000人左右。

1. 在九龙集团的扶植下，与娄底城区各大商场合作，设立大学生创业（就业）见习专柜20个，安置创业（就业）人数100人以上；

2. 在湖南九龙集团的支持与合作下，成立休闲农业开发有限公司，安置创业（就业）人数50人以上；

3. 与中国电信娄底分公司合作，成立大学生数码通讯产品服务公司，安置创业（就业）人数50人以上；

4. 在九龙集团的扶植下，建立九龙仙女山庄大学生青少年拓展训练基地，安置创业（就业）人数20人以上；

5. 在九龙集团的扶植下，开发九龙农科基地大学生花卉培育销售项目，安置创业（就业）人数20人以上；

6. 在学院和九龙集团的扶植下，成立在校大学生就业力培训专业机构，安置创业（就业）人数20人以上；

7. 面向娄底近6万名大中专学生消费群体，成立校园服务公司（下设分公司），安置创业（就业）人数50人以上；

8. 与湖南东方万事利农业科技发展有限公司、北京东方万事利智能科技有限公司合作，成立大学生农业科技发展有限公司，安置创业（就业、见习）人数100人以上；

9. 与中国对外文化集团合作，成立大学生文化创意有限公司，安置创业（就业）人数50人以上；

10. 成立大学生营销策划公司，组建一支大学生营销队伍，代理、代销以娄底为主、面向全国的日用消费品，安置创业（就业）人数50人以上；

11. 成立大学生物业服务公司，面向社区、企事业单位提供高标准、高质量、高效率的物业服务，安置创业（就业、见习）人数50人以上；

12. 整合加盟大学生创业集团成员（子公司）单位，同时在全国寻找适宜大学生创业的“短平快”项目，安置创业（就业、见习）人数300人以上。

第二阶段：创业成长期（2011~2012年）

通过创业第一周年的经验总结积累，将适宜大学生创业且投资少，见效快的项目，组织跨地区、跨学校推广，同时，重点支持扶植大学生创业（就业、见习）人数集中的优势产业，并面向全国招募高校学子共同创业打造大学生创业集团品牌，按照“又好又快”的发展战略思路做大做强集团，到2012年集团创业（就业、见习）学子达到10000人以上，并争取一至二个产业板块在运作三到五年内达到上市融资条件。

四、大学生创业城——大学生自主创业的孵化器

2008年初，我省长沙市率先提出“打造创业之都”的构想，并将此写入长沙市政府工作报告。2009年9月，长沙市被评为“中国创业之城”；2009年12月25日，长沙举行“创业百星”颁奖大会。创业明星吸引了全城的眼球，成为这个城市的英雄。2008年以来，杭州、大连等城市开始探索大学生创业模式，高校、政府与企业联手兴建大学生创业园区，组建大学生创业联盟，把“实训、见习、创业”紧密结合，初步形成了一套资助大学生创业的政策服务体系和机制，走出了一条“以实训促创业，以创业带就业”的路子。

借鉴长沙、杭州等地的经验，根据娄底市和湖南人文科技学院的实际情况，笔者提出打造“大学生创业城”的构想，即在湖南人文科技学院原农科所148亩土地上，以大学生创业集团与支持大学生创业的房地产开发商联合开发全国首个以“大学生创业城”命名的项目，同时向市、省和中央申报2010湖南人文科技学院党政“一把手”工程和省、市重点建设项目。大学生创业城设计元素主要包括：

1. 大学生创业大厦：涵盖大学生创业集团总部，大学生创业“一站式”服务中心（包括大学生创业申报注册、政策法律咨询、服务和各职能部门关系协调与手续办理等），可容纳2000余人创业的写字楼。

2. 大学生创业就业培训中心：培养、提升大学生创业力、就业力的培训服务与中介机构。

3. 大学生创业一条街：以大学生自主创业为主体，以服务城市、企业和社会为主导产业的集约化商业市场。

4. 大学生创业科技园：以孵化大学生创意科研成果和大学生自主研发产品的科研基地。

5. 大学生创业金融超市：设立大学生创业扶植基金管理机构，引进大学生创业风险投资机构和政府无偿、有偿、贴息贷款服务代办机构。

6. 大学生拓展训练营：大学生创业就业培训的配套单列项目。

7. 大学生创业图书馆：为大学生创业就业补充、收集信息资料，丰富专业知识、调整知识结构提供一个开放式信息平台。

8. 大学生创业公寓：为大学生创业提供一个高品位的、由大学生管理的经济适用居住环境。

9. 大学生创业宾馆：用于大学生创业商务接待和解决创业大学生就餐；内设大学生创业俱乐部，丰富创业生活、建立交流平台。

五、政府、高校的积极扶植政策——大学生创业就业的动力之源

去年以来，各地各级政府已相继出台了扶植大学生创业就业的优惠政策，并已收到了良好的效果，但仍存在落实难的具体情况，对大学生的创业积极性带来了一定的负面影响。笔者认为政府和高校在以下几个方面需要加强：

1. 首先，各地高校要成立强有力的大学生创业领导机构。机构配备精干班子力量（可向社会选聘精英），在组织人事上实行“一把手”目标责任制，考评直接与党政“一把手”的政绩、业绩、晋级、晋升挂钩，从而在根本上落实“创业就业为本”、以创业带动就业的高校政策机制。

2. 其次，鼓励、扶植大学生自主创业，进一步完善政府政策机制。政府劳动、教育等职能部门也应与其政绩、业绩挂钩，并实施“结对帮扶”目标责任考评制，并通过阳光公示使全社会参与监督，使政府出台的各项大学生创业就业优惠政策都能自上而下真正落到实处。

3. 再次，各级地方政府、高校要加大对往届大学毕业生自主创业的支持扶植。有研究表明，大学生毕业后3~9年内创业成功率最高，因此，政府、高校应联合组织对2007~2009届已在创业正急需扶植的大学生进行调查统计，并出台相应扶植政策，如优先提供无偿财政拨款、创业贴息贷款、评选创业之星进行表彰奖励，从而达到促进大学生创业、以创业带动就业的目的，为应届生创业提供学习的榜样。如已申报团中央“青年创业见习基地”的娄底市春园教育集团（筹）旗下的核心实体——春园幼儿园（连续2年评为娄底优秀幼儿园），由一名女大学生发起创业，三年来已安排200多个大中专学生、社会青年、下岗职工、农民工见习、就业岗位，建议当地政府部门和高校应给予重点支持扶植，使之产生大学生创业

示范效应。

大学生创业基金会、大学生创业集团和大学生创业城在今年筹备创建以来，立即引起了党和政府及社会各界的高度重视与广泛关注。元月 25 日，省委常委、组织部部长黄建国和副省长郭开朗分别在《湖南人文科技学院关于支持扶植我校与湖南九龙经贸集团创建全国大学生创业就业样板基地的请示》上作重要批示，明确提出："学校与企业联手建立大学生创业基地的想法很好，要研究和考察其具体内容和做法，政府如何支持等问题"；3 月份，团中央中国光华科技基金会获悉湖南大学生创业集团的筹建喜讯，立即表态支持 1100 万元的图书表示祝贺，并于 3 月 20 日在北京与湖南人文科技学院柏连阳校长签订了捐赠协议；3 月下旬，湖南东方万事利农业科技发展有限公司等企业与大学生创业集团、湖南人文科技学院签订意向协议，与大学生创业集团共同开发农业综合项目和大学创业城项目，并提供无偿资助。可以说，湖南人文科技学院和湖南九龙经贸集团校企合作，多管齐下，组建一支有丰富运作经验的专家团队，组织团队创业与整合自主创业相结合，必将在社会各界、特别是在党和政府、高校、企业的强力支持互动下，为全国高校大学生创业就业探索出一个可以借鉴和推广的崭新模式。

作　者

林　勇：经济师，湖南人文科技学院就业指导中心主任

林　军：翻译，中国对外文化集团中国国际青年艺术周海外运营总监

李人民：经济师，湖南九龙经贸集团有限公司办公室主任

指导老师

姜正国　博导　湖南人文科技学院党委书记

柏连阳　博导　湖南人文科技学院校长

谢祥清　教授　湖南人文科技学院副校长

肖正滔　高级经济师 湖南九龙经贸集团有限公司董事长

主要参考文献：《大学生职业发展与就业指导》（湖南省普通高等学校教材修订本）

京津同城同运

天津市创意策划研究会　周伯云

纽约、东京、巴黎只能望其项背。近年大学毕业生们，你们乘坐过京津城际高铁了吗？当还在和北京的朋友通着电话，天津中国移动的致敬电就发过来了，你有没有感到你已经在天津了呢？

一桥飞架京津，两市变同城

天津到北京 120 公里，铁路高架，运行时间二十几分钟。这也就意味着，你早上出发去北京办事，中午就可以回来了。这在过去是不可想象的。2010 年，京津区域内全社会旅客发送量将达 19.5 亿人次。也就是说今年内，相对于全国每个人都在京津地区逛上一次半。

以前，天津到北京工作被称作“出差”，但京津高铁的出现打破两地之间的空间和心理隔阂。它所带来首先是工作效率的提高，工作节奏的加快，同时它还带动了人们精神状态的变化，对生活理解的一种变化。都市圈基本特征主要表现为超越城市行政区。

世界中心都市，京津冀环渤海湾

京津同城化意味着它将成为全世界最大的都市圈，人口超过 3500 万，也就是北京也成为了天津大学生的用武之地。中央国有大企业到天津投资不断增多，中央的科研院所与天津的合作现在也越来越多，大批优秀人才到天津创业。 北京的科研院所、跨国公司的总部把自己的研发部门转移到地价、劳动力成本较低的天津。这样就自然形成了天津原有低成本优势与自主研发的结合。 原有的地方工艺品出口也大幅增长，天津市的泥人张彩塑、杨柳青年画等传统工艺品的销量，2009 年，上半年分别达到 500 万和 640 万，比 2008 年同期增长超过 50%。

现代装备精良，建设春来早

由于天津是传统的制造工业基地，产业种类齐全，物流成本低。比如空客这样的大飞机制造的到来，天津市就为之建立了两个民航生产基地，吸引了大批相关配套产业前来投资。

目前，天津正在形成的以港口为中心的海陆空结合、立体式的综合性的现代化的运输网络，而这正是建立大型的现代化货物集散地的必要条件。

伴随着大量国内外企业在天津投资设厂，大量的高技术人才也开始涌入，必然会带动休闲娱乐产业的发展。比如说空客落户后，它的一些高管来了，仅仅公寓一项，租起来人人都是一整栋。

合二为一优势，就业机会多

现在北京和天津的距离越来越近了，这么大规模的城市，重要的不是规模的增大，而是怎么样有机的建立起内在的联系。

而对着飞速发展的京津冀大城市圈，大学毕业生们，你们的知识技能准备的怎么样了呢？知识是在不断更新中发展的。

资源发现整合

中国高新科技报　谈剑平

第一，资源观

有这样一个游戏：假设可乐2元钱一罐，两个空罐可以换一罐可乐，如果给你6元钱，你最多能喝几罐可乐？这个游戏，我们问过身边很多人，包括同事和朋友，当然还有亲人，你最多能喝几罐？几乎90%的人经过推演，有时通过多次推演，然后对我说：5罐吗？……我们为什么不再问一下自己，如果这时候我们再有一个“空罐”能不能喝的更多呢？

北京大学是运用资源的典范单位，北大的科技产业北大青鸟、北大方正无不做到几十个亿，北京大学分校北大资源学院，北大的楼群北大资源大厦也是满满当当，无一空房，一个个赚得盆满钵满。

最近广州《南风窗》杂志记者金伯扬写了一本书叫《左右》，他的观点就是人人都可以有资源，大学生们你们的父母亲，你们父母亲的上下级，你们自己的同学们，同学们的父母亲，父母亲的上下级都可以是资源，关键在于发现。

第二，发现说

有这么三个外省80后在北京的女青年，大学毕业后她们没有去找工作而是找到旅游学院、艺术学院、策划学院的老师们，跟随老师学习了两三年，熟悉了旅游、模特、演艺业，她们从几百本艺术类的杂志中发现了一个缺失，那就是社会上没有一本为模特出版的专业杂志，她们从这一点开始向上下游延展，在老师们的指导下创办了一本《代言人》杂志，短短的2年时间这本杂志在影视界、广告界、模特界十分走俏，它成功的实现了全刊有偿刊登，即艺术学院的学生们以它为媒体刊载自己的艺术照，寻找就业商机。这本杂志的广告、发行、刊外活动无不做得风生水起、供不应求。

代言人杂志通过自己的学习与实践发现了各种各样的商机，然后把商机迅速地转变为商业手段，从而实现了自己的创业梦想。

第三，整合术

中国音乐学院在很早之前有十二名女生，她们毕业之后没有去找工作，十二个姐妹聚合在一起经过思索和探讨，组织起自己的从业机构——女子十二乐坊。十多年来女子十二乐坊演出非常饱满，人们戏言：女子十二乐坊一年365天演出563场，足见她们演出任务之繁多，效益当然无限好，仅仅是这样还不算什么她们还整体作为红蜻蜓等16个品牌的代言人，这一笔笔收入比她们的演出收入还要多好几倍，除此之外她们还出书、出碟、出现在封面上，诸多的收入滚滚而来，整合使她们尝到了甜头，创业来的是那么自然。

整合本身就是整合，它不限类型，从信息开始，不拒细微；从资源开发，不分大小，不二法门、非常规路径，只要有可能就整合，只要有利益就整合，整装待发，合而围之。

天津的未来学家

大捷奥策（北京）文化交流中心　方　丹

我们郑重的向大家推荐全球的著名学者约翰·奈斯比特。

这是一位在天津工作与生活的未来学者。

约翰·奈斯比特，未来学著作的销量已经超过1400万册。据《金融时报》证实，他最负盛名的《大趋势》一书中没有一条预言是错误的。从美国海军陆战队退役之后，约翰·奈斯比特先后进入犹他大学、康奈尔大学和哈佛大学学习，此后曾供职于IBM与柯达公司。1963年他进军华盛顿，担任肯尼迪总统的教育部助理部长，还曾任约翰逊总统的特别助理。约翰·奈斯比特还拥有人文科学、科技等领域的15个荣誉博士学位。自从《大趋势》与之后的10本著作在全球范围内取得巨大成功之后，他每年都会周游世界数次，几乎在世界所有大公司发表过演讲。2006年奈斯比特中国研究院在天津财经大学成立，现在奥地利的维也纳和中国天津已经成为他与妻子的常住地。

约翰·奈斯比特在最近出版了一本《世界大趋势：正确观察世界的11个思维模式》这本书中我们的未来学家提出了现代的思维的11个模式，其中有5个模式与大学生创业相得益彰。

思维模式1　很多事情变了，但大多数事情没有变

变与不变的逻辑无处不在；变化的是方式，不变的是内容；变化并不代表发展；满天下都是新鲜事。

思维模式2　未来就存在于现实之中

不识庐山真面目，只缘身在此山中；掀开帘子看世界，世界真奇妙；行星研究所比职业神秘，我们能驾驭太空，还有什么，不能驾驭？

思维模式 3　勇于追求，错又何妨

不做怎么知道错，不错怎么知道改；预测的胆量是什么，一切的可能都不放过；逆向思维错能少犯。

思维模式 4　把未来看作一幅拼图

顺序是发现规律的大敌；有通过先把拼图摆成一条直线而完成拼图的吗；未来就是一幅拼图，关键是你心中有图。

思维模式 5　成功靠的不是解决问题，而是利用机会

铁幕的一条裂缝，光芒就会射进来；事业心就是娱乐心；错过火车还有多少可以考虑。

通过未来学者的启迪我们对职业工作的时态，职业工作的未来有了新的认识。当下的力量很重要，未来的选择在今天，那种为了争取工资的工作若不是为了生存我们可以暂时不顾及，我们喜爱的工作没到来我们不要急着下手。

我们不妨从第三职业开始干起，逐渐的转到第二职业，最后从事自己所心爱的第一职业，我们可以从我们最熟悉的语言文字开始来思考我们的职业，因为现在中文大行天下，英美、欧洲、日韩，全世界的大学都在开设汉语学习，孔子学院在全世界就有几百家之多，我们有多少职业可以重来、再来。

创意择业篇

指南针

创意的出奇之处在于惊人、新奇、震撼;

创新的基本概念应为更新、造物、改变。

在这里，创意和创新犹如两颗流星般相撞，之后造就了创意创新，现在，让我们这样来理解创意创新——惊人的更新，新奇的造物，震撼的改变。

大学生是社会进步的中流砥柱，是科技发展的栋梁之才，如果一个国家没有创新的人才，那么，它只能甘居人后；如果一个民族没有创意，那么，它只能迎来衰落。

怎样策划创意创新，如何践行创意创新。讲清楚这些才能为大学毕业生提供创意创业新思路，大学毕业生在实践中才能凭借着创意创新思维的力量奠定自己的事业基础。

这里不指明道路，只提供思路，凭着自己的感觉找到一个正确的方向，纠正自己的不足，就象“方向错了，倒退就是进步”一样，南辕北辙总是事倍功半。

创意创新先行者故事多是大家闻所未闻的新鲜事儿。讲故事意欲何为？故事只是启发之用，用故事脉络讲述以往人们是如何另辟蹊径。故事大多从大家意想不到的地方入手，最终和平常的方法相比可以说不是走捷径，就是曲线救国，总之殊途同归。故事中很多不同于以往的情节可以为大学毕业生所借鉴，大家只要触类旁通，举一反三就可以为自己创一番事业，如果退而求其次，也可以谋得一份很好的工作。

致大学生的一封信

国家图书馆　潘岩铭

亲爱的大学毕业生和研究生们：你们好！

长歌终此席，一笑又何时。各位大学生们，目前，你们面临毕业，已经站在了社会大门的门槛上，再向前迈出一步就进入了纷繁复杂的社会，融入了绚丽多彩的时代。每个人毕业了都希望拥有一份体面、稳定、舒适的工作，这是无可厚非的，然而现实却不可能有这么多的机会做出这样的安排。而从大多数人在就业中的失败来看是由于你们不能扬长避短造成的。

这时，你们要做的就是全面地了解你的长处，发现你的短处，明确自身的定位，根据自己的特长和兴趣所在，尽早建立起就业的目标和发展方向，要对自己感兴趣的领域、愿意从事的职业、擅长的岗位做出客观正确的判断，较低的预期并不影响最终的就业结果。

正视现实，不要过分看重起点。考虑我想做什么；我能做什么；我适合做什么。选择一条既符合社会发展需要，又适合自己发展的成功之路；正确认识自我，客观评价自己，根据自己的个性、特长、心理素质、知识结构选择那些极具创意的事情去做。

说罢大学生再谈谈研究生的问题。我由于常年工作在国家图书馆的参考研究部，所以，对研究生们总是感到格外亲切，看到你们有如长江后浪推前浪地澎湃前行，我感到由衷的欣慰。研究生顾名思义就是准备好做研究工作的学生，你们的研究工作即将开始，人类从事研究工作的需要和未来的发展都是无止境的，你们正要扬帆远航，通过努力你们必将达到那光辉的顶点。我祝你们“长风破浪会有时，直挂云帆济沧海”。

来自农村的大学生、研究生不必自卑，要积极择业，生源地并不是影响就业的重要因素。你们远离家乡到城市里来上大学、读研究生，几年下来，你们已经成为了城里人。其实，你们大学毕业时，可以选择去家乡的县镇当公务员，“不用考，先到先选”，而且，人地两熟、关系众多，但这个选择可能会遭到父母亲人的强烈反对，一心要让你们“跳出农门”，自然不愿意你们苦读多年后再回到农村，未来的农村是否大有可为，这也要靠你们自己去判断。

对于女生，我戏拟李清照的口气给你们写封信，也许能让你心有所属，豁然开朗：

诸位大家闺秀、小家碧玉云中寄得锦书来，愿与清照贵为知己。清照一介女子，何德何能，敢劳诸位下问？八百六十春去后，花自飘零水自流，春意看花难，西风留旧寒。一种相思，两处闲愁。试问今日人，却道清照依旧。知否，知否，应是发华身瘦。风住尘香花已尽，日晚倦梳头。物是人非事事休，欲语泪先流。劝君莫惜金缕衣，劝君惜取少年时。忆当年，常记溪亭日暮，沉醉不知归路。兴尽晚回舟，误入藕花深处。争渡，争渡，惊起一滩鸥鹭。尔等恰豆蔻年华、百花争奇、才貌俱佳，不让须眉。风柔日薄春犹早，夹衫乍著心情好。做三千中之毛遂，发众才女之神威。暗淡轻黄体性柔，情疏迹远只香留. 何须浅碧深红色，自是花中第一流。

我在建中辛巳年，嫁到赵家。当时我的父亲担任礼部员外郎，我夫君这年二十一岁，在太学里作学生。赵、李两家皆书香门弟，两袖清贫，每当初一、十五我夫君面见老师请假出来，典当衣服得到五百钱，走进相国寺，买拓下来的碑文字帖回来，两人相对把玩切磋，其乐融融。靖康之乱，金寇犯京师，四顾茫然，盈箱溢箧，且恋恋，唯怅怅，辗转运送，后大部分被金兵焚烧或流失。不久，夫君病故。我独力支撑，颠沛流离近三十年。欣闻当今华夏，六十年未有战事，尔等何其幸哉！我与夫君经多年战乱，对金石书画的爱惜到了无以复加的程度，虽死生不能忘之，尔等所谓求职择业能有如此执着情深？

我既无功名，亦无金钱，处境可想而知。但我于婉约派诗词和金石书画收藏鉴赏的功力，少有能居上者。女子们性情温婉、慎密周到、坚强忍耐、想象丰富，非男子所能及也，因此，尔等就业应该扬长避短，择可而为。清照预祝你们早创佳绩、马到成功！

最后说说男生，该出手时就出手，烽烽火火闯九州。如果你连续几个月没有找到工作，你就要放弃一步到位的就业方式，尝试任何可能失败的求职方式，而不要认为求职失败是坏事，实际上，每一场失败都是你最后成功的垫脚石，垫脚石垒的越高，你离成功不就越近吗?

有志尚如年少时，步行夺得胡马骑。2009年5月5日，姚明所在的火箭队在客场和实力更强的湖人队比赛。比分犬牙交错、节节上升，姚明英勇善战、技术娴熟、发挥出色，几次让比分反超。就在胜利在望的时候，一次猛烈的冲撞却将他重重地摔在球场上，让他疼痛难忍，久久难以站起来。队医做了紧急处理后，和教练一起让他到休息室休息。姚明艰难地向休息室走了几步，便毅然转回身来向场上走去，教练来劝阻，他坚定地表示自己可以打完全场。在教练的无奈和队友们关切的眼神中，姚明不顾已经迅速肿胀起来的膝盖的伤痛，又投入了战斗。观众沸腾了，湖人队的球迷也跟着大声欢呼鼓劲。姚明不负众望，愈战愈勇。在队友的配合下，终于取得了客场战胜强队的辉煌胜利。姚明的勇敢刚毅深深打动了在场的观众，也让全美国的球迷兴奋不已，为中国有这样的好青年而喝彩。姚明是我们男生们的榜样和偶像，再一次让我们看到了中国真正的男子汉。

还有一部分大学生仍坚守"学而优则仕"的观念，这种观念也影响着大学生的就业，现代的大学生们应走出这个误区。在青年学生中应倡导先就业、后择业，先生存、后发展的就业观，以渡过目前的困境。

最后祝各位莘莘学子们都能尽展其才，找到成功，实现自我，报效社会!

颂祝

春祺

你们的师长们

2010年5月4日

思想有多远，就能走多远

广州市企业文化协会　李晓东

你听说过“思想有多远，就能走多远”这句话吗？这句来自广州南方日报的广告语气吞山河，表达南方日报人的深谋远虑、从善如流。其实这句话有两层含意，第一层含意：放开思想，任其驰骋；第二层含意：运用一定的思想方法和运作技巧让思想进入有序思维状态，也就是说不要“胡思乱想”。

有了好的创意，需要进一步精心策划，方能让“点子”变为现实。也就是说创意与策划是既有联系又有区别的思维方式或思想方法。策划是以目标为起点，以信息为基础，整合素材，并围绕创意这个核心展开思维活动与实践活动的过程；创意则为整个策划提供一条全新的思路，且让无数灵感相互交错产生创意灵感，进一步丰富策划内容，同时在整个策划思维中起到一种核心作用。

那么，策划都有哪些基本的方法和技巧呢？

1. 科学运用“五大工具”

现代科学理论总结概括出的“系统论”、“信息论”、“全息论”、“控制论”和“全能论”是科学与哲学相结合的精华，是人类智慧的集大成者。在策划方案的形成与具体实施过程中都应遵循上述五大方法论，或以其中的某一理论体系做指导并贯穿于整个策划过程之中。

2. 活学活用“东方智典”

中国自古以来就是一个代表东方智慧的国度，中国人民以勤劳、智慧著称于世。谋略或计谋是东方智谋韬略的核心文化，《三国演义》中的诸葛亮便是这一谋略文化的代表人物。东方智典的另一重要核心文化则是运筹学，所谓“运筹帷幄，决胜千里”即指此道。三十六计、孙子兵法便是智谋韬略的结晶。

3. 学习写作策划方案

一部精彩的影片能博得观众的青睐，因为其背后有一个好剧本。这个剧本，就如同我们的策划方案。影视界人士常说的一句话："剧本、剧本，一剧之本！"这就说明了剧本的重要性。那么，写好策划书（即策划方案）是策划人的基本功。策划书的撰写顺序、结构以及写作技巧与普通应用文的要求差不多，其根本是策划的内容。如何通过一定的表现手法将策划内容表达得清楚、明白，并且引人注目，那就要看策划人的功底了。

4. 触类旁通、举一反三

创意创业是创业前的一个准备过程、尝试过程，我们短时期不可能了解创意的全部真谛，因此就要学习触类旁通，素材遭遇动议会形成创意，创意通过载体可能创业，创业既可以是一次行动也可以形成一个机构，结论是切实可行还要有所创新创收，依据私人医生设想家庭药箱，依据英汉辞典设计语言学习机这就叫做举一反三。

今天不生活在未来，明天就生活在过去

同文创意信息咨询中心　杨彤文

这是当年科利华集团公司推广《学习的革命》一书时的口号——策划人为这场革命设计的口号。他把今天和明天，过去和未来联系在一起，明白如话地告诉青年朋友们学习之重要，学习之紧迫，还有不学习之惋惜。

阻碍我们加速学习的因素包括三个方面：主观判断、个人偏见和社会成见。

主观判断阻碍：当学习引起主观上的厌恶时，人们就很难学好。而且当觉得学习是无益的，或者跟他的生活无关时，人们会觉得学习起来百无聊奈，困难重重。

个人偏见甚多：每个人的情形通常也不一样。有些人会因自己比别人“优秀”而负疚，有些人认为不应该去学习暂时没有用的东西，还有人把目标定得太低或太高，这些都是妨碍学习的偏见。

世俗社会成见：例如，女生可能认为男生才能学会数学，大多数人认为学习是困难而痛苦的，这种观念阻碍我们热情而快速地学习。

大学生朋友跻身创意行列，你准备好了吗?

说实话，重要的准备并不是人、财、物，而是你的心态和志向，“今天不生活在未来，明天就生活在过去”。这句话的意思很明确，就是要立足今天，把握明天，展望未来，不让自己的生活、甚至生命停留在“过去”。或是因为今天不努力，明天来后悔。可是，要做到这一点，谈何容易。

那么，创意创业怎样构想？又怎样定位呢?

这里不妨为你介绍两个例子：

一个是北京飘扬文化公司董事长韩颐和先生。韩先生是位残障人士，由于肢体行动不便，他便将目光瞄准了创意产业，经过长期努力，他变弱势为优势。他给自己的定位就是：奇思妙想，品牌至上，独我颐和！于是，在旗杆上安装了鼓风机，让旗帜在室内或室外无风的情况下飘起来了；司空见惯、手把手攥的牌，变成了弘扬中华文化的载体，变成了送给158个建交国国家元首的礼物；“美国有一个伟哥，中国有一个牛哥”，他策划了让著名相声表演艺术家牛群到安徽蒙城当县长……韩颐和从此一路窜红，如今他的策划业务应接不暇，名利双收。

另一个是品牌专家流鹰先生。流鹰先生是亚洲品牌联盟中国区主席、中国品牌官认证委员会主任，他在品牌界已奋斗了十余年。他给自己定位：要做中国的品牌教父！于是，《品牌词典》在他的手中问世了，《品牌训练课件》由他的北京烙印文化公司隆重推出了，成为品牌界公认的含金量比较高的教学模板，现在已风靡大江南北。

这些鲜活的例子说明，对于自己所要从事的事业在进行构想与定位的时候，首先要依据自身的客观条件，最大化地发挥自己的优势，规避弱势，然后确定一个适合于自己发展的长远目标，一旦目标确定就要矢志不渝地走下去。所以，未来的规划是建立在考量当前的基础之上，对于充分构想、而且定位之后的发展目标要咬住不放。

绝不模仿别人，也不重复自己

中国区域经济研究院　张乐群

“绝不模仿别人，也不重复自己”这句口号来自于北京大林策划工作室，大林先生把这句话当做他的座右铭。三十年来，他一直在新闻出版、教育培训、创意策划的复合领域中工作，因此容易出成果。他总是能够触类旁通、举一反三的去从事各种工作，既能够在一个领域中纵深发展，又能够在诸多领域中旗开得胜。

教育培训与新闻出版一样也是两个行业，大林一反社会常态：教育在学校、培训在民间。他上世纪九十年代初最早把策划培训开进学校，直接面对高校在校生实施策划师认证培训，先后与北京商品经济学院、中国人民大学、立信会计学院、中国社科院研究生院、广州大学、上海大学、北京人文大学等十余所院校合作，直接把策划文案、策划助理、策划总监等职务当作课程来上，打破学科、学制、学业的限制，深受各合作院校的欢迎。至今大林先生的策划培训教程已上升为全国高校教材。

创意、策划，本意是两个领域，既是先后关联程序，又是并列联动关系。大林在《策划方法》一书中把创意与策划的特征、表象揭示得一清二楚，让它们各立门户、相得益彰；同理，大林在《策划流程》一书中把创意是策划的先导，策划是创意的具象描述得清清楚楚，将两者在不同时段的作用发挥得淋漓尽致。

绝不模仿别人是对工作的一种高标准严要求。从事创意策划的人一定要做到这一点，否则怎么去为人策划，怎样去策划教学。如果说“绝不模仿别人”比较容易做到，”也不重复自己”就比较难了。其实是一样的，模仿和重复不是创意与策划，只有创新才能创意，只有创意才能创业。

新闻界有种说法说是日报、月刊、年鉴，说得很清楚，报纸就是新闻纸，日日出，天天见；杂志就是专业刊一月一期；而年鉴就是大事记、排行榜，一年玩一回。

创意创业大一开始

天津创意策划研究会　常志旭

当前大学生就业、创业成为全社会关注的热点，特别是每年一过春节，应届大学生就业、创业牵动着上至国家领导人，下至每一位家长的心。本人分析了当前就业形势，从改革教育体制着想，倡导大学生就业、创业从大一开始。

一、就业难创业更难

2009 年天津市高校毕业生 11.4 万人 需安置就业约 10 万人。招聘会 100 多场，实现 5 万多名应届毕业生就业；通过过渡性安置办法，使 3 万人获得见习岗位；实行政府购买公益性岗位、支援西部计划等政策性援助，实现安置 1 万人；采取降低准入门槛、小额担保贷款等扶持措施，实现 0.4 万人创业。实现创业人数仅占需安置人数 4%，足以见大学生创业之艰难。

二、转变观念前景无限

大学生毕业时有了相应学历、有了专业知识，更重要的是有实现抱负的激情，这些无疑是大学生创业的积极条件。但当前大学生毕业时普遍缺乏专业实践、缺乏社会体验、缺乏现实创业更需要的心理资本。以盈利为目的的企业，强调新聘大学生要有实际操作能力，是无可厚非的。

当前大学生就业创业关键是观念问题。转变一下观念，就业创业前途无限。一是由专业对口转变为一专多能。进入大学时的专业设计、专业理论不可能适应大学毕业时的专业实际，并且大部分企业更需要复合型人才；二是由一次落地转变为不断创业。市场经济是不断满足社会和消费者不断变化需求的经济形式，不可能再像计划经济时那样一种产品几十年不变；三是由高效预期转变为逐步发展。不但要考虑到管理、技术、资金等经济成本，还要预算出各种社会成本，使自己的企业或事业良性循环，做优、做大、做长。

三、做有创意的大学生

创意创业不同于以资金、技术、劳力为投入的创业，是以知识、智慧为投入的创业。而大学生和其他人群相比，知识和智慧是他们的强项。

从大一开始确定专业目标。要精确地捕捉最新的专业信息、科学地研发最实用最物美价廉的专业产品，合理地确定最有效的商业模式。从大一开始做好职业规划。仰望星空，脚踏实地，既要有宏伟的、长远的职业目标，更要有白手起家、艰苦奋斗、与时俱进的阶段性职业规划。从大一开始进行社会实践。要亲身了解社会，要尽快学会和各种人沟通，要锻炼和提高信心、希望、乐观、韧性等心理素质，逐步积累优质的心理资本。从大一开始学习市场规则。市场经济是法制经济，市场不需要眼泪。要认真研读企业成功的案例，更要研读企业失败的案例。要享受成功的喜悦，更要承受失败的煎熬，尽快地在游泳中学会游泳。

四、塑造大学生良好形象

倡导大学生就业创业从大一开始，预示着大学生活更加艰苦。希望大学生在大学生活里：锻炼一副好身板。无论是政界还是商界，成功人士首先都有一副好身板。学会一门好手艺。家缠万贯不如一技在身，千招会不如一招鲜。编制一副好关系。如果说成功靠的是人际关系和技术，那么人际关系在成功上的比例是85%。健全一个好人格。为什么同样的需要动机而行为和结果截然不同呢？关键是在需要动机和行为结果之间有个人格问题。健全人格是大学生创业成功的关键，也是大学生用功所在。

许多大学生已经为我们做出了榜样。2009年天津市举办首届大学生创意创业作品比赛，在“免费信息复印”等获奖作品上，充分展示出当代大学生创意创业的新理念、新思维、新行为、新愿景。

远在天边　近在津门

《创意时代》　马　畅

随着大学生的逐渐离校，大学生就业问题成为迫在眉捷的社会性难题。政府确定“以创业带就业”的思路，鼓励大学生以积极主动的姿态，实现创业就业，受到了全社会的赞同和支持。如何广泛开辟就业渠道、如何为大学生创业提供有效的支持，已成为社会各界共同关注的热点。如今，以天津意库创意产业园为代表的创意产业界经过不断地研究和实践，已在“如何将大学生有效与企业对接”方面取得了宝贵的经验和可喜的成效。

2007 年 9 月开园的天津意库创意产业园作为天津首家利用工业遗存建设的创意产业园，保留了天津外贸地毯厂的原始风貌和建筑结构，将其进行艺术设计和升级改造后，成为现代、舒适，带有浓烈工业气息的“loft”式工作生活空间。这个到处洋溢着青春气息的创意园区，在成立伊始就把目光锁定在青年创业者和新兴创意产业的扶植和发展：为大学生创业群体和中小企业打造了投融资绿色通道，通过与天津科创天使投资有限公司合作，为天津市的初创期科技型中小企业最大限度地争取到科技部和天津市科委的政府资金支持，前不久园区内的天津市雷克子木广告传媒有限公司已成功获得中小企业引导资金 45 万元。

这只是意库支持大学生自主创业的一个缩影，自园区成立以来，意库先后成为“天津市大学生创意产业中心”、“天津市青年就业见习基地”和“天津市创业实训基地”。在目前入驻的百余家企业中，超过 1/3 企业是由大学生自主创办的。“创意产业强则少年强，少年强则中国强”是意库在扶植青年创业时坚持的理念。

本着这样的理念，意库邀请世界顶级行销大师、演说家们走进高校，以他们由平凡走向成功的经历，点燃大学生创业激情，帮助有志创业的大学生将心理欲求从盲目就业转向寻求创业。由天津的

80后总经理们与《奋斗》剧组演员共同组成励志巡讲团队，通过各公司经理讲述自身的创业经历，通过实践过程的分享，结合目前的就业形势以及政府提出的相关扶持政策，传达“理性创业”的理念，给出建议，引导大学生由激情创业转化为理性创业。

在成功举办了天津大学生文化创意作品大赛的基础上，意库将“创意作品大赛”升级为“天津市大学生创意创业大赛”，选出优秀作品和参赛团队签订合作意向书，帮助大学生将创意转化为社会财富。同时把大赛优秀作品推荐到全国性大赛，拓展参赛作品的上升空间和融资通路，邀请更多的投资公司、创业基金会和大型企业参与。

针对大学生创业普遍遭遇的缺少创业经验、资金匮乏、社会资源不足、对政策了解模糊、缺乏创业平台等5大瓶颈问题，意库配合政府“以创业带动就业”的指导政策，联合城建学院、商学院等各大高校，有针对性地启动系统专业的大学生就业培训、大学生创业培训、大学生专业技能培训，并建立城市空间设计产业见习基地，为大学生创业创造条件。

在意库为大学生提供的2000平方米创业平台上，大学生创业者和就业者可以得到三大培训：技能性培训、SYB培训、拓展培训。从而实现从学生到社会人，从学生到创业者的迅速转变。大学生们不但可以与园区内企业合作，在1000个实训岗位中寻求自己的一席之地，还可以在这里享受“面向企业的一站式创意服务平台”。意库为大学生创业者免费办理公司注册手续，并联合社会资源为企业提供投融资、担保、法律、会计、知识产权保护等中介服务，全方位地解决大学生创业企业的后顾之忧。他们还为大学生创业企业筹建了“项目风险资金”和“创业奖学金”，解决大学生创业起步期的启动资金，帮助创业企业迅速成长建立。经过实施“企业实习”计划，大学生创业者可以在经理人培训、团队构建演习、市场拓展模拟等服务中体验创业历程，增加企业管理和运营经验。

以学习者为中心，以项目为驱动的全程就业导航服务，在提高创意创业质量，扩大产业发展规模的同时，意库的目标是让这些团队知道如何让初创的公司走上正规运营且花费最小。青年是敢闯敢干的年龄，意库认为，创意产业园是创意产业企业的聚集地，是定位企业产业链的创造者，更应该是青年汇聚的地方，是青年施展才华的地方，把解决青年发展问题当作是"种子业务"来对待。如今，意库的努力成效显著，漫步在创意产业园内，随处可见年轻人充满朝气活力的身影。

作为一个教育工作者，我欣喜于年轻人无穷无尽的智慧和激情，在天津这个活泼的城市里，我看到了无数执着于创造自己事业，并坚定的走在遍布荆棘的创业之路上的坚毅脸庞。对于成功的学生，我希望他们能成为榜样，带领更多的人进入这个市场，为后来者提供超前的思维、果敢的决心、独特的经营以及宝贵的经验；对于失败或因为种种原因离开了这里的学生，虽然在这里你并没能迅速崛起，但是你随后将面对的是全中国甚至是全世界，将你们在天津学到的一切精神、思想、经验传达给你的家乡或是你所到达的城市，在那里作为一个开拓者成就另一番事业。

天津就像是一个正茁壮成长的孩子，他所经历的一切改变，都在为一个时代的到来而做着准备。然而，作为这个城市里最年轻的血液——大学生，拥有的智慧、激情都将成为这个时代的基石。那么，如果你还在等待，就将失去这个宝贵的机会，所以来这里和意库、和天津一起改变吧！

音乐为伴　欢乐人生

北京电影学院　龚中艾

插上想象的翅膀

提高大学毕业生的审美情趣、挖掘学生内心的审美情感主要是通过音乐欣赏来获得的。如听小约翰·施特劳斯的《蓝色多瑙河圆舞曲》你的情感体验，会有以下几种：

1. 欢快地、充满着活力
2. 感觉多瑙河的水波在轻轻地荡漾
3. 很多人在翩翩起舞
4. 有一种春暖花开的气息

小约翰·施特劳斯是想借这首圆舞曲来鼓励维也纳民众摆脱沉闷的情绪，充满生命活力的去迎接灿烂的明天。

又如，肖邦的 C4 调练习曲，标题“革命”，本身就有很强的哲理含义。但要真正理解领悟其内涵，就必须先了解肖邦生活的时代，了解肖邦的爱国主义情感和他鲜明的民族主义风格的音乐，了解波兰的民族运动以及争取自由独立的民族斗争。只有这样，才能理解作品中的民族感情和爱国热忱。

车尔尼雪夫斯基说：“美存在于生活之中；而对于美的发现，则要靠人们对它的理解和认识。”高尔基也说：“美，是人自己从它的灵魂深处创造出来的。”强烈的审美情感，使学生的感知过程和体验过程紧密结合，水乳交融，加深了他们对美的形象的认识和理解，这种审美认识、审美愉悦使学生的身心获得更多的情感体验，学生的精神得到充实、情感得到升华。

音乐教育的目的就是要引导学生发挥想象力，挖掘创造性思维潜能，因此，你们在欣赏音乐时，一定要通过对音乐的理解再结合自己的经历、各种知识，展开丰富的联想和想象，因为丰富的联想本身就能开启创造性思维的大门。

打开创造性思维的大门能大大提高你们欣赏音乐的能力。例如：听一曲《黄河船夫曲》，你们会被其粗犷、雄浑的气质所感染，会联想到中华民族勤劳、坚强、不屈的性格。听一曲钢琴独奏曲《翻身的日子》，能使人联想到新中国成立，翻身的农民成为自己土地的主人，心中的激情无法阻挡的迸发出来，同时激励我们年轻一代伟大爱国主义的热情。这些图像，就是靠联想和想象发挥出来的。所以，插上联想和想象的翅膀，你们才能在音乐的王国里自由翱翔。

弘扬民族音乐

只有民族的才是世界的，民族音乐是中华民族文艺术中极具民族特色的瑰宝。重视民族音乐成为世界各国音乐教育发展的重要趋势，多年来，我国高校公共音乐教育的教材大多以欧洲音乐体系为主，严重偏离了民族音乐，阻碍了对本民族优秀音乐文化的传承和发展，作为一种传统文化，你们应将民族音乐列入音乐自学中，通过对民族音乐的熏陶，弘扬我国的传统音乐文化。培养民族意识，增强民族自豪感。

我国的民族音乐包括各民族各地区的优美的民歌、民族器乐、民间歌舞、二三百种的戏曲及说唱，这些对于完善你们的知识结构体系、提高修养起着十分重要的作用。

你们观看民歌演唱及民乐演奏，要用心去体会那散发着浓郁泥土气息，在感情上产生共鸣，激发的学习欲望。

例如，在湘南“伴嫁歌”中，各种不同类别的歌曲，其音乐情感的表现是不同的。它旋律优美、风格秀丽，现已被湖南省有关部门申请为省级非物质文化遗产。“伴嫁歌”是湘南地区世代沿袭、代代相传的农村婚嫁歌舞，在郴州地区嘉禾、桂阳、临武等县的农村广为流传。它是姑娘出嫁前夕，由女伴们（歌手）陪伴出嫁姑娘时的一种惜别活动，内容广泛、形式丰富。从类型上看，有伴嫁歌、伴嫁舞；从演唱形式上看，有独唱、齐唱、随唱、表演唱、领唱与合唱；从歌曲体裁上看，有耍歌、长歌、射歌、哭歌、骂媒歌；从舞蹈上看，有把盏、走火、走马、换篆香、娘喊女回、纺棉花、划船、卖酒、推磨、手巾舞、喜烛舞等。由于“伴嫁歌”经历代无数妇女和民间歌手的不断传唱、加工、发展，到今天已形成了一种多彩的民俗音乐文化。

爱因斯坦的音乐欣赏

你们都知道爱因斯坦是一个伟大的科学家，但是爱因斯坦浓重的音乐情结及其艺术观，也值得我们学习。爱因斯坦是一位美学修养深厚的自然科学家，他酷爱音乐，小提琴总是形影不离地伴随着他，以至于有一次，当他拎着提琴盒子，从一列客车的三等车厢走下来，与比利时国王夫妇派去迎接他的人失之交臂，人们难于相信，拎着提琴盒子的那个家伙，竟然是大名鼎鼎的科学家。

爱因斯坦认为：

（一）很难说巴赫和舒伯特哪个更能吸引我：我并不在音乐中寻求逻辑。总的来说，我全凭直觉，对音乐理论一无所知。我很喜欢舒伯特，因为他表达感情的能力很强，并在旋律创作方面颇具才力。

（二）我认为贝多芬的音乐戏剧性过浓，个性过强。

（三）我认为勃拉姆斯的几首歌曲和几部室内乐作品很有价值，其音乐结构也同样有价值。但他的大部分作品在我看来好像都缺乏一种内在的说服力，我不明白写这种音乐有什么必要。

（四）我赞赏瓦格纳的创作能力，但我认为他的音乐作品在结构方面有欠缺，这是颓废的标志。另外我认为他的音乐风格使我不可名状地感到咄咄逼人，因此他的大多数作品我听起来都感到厌恶。

（五）我认为理查德·施特劳斯天资过人，但他缺乏意境。

（六）舒曼篇幅较小的作品对我颇有吸引力，因为它们很有独到之处，感情充沛，但他在形式上显得比较平庸，使我不能充分地欣赏。

（七）我认为门德尔松很有天才，但似乎缺乏深度，因而他的作品往往流于庸俗。

（八）我并不是说我对所有的现代音乐都不喜爱。我认为德彪西的音乐纤巧多彩，但结构上 有缺欠，这种音乐无法激起我的强烈热情？

你在欣赏西方古典音乐时和爱因斯坦有同感吗?

情感体验

1. 审美情感

审美是音乐的核心，是作用于情感的活动，它能使我们在掌握音乐知识、技能，进行欣赏、演唱等过程中受到感染，提高审美能力，促进我们良好心理品质的形成。通过情感作用，促进美感的形成。你能够感知音乐的美，才会被音乐所陶醉，会对音乐学习产生兴趣和动力。让你们体验歌词美、旋律美、节奏美、音色美……从美的角度领悟作品的深刻内涵，加之音乐人动情的演唱、演奏，细细品味音乐之美，培养初步的审美情趣，循序渐进地提高了音乐审美能力，为艺术素质的提高奠定了基础。

2. 音乐鉴赏能力

感受不同国家，不同作品的地域美、时代美，感受不同体裁、不同题材作品的风格美，了解音乐家的创作经历和背景，使学生从他们的人格魅力中感受性格美；在民族音乐的学习、欣赏中，感知几经变迁的民歌、小调所带来的民族之美及民族器乐曲所表达的风情美等。在欣赏、学唱等音乐艺术活动中潜移默化的增长了知识。

3. 思想情感

音乐思想情感作用于人的潜意识之中，你们都有一种感受音乐、表现音乐的能力，所以说音乐具有抒发思想情感的作用。当学生听到一首欢快、活泼的歌曲或乐曲使都会表现出激动与兴奋，当听到一首低沉、悲哀的乐曲时会出现悲哀低落的情绪。这说明音乐不但具有艺术表现力、感染力，同时还有很强的思想内涵。对文化的了解，会激发你们的民族自豪感和对现实生活的赞美及对美好理想的向往。通过音乐教学、音乐欣赏等教学活动，不仅丰富了学生的精神世界，也有效地对学生进行了道德情感的教育。

创新精神的培养

音乐活动中的情感体验，有利于培养你们的探索精神和创造能力。这就要求你们在欣赏时对音乐中的感情内涵凭借感性进行体验的同时，也能够有意识地运用理性因素，深入体验乐曲感表现的内涵。由于音乐中的感情内涵常常可以在音乐以外的因素中找到理解的根据，例如在声乐作品中可以在标题和文字说明中找到根据。因此，在对声乐作品与器乐作品的感情体验中，对这些非音乐因素予以充分注意是完全必要的。如果对这些非音乐因素不予注意，而仅凭感性体验是很难深刻领会乐曲的感情内涵，特别是它的社会意义。如果欣赏者仅凭直感去进行体验，虽然有可能体验到乐曲的基本感情，但却往往会局限于喜怒哀乐等感情类型的体验上，而不能更深入地体验乐曲感情的内在含义。因此，对音乐欣赏中感情体验的进一步要求就是要有理解、联想、想象、幻想、遐想等认识的参与，即通过创新来欣赏，要从各个方面去研究和了解乐曲感情的内在含义。只有在对乐曲感情赖以产生的思想和生活基础有了比较明确的认识之后，才有可能更深刻、更准确地领会音乐作品的感情内涵。这正如毛泽东所说，我们的实践证明，感觉到了的东西，我们不能立刻理解它，只有理解了的东西，才更深刻地感觉它。

已故意大利歌唱家帕瓦罗蒂的一曲《我的太阳》被全世界的人们所熟悉和喜爱。贝多芬的《命运交响曲》也一直在激励着人们为理想而奋斗牺牲。大学毕业生们，你们的音乐素养的不断提高，将会极大地帮助你们创业的成功。

主要参考文献：

李文娟．论普通高校公共音乐的审美教育．让学生从音乐欣赏的过程中体验音乐情感，教育理论，2009

创意人生　生生不息

——我和我的学生们

北京科技管理学院　董瑞祥

【编者按】

先后在北京吉利大学和北京科技职业学院现代管理学院工作的董瑞祥院长与他的一大批优秀学生，特别有意思，在他们身上能看到不断闪现的创意，还能发现了他们身上所具备的创业优良特质

【敢做事】

故事一：央视《对话》节目录制中，学生何锐遇到了心中英雄李想。节目录制完毕后，他要了一张李想的名片，并鼓起勇气策划了请李想来北科的演讲活动。

一个阳光明媚的日子里，李想走进了北科大讲堂，给学生们进行了一场发人深省的演讲，这位没有上过大学的成功人士让我们的学生们沸腾了，提问题的手举得像树林一般，还有几位学生，耐不住性子，不顾纪律的约束，直接冲到了讲台上。

那天，学生们在这里走近了李想，许多学生也找到了自己的理想。何锐以及孙涛现在也进入了《汽车之家》工作，成了李想的理想员工，图片为李想给我院学生演讲。

故事二：学生张拓创建了“观众网”，在度过了最初地下室的艰难创业岁月后，他的公司需要外部资金注入，许久，‘天使’都没有降落人间。

一天，自称“不善言辞”的张拓作为大学生创业人物，被邀请到北大光华学院讲了一个小时的创业故事。结果很快显现了：第二天，张拓在他的小办公室里迎来了一位不速之客——一位年轻的公

司老板尚开才。他送给张拓的公司打印机、传真机等一些办公设备，并打开提包，拿出了 50 万元的现金放在桌上，就这样，他成了观众网的一个股东。

华谊兄弟之路是张拓的奋斗之路，相信某一天，当张拓公司价值不菲的时候，当年他的办公桌上的一堆现钱给他的震撼，将远远大于他的银行账户上 1 后面的这么多个“000000000”！

【问题】

我编写的一本书《听故事 学策划 - 点燃人生智慧之火》将由清华大学出版社出版，其过程一波三折。其中有“政治问题”，比如，不可以把和朱镕基总理接见我们的照片放到书上；也有版权问题，书中采用了一些从网络上下载的图文，有些图文联系到了原作者，可是，也有一些找不到原作者，就这样，耽误了许久。

在这个问题里面，就有一个创业的机会，如果哪位大学生有兴趣，不妨可以建立一个这样的“版权公司”，收集并收购各位作者的一些图文音像资料，并对其他作者开展有偿使用业务。这样既保护了作者的利益，同时，也方便了其他人继续使用这些作者的作品。你愿意做么？你敢做么？你能做么？你会做么？

【擅做事】

故事三：吉利大学东门外的墙上写满了“垃圾广告”，严重影响学校形象。学校花钱请人把墙粉刷一新，没过几天，小广告又写满了，而且更加醒目。我引导我班学生们进行了一次“头脑风暴”，最后，大家凑钱买了一些爬墙虎种子，在墙角下面种上了这种能够遮挡垃圾广告的植物。到了夏季，许多爬墙虎的叶子已经攀上了墙壁，效果挺好。后来吉利集团建汽车展览馆，拆掉了这堵墙，可惜了这些爬墙虎。后来又有学生采用了更好的方法，在其他墙上进行“艺术涂鸦”，有效地遮盖住了违法的垃圾广告！

故事四：一天，已经毕业了的学生胡哲给我打来一个电话，要一张我传递火炬的照片。我心想，可能是她给公司里的同事们“吹

牛”说自己的老师是火炬手，他们不相信，才要我的照片照片证实一下吧。哈哈，那就满足一下学生的要求，也顺便满足一下自己的虚荣心吧！于是，就把照片给她电邮了过去。

几天后的一个下午，2008年9月9日。我接到了一个送快件人的电话。到了学校东门口，接到了胡哲寄来的一个沉甸甸的木盒子，打开一看，我好感动！

故事五：一次，我带领十多位学生参加著名策划教育家张大林先生组织的北京地区策划师和策划专业的学生见面会。当高珊珊同学介绍自己是奥运开幕式礼仪标兵的时候，许多人不清楚什么是礼仪标兵。高珊珊解释礼仪标兵就是在鸟巢开幕式里那群穿着白色衣服欢迎各国运动员入场时的“笑脸”舞者的时候，大家才恍然大悟，顿时，许多的溢美之词也毫不吝啬地送给了她。

高珊珊同学落落大方的表现以及高雅的气质，引起了在场的北京电视台领导和节目主持人的注意，北京电视台一位编导主动索要她的联系方式，并表示欢迎高珊珊将来去他们那里实习。

我发现，在职场上（实验室除外），甚至是在情场上，民办学校的学生都具备一定的优势。右图是俄罗斯国家杜马副主席（左一）访华期间，擅长书法的魏炜同学（右二）为客人挥毫。这副“友谊”取得了其它礼品难以达到的公关效果。

故事六：2009年9月的一天，“小丑”打扮的送花郎宋非凡来到北科管院，借新生开学典礼的机会，给我们的学生做一场有关创业的演讲。

宋非凡在演讲中说道：几年前，刚从山东农村老家来京打工的时候，每个月只能挣200块钱。现在我穿着搞笑的小丑服装送花，客人喜欢，生意红火，我已经开始了 3 家小丑花店，我还要开设 200 家花店，把这种快乐传递给更多人。创业首先需要创意！

演讲结束后，宋非凡还给大家表演了几个魔术，并以一种特殊的方式把鲜花送给了 5 个在那几天过生日的同学，并且给这 5 位同学唱了一首生日歌。

“这是我第一次在外地、在首都过生日，没有想到居然是这种方式，太感动了，太难忘了！”收到鲜花的几位同学这么说道。

“这样的开学典礼很有趣，也激发了我们未来创业的想法，看来，创业需要新点子，也特别需要在众人面前有‘献丑’的勇气！宋非凡，的确非凡！”一位一新生这样说道。

【做善事】

故事七：北科管院早稻田耕读社的 8 名同学，获得了“北京西部阳光农村发展基金会—三星寒假支教项目”的资助，在“西部阳光，为爱上色”的口号指引下，他们踏上了西行的列车，于 2010 年春节之前，来到了甘肃省兰州市新城乡学校进行支教。

在 20 天的时间里，他们通过带领学生唱歌、跳舞、讲故事、书法、绘画等活动，让孩子们度过了一个难忘的寒假。在结营仪式上，学生和老师们的泪水情不自禁，林琳同学说：感动了别人，也感动了自己！

他们给学校带来了活力，给孩子们带去了欢乐，给家长们带来了信心。他们给新城学校送上了一套出自这片热土的著名杂志 2010 年的《读者·原创版》，他们也给自己留下了终身难忘的爱的回忆。“让我们心心相连，手手相牵，描绘灿烂的明天，一起憧憬未来。”这是兰州电视台采访他们时，他们队歌里唱的几句话，他们做到了。

【不错失】

故事八：牛根生常说：“小胜凭智，大胜靠德——策划的最高境界是诚信！诚信既是世界观，也是方法论，‘大诚信”其实就是“大智慧’。”

一次，我应邀为中国青艾工程开幕式做报告，顺便带了五六位同学去做大会志愿者。到场的还有著名主持人白岩松（青艾工程的形象大使），著名演员濮存昕、全国人大常委会副委员长许嘉璐等人。晚宴时，我告诉大会主持人李扁先生，我们的藏族学生卓玛（化名）能歌善舞，李扁安排卓玛即兴表演了两个节目。当时，卓玛很紧张，到北京三年了，这是她第一次上这么大的舞台、见这么多的社会名流。大约两个星期后，当印有她的彩色照片的本次大会会刊出来后，她很高兴。

后来，卓玛找我借了 200 元钱，说一个月还。很久，都没有了她的音信，她大概已经毕业回了西藏。2007 下半年的时候，我突然发现，西藏地区参与奥运火炬手竞选的人不像北京上海这些地方竞争这么激烈。我想：如果卓玛报名参加的话，成功的可能性极高！我马上给卓玛打了一个电话，电话通了，我说："是卓玛吗？我是董老师，有一个重要的事情……"话说了两句半，那头的电话就挂断了！再打过去，就没有人接听了！

凭第一次电话打通时听到的一声"喂"，我相信，接电话的一定是卓玛。可是，她为何要挂断电话呢？我突然想起她欠我 200 元钱的事情，她一定是不好意思了。我联系她的同学，让她们转告卓玛，我想鼓动她报名参加奥运火炬手的选拔活动，希望她给我回一个电话。后来，她的同学说和她联系上了，也传达了我的意思。可我再也没有接到她的电话。从她同学那里，我了解到前段时间，她的父亲刚刚去世，家中正出于困难时期。

如果当时她接听了我的电话，同时也告诉我她家里的困难情况，我想我和其他同学一定会帮助她的。她的故事，成了我给学生上课时关于"懂诚信"和"学会做事方法"的最好案例，这也是我最伤心的一个案例。长远来看，不讲诚信，吃亏的是自己，而不是别人！我并不认为卓玛是一个不讲诚信的人，她只是太"傻"，没有学会做事的最佳方式，也因此错失了人生一次宝贵的机会！

希望看到这个故事的年轻人，不要错过点亮你人生道路的"奥运火炬"。

故事九：一个虚拟的故事

一个商人对一个美国老头说，我想把您的儿子带到城里去工作。老头说，不行。这个人又说，如果我在城里为您儿子找个对象，能带他走吗？老头还是说不行。这个人又说了，如果我给您儿子找的这个对象是洛克菲勒的女儿，那您看行吗？儿子能当上洛克菲勒女婿让老头子动心。过了几天，这个人就找到了美国首富洛克菲勒，对他说，我想给您的女儿找一个对象行吗？洛克菲勒说，不行。这个人又说了，如果我给您找的这个女婿，是世界银行的副总裁，您看行吗？洛克菲勒答应了。又过了几天，这个人找到了世界银行总裁，对他说，您应该马上任命一个副总裁，总裁笑了笑说，不可能，我已经有这么多的总裁，为什么还要任命一个？这个人说，如果我让您任命的这个人是洛克菲勒的女婿，那您看行吗？总裁答应了，这个小伙子马上就变成了洛克菲勒的女婿加上世界银行副总裁。

这个故事告诉我们创意的重要性，如果创意停留在口头上，而不去进行实践，那么，就会给人一种华而不实的不良感觉。好的创意，只有经过计划周密的实践活动，才能够体现出其价值。

牟其中用袜子换飞机，轰动中国；张贤亮的西部影视城，使得荒凉的宁夏镇北堡成为张艺谋电影的发祥地和国人的旅游热土；美国人丹尼斯突发奇想，自封为月球头人，出售月球土地，从而成为美国英雄。中国要从制造大国到创造大国产生巨变，需要大批有创意的人，愿你成为其中之一。

大学女生　永不服输

王　蕾

大学女生较之男生就业，择业都要难上许多，我们在成书过程中访问了一批女生，她们热情洋溢发表了自己的观点。

凤归巢文化传播公司　董燕妮

我做过一个关于大学生是否坚守大城市和回归家乡问题的问卷调查，“毕业后选择回农村就业，还是选择二三线城市，亦或是坚守在大城市就业？”根据调查结果显示：调查人群中竟然有 50% 以上的学生虽然认为在二三线城市依然可以实现自我价值，但在真的面临选择的时候依然有 50% 以上的学生会更愿意坚守在大城市就业，尤其是一线城市，如北京、上海等地。大多数大学生认为毕业后坚守在大城市可以更快的实现自己的理想，可以更有效的改变生活的窘迫，梦想着能拥有和大城市里的孩子一样的生活方式和身份地位，坚持着“城市的月亮要比家乡的圆”的理念。城市文明对大学生们来说有着不可估量的吸引力，大城市更有利于他们的人生发展。可在坚守多年后，实现自己人生追求的大学生们却寥寥可数，而这个问题错误的根源却并不是选择，而是自始至终学生们的思维被局限在一个笼子里，导师们也忘记告诉学生们其实人生的舞台很宽阔，未来并不是只有一种选择，只要你肯摆脱思维定势，充分认识到梦想与现实之间的临界，一切皆有可能，现实也可被你打造成梦想的舞台。

北京科技职业学院　高娟

女生对策分析

基于社会性别排斥是女大学生就业难的主要原因，我们认为应从以下三个方面予以关注：

（一）尊重女性，人人平等。尊重生命，尊重女性，强化对妇女生育价值的认识，创造良好的文化环境；确立性别平等、就业公平的意识。社会要广泛树立公平意识，要消除社会文化观念中的性别歧视和性别偏见。

（二）建立和完善社会保障制度和社会服务体系，减少性别亏损。

（1）完善社会保障制度，建立健全的生育保险制度。女大学生就业难的根源是用人单位的经济利益决定的。我国应尽快建立完善女大学生就业的社会保障机制，将女性生育保障纳入整个社会保障体系中，完善社会保障制度，建立健全生育保险制度，降低企业的用人成本。（2）建立起有效保障男女平等就业的法律体系并使其具体化，具有司法实践的可操作性。（3）建立必要的社会补偿制度，简言之是对企业接受女性就业所带来的“性别亏损”给予合理补偿的制度。（4）建立与完善社会服务体系，促进家务社会化，注意家教的双亲化和社区化，缓解女性由于双重角色冲突所增加的负担。

（三）对女性的教育应走出“女性化”角色教育的模式。家庭对女性的教育应适应家庭结构的变化，在赋予独生子女家庭责任的同时也应给予她们与责任相一致的教育，使女大学生的求职期望与自身实际条件、能力相符合。

新华人寿职业讲师　关春香

人脉积累能力是女生衫袖善舞的事

最走运的人，是有那些拥有许多朋友的人。你的结交网越大，你发现某种机会的可能性就会越大。朋友多了，路好走。维护“关系网”不可不用心。

几点建议：

1. 主动与人联系

建立关系的最基本原则就是不要与他人失去联络。不要等有麻烦时才想到别人，关系就像一把刀，常常磨才不会生锈。因此，经常联系就显得十分重要。

2. 经常进行感情投资

你有没有这样的经验，当你发生了一种困难，你认为某人可以帮助你解决。有求于人就去找他，可能因为太唐突而遭到他的拒绝。有交情，才好办事。可见感情投资多么重要。

3. 关系网要好

有的人整天忙忙碌碌认识很多人，网织的很大但结果使用起来没有实绩，撒进海里网不到鱼，人的精力是有限的，就是要理顺关系网，该增的增，该删的删，一张好的关系网，要尊循以下三个步骤:

①筛选，把与自己生活范围有直接关系和间接关系的人记在一个本子上，把有用的留在手上。

②排队，要对自己认识的人进行分析，列出哪些是最重要的，哪些是比较重要的，哪些是次要的，根据自己的需要排队。

③对关系进行分类，生活有困难，需要求助于人，事情往往涉及到很多方面，你需要很多方面的支援，不可能从单一方面获得。

4. 明确自我规划能力，把我们奋斗目标分以下几个阶段

①买房；

②买车；

③接父母到北京；

④让自己的子女上好的学校，接受良好的教育；

⑤要有能力救济穷人。

青果园　大学生放飞青春梦想的家园

《创意时代》　王小新

青果者，青涩之果、青春之果。以此来形容即将走出校门、走向社会的大学生最恰当不过。在天津，青果园大学生创意创业园区在全社会的关注下，已经成为解决大学生以创业带动就业的典型实例，成为大学生发挥个人潜能、丰富经验，最终走向自主创业的实战场所，51 支大学生创业团队在此演绎着他们的激情人生。

为政府分忧　为学生解难

青果园是在大学生就业难的大背景下，本着“为政府分忧，为学生解难”的指导思想，落实市委市政府“以创业带动就业”精神，由天津市创意策划研究会策划并实施的大学生创意创业园区，它是为大学毕业生提供政策咨询、项目开发、创业培训、创业孵化、小额贷款、业务承揽、跟踪辅导、去向对接等“一条龙”服务的大学生见习基地、创业实训基地和创业孵化基地。

青果园项目从创意策划之初就得到了天津市政府的高度重视和支持，崔津渡副市长作了重要批示：“请青果园开创市场化、商业化发展模式，请市有关部门给与支持。” 市劳动和社会保障局将青果园作为推动大学生就业创业的试点。“青果园”相继接待了市发改委、教委、团市委、市妇联、财政局、劳动和社会保障局、工商局、税务局、九三学社、工商联和多所高校的众多部门的参观和考察，中央和地方主流媒体也对青果园给予了充分报道。

青果园项目得到了全社会的关注和大学生们的广泛好评。青果园与南开大学签署协议并举行了隆重的大学生创业实训基地揭牌仪式；建立了一个百人以上的庞大的志愿者队伍，并深入到多所大学宣传推介；团市委组织了三十余所大学的学生会干部来青果园考察学习。青果园也通过一系列的活动、讲座向大学生宣传创业意识与理念，许多准备创业的团队和有创业想法的学生慕名而来。目前，有51支团队在此创业，政府给予了资金支持，鼓励青果园不断开拓，将青果园建成大学生创业的黄埔军校。

创意　创业

大学生创业可选择的行业很多，传统行业虽然门槛低但竞争很残酷，而且必须有先期资金投入。大学生有知识、会电脑、懂网络、少束缚，天生具备了创新意识和激情。而创意产业不消耗资源、无污染、低投入、高文化附加值、可选择范围广等特点，可成为大学生创业的行业首选，一台电脑，一张办公桌，就可以开启大学生的创业之路。因此，青果园创意之初就将园区定位于“大学生创意创业园区”，以引导大学生充分发挥自身的特点，在更适合自己的领域创业。

为此，青果园为大学生创业提供了一系列的平台和服务：

一是统一的超级服务平台。创意创业离不开电脑和网络。很多应用软件创业者个人或团队几乎买不起，如动漫、环境设计、工业设计应用软件，等等。青果园通过整合天津市各创意产业园的各类服务平台，解决了创业者技术上的后顾之忧。

二是提供全套的市场操作服务。大学生创业难的一个主要原因就是要面对所有的市场行为。从起照到完成交易，中间太多的流程让创业者举步维艰，分散了太多的精力。最后往往不是项目的失败，而是败在了创业环境上。青果园把这些工作全都承担下来，让创业者专心致志去搞项目，搞经营，轻装上阵。

三是机制性地将项目和人才推向市场。针对区内创业者开发的创意项目和有潜质、有能力的人才，园区通过积极参加展览会、展销会、人才推介会、成果展示会等，走出去，请进来，及时地把项目和人才推向市场，转化成生产力。

大学生创业面临三座大山：缺资金、少项目、没经验。青果园创造性地提出了创业导师和企业家辅导员的辅助形式。针对不同创业领域，整合一批有爱心、有能力、有项目的创业成功人士担任创业导师，带领、辅导创业者进行创业；聘请企业家辅导员定期来园区对创业者进行辅导。创业导师在付出劳动和心血的同时，也完成了自己的项目；企业家辅导员通过观察和使用，在园区也可找到了中意的员工，各取所需，皆大欢喜。

企业化运营是必由之路

任何一个项目要持续发展，必须有一个良好的运营模式，企业化运营是必由之路。青果园除先期示范基地需要政府提供资金支持外，后期的日常运营通过成立项目公司“青果园（天津）创业中心”来操作。中心的盈利来源于以下几个方面：1. 与每位入园创业者签署协议，拥有创业项目或服务的 10% 的所有权和收益权；2. 青果园自身开发的经营项目；3. 对外承揽业务交由创业者实施，产生收益后的留成；4. 政府按照实训人员创业成功率给予的实训基地补贴；5. 形成模式与品牌后，无形资产与管理团队的输出收益；6. 通过不断创新而产生的其它收益。

“青果园”，一个大学生放飞青春梦想的家园。“青果园”旨在帮助大学生在走出校门之后，经过青果园一系列的创业和就业培训，具备创业的技能或者用人单位需要的素质，使学生更好地融入社会，让大学生在青果园度过“五年级”，完成从青涩到成熟的转变。

据悉青果园项目已经列入南开大学百项学生理论课题研究，项目策划人吴子金先生说：“我们希望青果园能实现以下研究价值：青果园在以创业带动就业安置大学毕业生工作上摸索出一条新路；青果园对现行大学教育体制的改进与完善提供了参考思路；青果园推出的志愿者文化为在校大学生的社会实践指明方向；青果园是发展现代服务业的有益尝试。”

创业大本营　让青果园走向全国

2010 年，青果园迎来了快速发展的良好机遇。在总结 2009 年青果园各项工作得失的基础上，青果园结合互联网发展前沿趋势和大学生创业特点，创造性地提出了通过构建网上创业园区实现创业企业运营模式与管理模式的跨时代飞跃。创业大本营——网上创业园区应运而生。

青果园创业大本营以门户网站为载体，以基于云计算技术的

SaaS 解决方案为支撑，构建一个功能齐全、现实与虚拟相结合的创业企业和团队聚集地。网下以企业服务中心的形式提供全套企业运营基础服务，包括工商、税务、融资、咨询、培训、孵化、推广、档案、保险等；网上实现超时空、跨地区的协同管理平台服务，企业经营所需的各种软件一应俱全，创业企业和团队成员凭借 PC 或手机终端，通过登录创业大本营网站（www.dby21.com.cn），进入自己的网上办公区工作。网站会员不仅不再需要传统的办公场所和固定资产投入，而且因为平台提供了多种管理软件，能够帮助创业企业和团队自我管理并开展高效的经营活动，为企业发展壮大奠定坚实的基础。

“想创业，就来青果园创业大本营。”——这是青果园对当代大学生的承诺！

大学生创业导师管理办法

天津市创意产业协会　吴子金

天津市创意产业协会在广泛借鉴各高校大学生创业的经验及对天津“青果园”大学生创意创业园区运作一年多来经验的总结，制定出针对大学生创意创业的创业导师管理办法，从而使这种操作性强、收效明显、多方受益的创业帮扶机制得以坚持和推广。

创业导师入选标准

（一）成功的创业者。榜样的力量是无穷的。只有亲身经历了创业过程，才能充分体会出个中艰辛，也才能提出更具针对性的建议和方法。不唯企业大小，名头高低，只求能够指点迷津，传经送宝。

（二）专业服务机构工作人员和行业专家。投融资、市场营销、人力资源、财税、法律、管理诸领域是大学生所不熟悉但又必须直接面对的。有了这些专业服务机构工作人员和行业专家的培训和指导，对创业大学生来说无异于雪中送炭。

（三）认同创业精神及创业者价值，并愿意贡献时间、精力、智慧和经验，提携和帮助创业者，同时熟悉企业管理和市场运作，具有对创业企业进行实际辅导的能力与经验。

创业导师指导方式

（一）培训辅导。针对创业企业关心的共性话题，进行专业的培训、研讨和交流。

（二）专题咨询与诊断。定期组织相关领域的创业导师对企业出现的疑难问题进行集体会诊。

（三）一对一辅导。每位创业导师至少选择一至三个创业团队作为帮扶对象，进行一对一辅导。

创业导师聘任

创业导师的聘任主要通过自荐、推荐、邀请的方式进行。

创业导师回报

（一）建立创业导师长效机制，将创业导师计划作为服务大学生创业和创业企业培育的一项重要措施，在制度、人员及资金方面给予保障。

（二）建立大学生创业导师的绩效评估体系，每年对创业实践阶段的导师绩效进行评估，并给予一定奖励。

（三）依托电视、网络、报纸、杂志等媒体对指导大学生成功创业的优秀创业导师给予宣传，在网站为创业导师开辟专栏。

（四）为创业导师的企业开辟宣传阵地。

（五）联合权威部门、知名院校共同发放创业导师资格证书。

文化产业我知道

中国策划研究院　张大旗

说起创意创业主张，值得一提的是文化产业，现在提到的文化产业只是把已经存在的各种文化形态归集到一起，例如说文学出版、音乐舞蹈、戏剧电影、影视动漫、会议展览、IT 网络，等等，而没有从文化产业的本质去发掘，没有创造出一些新形式，其实象创意文学、文化遗产、艺术收藏、俱乐部经营都属于文化产业的新形态。

创意文学　不同于小说、诗歌、散文，有可能是一种个性化很强的博文、日志，创意文学在很大程度上是一种商业文学，例如广告语、排行榜、畅销书都属于创意文学范畴。

广告语在人们的心中已经耳熟能详，任何人都能够随便说出几条广告语，例如说步步高的“每天进步一点点”、老百姓津津乐道的“只买对的，不买贵的”、中央电视台广告部“心有多大，舞台就有多大”、《南方日报》的“思想有多远，就能走多远”，这些广告语之所以经典就因为它有创意，是大道从简的具体表现。

排行榜在一定程度上反映着城市、乡镇、行业、部门和个人在社会的公众关注力、竞争力与品牌形象。在今天的小康社会，人们遇事就看“榜”：上学，看看学校的排名；择业，看看职业的排名；消费，看看商品的排名；旅游，看看景点的排名。这样，排行榜，有意无意成为了信息榜、竞争榜、英雄榜、形象榜、成就榜、品牌榜……

鉴往知来，不断进取，排行榜彰显社会的进步，突出精神的追求:

其一，排行榜是鼓励先进，激励竞争的标杆。

其二，排行榜是弘扬主旋律，传播主流社会信息的平台。

其三，排行榜是导向社会发展，规范社会行为的“示范窗口”。

排行榜鉴往知来、标榜形象，值得张扬。

排行榜具有公信、不失愉悦，不可全信。

“畅销书”(Bestseller) 一词最初起源于美国。

在一个时代，或者说时间段，非常受欢迎的书，就是畅销书。

1895 年，美国《读书人》登载了十九个城市书店中最畅销的六本书的书名，这被认为是历史上第一张畅销书单。1897 年，这家杂志又发表了全美“最好销售的书”的书单。

自 1903 年开始，《读书人》月刊每期公布本月内最好销的六本书，称为“畅销书六册”。可以说，“畅销书”一词在这时才首次正式出现。此后，“六册畅销书”随即出现在全美各家书店的最显眼的柜台上。

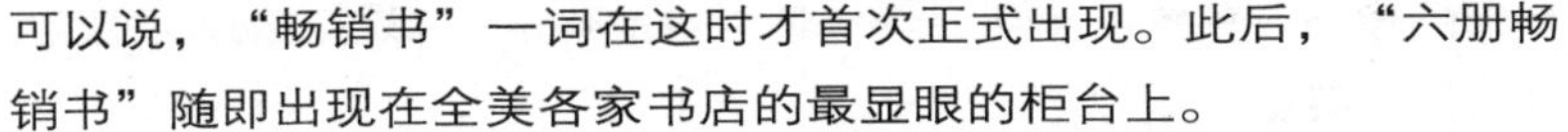

第一次世界大战后，“畅销书”这一叫法才逐渐普及到美国以外的各国出版界。

畅销书的特点是符合当时人的阅读口味，畅销书不一定就是好书，但也有可能成为名著。这就要看它的实际价值是否经得起时间的考验了。

在一段时间内，监控符合一定条件的图书销售情况，并按销量（册数）顺序排列成榜单，即为畅销书排行榜，简称畅销榜。

畅销书具有创意创业风，故风声水起。

未来遗产　未来遗产也要归集到文化产业的范畴，千百年沉淀下来的文化遗产不仅弥足珍贵，而且本身就可以成为文化产业的一份子，早些年间，我们把《三字经》重新编纂以《新三字经》的名义出版，在广东的发行量达到数百万册就是一个文化遗产实战的例子。文化遗产中的思想遗产极为丰富，象《论语》、《老子》、《四书五经》，现在都作为国学用各种形式出版，还有音像制品、百家讲坛。在策划中有一个叫思想采购的说法，所谓的思想采购就是向我们的前人、先哲学习，从他们身上汲取精华，完善自我，思想采购是创意创业交流的主打节目。

未来文化遗产是个崭新的提法，国家旅游局魏小安司长就有一部专著叫《未来文化遗产》它援用了文化遗产学说把今天的城市规划、旅游建设、文物再造、景点创建提到了一定的高度，告诫人们要把中国传统的文化元素与现时代的审美观点相结合，今天的每一个建设作品都要成为将来的文化遗产。未来文化遗产不仅如此，我们现在的所有文学作品、艺术品、工艺品都是今后的文化遗产，都应该具有中华文化绵延传承，发扬光大的职责，发挥与世界文化交流的功能和作用。

艺术银行 说到收藏人们常会强调这一件东西是不是文物，把整个收藏归集到了文物真假的问题，其实这样有点偏向，所谓艺术收藏只要是书画家的艺术作品，民间传统的工艺品，各民族各地方特色的纪念品都可以纳入收藏的范围，还有名人用过的物品，特别历史场合的使用品也可以作为收藏的范围。民间文物收藏中也会有大师的作品、皇家的用品、近代仿古代的作品，都应该纳入到文物收藏的范畴。

收藏通常被看成是个人喜好的行为，其实不然，北京温州博古斋就把收藏与博览、博览与拍卖结合起来，把它做成了一个大众文化平台，在陈纪平的拍卖会上，各式各样的收藏家和收藏爱好者济济一堂，他们带来了各自珍藏的物品，兴致勃勃地进行艺术鉴赏、藏品交流，近期温州博古斋又以艺术银行的方式扩大业务范畴，把文物的鉴定、保管、陈列结合起来，运用银行的经营方式把藏品当做货币来对待。藏品在艺术银行里可以保值、增值，艺术银行甚至对藏家的藏品还支付一定额度的利息，这样下来收藏的产业化就变成了一场蔚为大观的好戏，文化产业又多了一支劲旅、一杆红旗。

俱乐部化 是当今商业经营的一个重要趋势，现在的店铺销售、网络销售、无店铺直销都运用了俱乐部的方式，所有的大商场、超市都以会员制形式来吸引顾客，以会员价格来反馈顾客，网络销售与无店铺销售更是变本加厉，与商场超市争夺顾客，所谓的俱乐部化无非是娱乐形式、商业元素与简单法则的体现，象单位团购、节日礼品更是运用俱乐部意念，北京长安商场无论什么时候走进去，商店里的人都不是很多，然而它的生意却做得很红火，殊不知它就是北京团购做得挺红火的商店，据说还价格不菲。这个团购就是一个隐形俱乐部。

产业文化知多少

孙中山研究会　胡文迪

文化产业已经成为我国的支柱产业，其意义重大不言而喻，而把文化产业这个词倒过来说就成了产业文化，让千百家企事业单位把自己的产业文化化，那个效益比文化产业的效益恐怕要强千百倍。

产品文化　是产业文化的基础，例如说衣食住行中的服装、美食、建筑、交通都是产品文化的急先锋，服装做出了很多概念，它不仅有春夏秋冬适时服装，还讲究面料材质、风格款式、还推出了流行色、模特表演诸多的产品文化形式；美食也不甘落后，街面上各种风格的餐馆酒家、美食世界比比皆是，各种地方菜，各国的风味大餐遍地都是；以房地产为代表的城市建筑也显示出产品文化的丰富多彩，象城市标志性建筑，欧陆风情的公寓、别墅、大厦无不标新立异，体现自己的独特风格，争取最多最好的买家；交通是人们生活中重要的不可或缺的部分，航空、铁路、汽车和城市交通形成了海陆空立体的阵势，象动车、高铁；空姐、头等舱；豪华小轿车、名牌自行车都有着自己的产品文化，共同演绎着一道城市风景线。

企业文化　伴随着改革开放在中国已经有30年的历史，企业文化的核心是企业理念，在医院的治病救人，学校的教书育人总的理念下，各医院各学校都打出了自己的企业理念，象同仁医院的“百年同仁，精诚勤和”，象复旦大学的“博学而笃志，切问而近思”就很有意境。更有象IBM的“我们一小步，世界一大步”，联想的“人类离开了联想，世界将会是怎样？”都是非常出色的企业理念式口号。行为是理念的延伸，各行各业无不重视这一点，象银行、民航、创意创业、高级会所更是特别讲究行为规范。企业标识是企业文化的重要表象，每个企业都有自己的标志和各种标识，它们展示着企业的精神面貌和物质本体，活力是企业文化最活跃的表象，企业的文娱活动、休闲旅游、节日聚餐、统一服装都是企业活力的表现。

职工创意创业所开展的企业文化活动更是用意明白、直指职工心灵深处。

产业文化　企业文化的蓬勃发展带来了产业文化，产业文化是文化产业的集中表现，象连锁加盟行业的八个统一，旅游行业的行为规范，家居产业的价值取向，互联网的通畅便捷都是产业文化的各种体现。在文化产业蓬勃发展的今天，各个产业无不注重自己的文化，与文化产业异曲同工，共同展现文化的张力。

产出文化　是产业文化的行为艺术，诸如产品的包装，企业的形象，售前售后的咨询，营销售卖的策划无一不是产出文化的话题，创意创业主张是产出文化的主导，创意创业形式是产出文化的组织形态，模式与方法是产出文化的通道。携程网创意创业咨询电话一接通直呼其名的手法；建行银行柜员机银行卡一插入尊称大名的呼唤都是产出文化的精心组织、细节安排，是创意创业愉悦要素的完美体现。

创意创业的根本任务就是要产业文化做到极致，这是大学生创意创业的大课题，每一个产业，每一个企业都有做不完的文章。

大学生创业需要心理资本

天津创意策划研究会　常志旭

大学生就业创业需要有金融资本、技术资本，人力资本，而人们往往忽略了一个重要的资本，即心理资本。

什么是心理资本

什么是“心理资本”呢？让我们先看一个小故事。有一天，农夫的一头驴子不小心掉进一口枯井里，农夫绞尽脑汁想办法救出驴子，但是想不到好办法，驴子还在井里痛苦地哀嚎着。最后这位农夫决定放弃，便请来左邻右舍帮忙一起将枯井中的驴子埋了，以免除它的痛苦。当驴子了解到自己的处境时，刚开始它哭得很凄惨，感觉末日的来临。但是，让人意料之外的是，一会儿之后这头驴子就安静下来了。农夫好奇地探头往井底一看，眼前的事实却让他感到口瞪目呆：当众人铲进井里的泥土落在驴子的背部时，它没让泥土将自己掩埋，而是将泥土抖落在一旁，然后站到铲进的泥土堆上面将这些泥土踩实。很快地，随着脚下泥土不断加高，这只驴子便得意地上升到井口，然后在众人惊讶的表情中跃出井口，快步地跑开了！

态度是如此地重要。要让自己开始快乐的工作，快乐的生活，就是所谓的心理资本。由于人的潜力巨大，所以相对于资金、市场和技术资本，心理资本的升值空间是最大的。最好的心理资本可以带来决定性的竞争优势。拥有过人的心理资本的个人，能承受挑战和变革，可以成为成功的创业者，从逆境走向顺境，从顺境走向更大的成就。

这些心理资本，对于大学生，都可以有意识地去获得、保持和提升。通过拓展训练等活动，认识和提升自我，激发自我潜能，将是终身学习的一项重要内容。

现在我们可以给心理资本一个定义了，心理资本是个体在成长和发展过程中表现出来的一种心理状态。具体表现为：（1）自我效能：在充满挑战性的工作时，有信心并能付出必要的努力来获得成功；（2）乐观：对现在和未来的成功有积极的归因；（3）希望：对目标锲而不舍，为取得成功在必要时能调整实现目标的途径；（4）韧性：当身处逆境和被困境困扰时，能够持之以恒，迅速复原并超越，以取得成功。

自我效能：成功的信心

麦克阿瑟将军在南太平洋指挥盟军的时候，办公室墙上挂着一块牌子，上面写着这样的座右铭：

你有信仰就年轻，疑惑就年老；

你有自信就年轻，畏惧就年老；

你有希望就年轻，绝望就年老；

岁月使你皮肤起皱，但是失去了自信，就损伤了灵魂。

根据艾伯特·班杜拉（1925~1997 年，美国心理学家，社会学习理论的创始人）的丰富理论与研究，自我效能（或者简称信心）可被定义为："个体对自己在特定的情境里能够激发动机、调动认知资源以及采取必要的行动来成功完成某一项特定工作的信念（或信心）。" 自信是一种意识状态，自信和人类的关系，很像是蒸汽机和火车的关系，它是行动的主要推动力。培养自己的自信性格，是一个人迈向成功的第一步。

有自我效能的人在五个重要特征上表现突出：他们为自己设立高目标，并自己选择困难的工作任务；他们欢迎挑战，并因挑战而强大；他们是高度自我激励的人；为实现目标，他们会投入必要的努力；当面对困难时，他们会坚持不懈。当自信成为你的生活方式，你也就已经为成功做好了准备。

闻名于世的哈佛大学心理学家威廉·詹姆斯教授曾经得出过这样的结论：一个普通人仅使用了他头脑的 10%。他有无穷的力量，可是他使用的极为有限。他身边满是取之不尽的财富，然而他却不知该如何抓住。现代心理学、逻辑学、生物学、人类学均已研究证明，每一个人都存在巨大的潜力。一个人如果发挥了自身潜能的一半，那么他将掌握四十几种外语，学完几十门大学课程，可以将叠起来几人厚的百科全书背得滚瓜烂熟。

大学生信心是可以被开发与提高的。效能是可以通过熟练掌握与成功体验、替代学习和模仿、社会说服和积极反馈、心理和生理唤醒以及幸福感等途径来开发的。通过高度聚集的学习场所微干预以及简单的、不是特别的努力，甚至是自发的生活锁事，都能培养产生大学生的自我效能。

乐观：现实而又灵活

Martin Seligman 是美国心理协会前任主席，也是公认的积极心理运动之父。他认为，乐观是一种解释风格。也就是把积极的事件归因于自身的，持久性的和普遍性的原因，而把消极事件归因于外部的、暂时性的及与情境有关的原因。

传说，某一天上帝和天使们召开一个头脑风暴会议。上帝说："我要人类在付出一番努力之后才能找到幸福快乐，我们把人生幸福快乐的秘密藏在什么地方比较好呢？"有一位天使说："把它藏在高山上，这样人类肯定很难发现，非得付出很多努力不可。"上帝听了摇摇头。另一位天使说："把它藏在大海深处，人们一定发现不了。"上帝听了还是摇摇头。又有一位天使说："我看哪，还是把幸福快乐的秘密藏在人类的心中比较好，因为人们总是向外去寻找自己的幸福快乐，而从来没有人会想到在自己身上去挖掘这幸福快乐的秘密。"上帝对这个答案非常满意。从此，这幸福快乐的秘密就藏在了每个人的心中。

巴甫洛夫认为忧愁、顾虑和悲观，可以使人得病；积极、愉快、坚强的意志和乐观的情绪，可以战胜疾病，也可以使人强壮和长寿。心理学家指出，每个人都已经具备使自己成功快乐的资源，像谦虚、合作精神、积极的态度，还有爱心，只是许多人没有把这些"成功快乐的资源"运用得好而已。

有这样一个日本人，在东京的一所学校里当校工，很认真地干了几十年。可是，就在他快要退休时，新上任的校长以他不识字为理由，将他辞退了。几经争取无效后，他恋恋不舍地离开了学校。这天他去为自己的晚餐买半磅香肠。快到一个食品店门前时，他猛地一拍额头——食品店的老板娘去世了，她的食品店已关门多年了。“真是倒霉，附近街区竟然没有第二家卖香肠的。”刚刚受了失业打击的他，情绪坏到了极点。忽然，一个新鲜的念头在他的脑海闪现——为什么我不自己开家专卖香肠的小店呢？他立刻兴奋起来，很快拿出自己仅有的一点积蓄接手了这家食品店，专门经营起香肠来。5 年后，他成了名声显赫的熟食加工公司的总裁。这个人就是日本富豪田中光夫先生。

“笑对人生”是我们每个人的追求和渴望。在纷繁芜杂的人生苦旅中，挫折、失败、沉沦，常会遮心累目。快乐的人可以一笑了之，忧伤的人却难脱重负。快乐，其实是一种选择。因为快乐的遥控器始终掌握在你自己的手中：生活开心与否，就看你是否将性格的视窗对准快乐的频道。一个人是否快乐，不在于拥有什么，而在于如何看待自己的拥有。拥有快乐的性格，你就会将复杂的生活调制成一杯鸡尾酒，让自己的生命拥有独特而奇妙的味道。

希望：意志和途径

有个叫布罗迪的英国教师，在整理阁楼上的旧物时，发现了一叠练习册，是 31 位孩子的春季作文，题目叫：“未来我是……”没想到，它们竟安然地躺在自己家里 50 年。布罗迪很快便被孩子们千奇百怪的自我设计迷住了。比如，有个小家伙说自己是未来的海军大臣，还有一个说，自己将来必定是法国总统，最让人称奇的是一个叫戴维的小盲童，他认为，将来他肯定是英国的内阁大臣。布罗迪想把这些本子重新发到孩子们手中，让他们看看现在的自己是否实现了 50 年前的梦想。当地一家报纸为他刊登了一则启事。没几天，书信便向布罗迪飞来，其中有商人、学者及政府官员，更多的是没有身份的人。他们都表示，很想知道自己儿时的梦想，并且很想得到那个作文本，布罗迪按地址一一给他们寄去。一年后，布罗迪手里仅剩下戴维的作文本没人索要。就在布罗迪准备把这个本子送给一家私人收藏馆时，他收到了内阁教育大臣布伦克特的一封信。他在信中说：那个叫戴维的孩子就是我，不过我已不需要那个本子了，因为从那时起，我的梦想就一直在我的脑子里从未放弃过。

2005年去世的里克·斯奈德，生前是堪萨斯大学的临床心理学教授。在积极心理学运动中，他是希望领域公认的理论创建者和研究者，他把希望定义为“在成功的动因与路径交叉所产生体验的基础上，所形成的一种积极的动机状态。”

然而，如同心理资本的其他维度一样，有效的希望必须是现实的。虚假希望当然是一个潜在的威胁。希望与成功之间是一种倒“U”形的关系，在某些时候，当希望变得不切实际时，绩效可能会随着成功急剧下降。充满不切实际希望的组织或个体可能掉进“承诺升级”的陷阱，在目标虽然富有挑战性，但并没有战略意义或者根本不可能实现的时候，继续热情地追求目标的实现。他们也可能会陷入“只要目的正当，可以不择手段”的心理状态。当他们坚持不懈地追逐有价值的组织或个人目标时，一些满怀希望的个体可能会为了某些内部或外部利益相关者，而对自己和组织的伦理价值观或社会责任做出妥协。

人的希望对于造就人生的大厦，往往具有惊人的力量！生命是有限的，但希望是无限的，只要你心中常存希望，生命自然会丰盈美好。

韧性：复原与超越

阅读任何世界一流领导者的传记，他们的韧性都会给我们留下深刻的印象。这些领导者会为自己、组织，甚至整个社会提出崇高的使命，并尽自己的最大努力去实现这些使命，即使遇到困难与挫折也决不退缩。他们的成功事例告诉我们，“复原”能力对总是处在艰难困境中的领导者来说至关重要。更重要的是，具有“复原”能力的领导者对其追随者和支持者有着深远的影响。

但长期以来，传统的研究多关注“谁”具有韧性，如一些轶事案例研究。心理资本理论认为，韧性的研究应转向既研究“谁”具有韧性，也研究具有韧性的人拥有“哪些”特征。其目的是揭示哪些生活条件有助于促进和开发领导者和组织的韧性。

有一位穷困潦倒的年轻人，身上全部的钱加起来也不够买一件像样的西服。但他仍全心全意地坚持着自己心中的梦想，他想做演员，当电影明星。好莱坞当时共有500家电影公司，他根据自己排列好的名单顺序，带着为自己量身定做的剧本前去拜访。第一遍拜访下来，没有一家愿意聘用他。面对无情的拒绝，他没有灰心，他就又开始了第二轮拜访与自我推荐。第二轮拜访也以失败而告终。第三轮的拜访结果仍与第二轮相同。但这位年轻人没有放弃，不久后又咬牙开始了他的第四轮拜访。当拜访第 350 家电影公司时，这里的老板竟破天荒地答应让他留下剧本先看一看。几天后，这家公司决定投资开拍这部电影，并请他担任自己所写剧本中的男主角。不久这部电影问世了，名叫《洛奇》。这位年轻人的名字就叫史泰龙，后来他成了红遍全世界的巨星。与其说史泰龙是一位电影明星，不如说他是创业者学习的榜样。

在临床心理学中，将韧性定义为："以在重大困难或危险情境中能积极适应为特征的一类现象。"在心理资本中，对这一定义进行了扩展，即关注的不应仅是那些明显因素，如解雇、裁员、未得到晋升、未能达成功目标；还应包括不明显的因素，如被团队成员忽视、受到歧视等。与在应对消极事件中一样重要，心理资本中的韧性在应对积极事件中发挥的作用也不能被忽视，例如，由于晋升或是由于超出预期而带来的责任和风险的增加。

积极心理学认为：认知能力、气质、积极的自我知觉、忠诚、积极的生活观念、情绪稳定性、自我调节、幽默感、感染力或吸引力都是对形成较高韧性有贡献的资产；危害因素在韧性的复原与超越过程中也是重要的前提条件。危害可以刺激成长和自我发展，并帮助人们充分发挥潜能，韧性使人们能够利用自己才能，否则这些才能将不会被发现；如果人们对某一理想，目标或使命有坚定的信念，你会看到他们会坚持不懈地去实现这一理想。同时，这种坚定的信念将能提高他们的韧性水平，也包括那些受他们影响的人的韧性水平。

1942 年，随着第二次世界大战的发展，战场即将转移至北非。这时，巴顿将军意识到自己的部队早已习惯了欧洲舒适宜人的环境，一下子移师到天气酷热的北非，那里恶劣的气候将成为士兵们的头号敌人。所以，巴顿将军就模拟北非的环境，建造了一个类似沙漠地区的训练中心，让士兵们在 48℃的高温下，每天在沙漠里跑上一英里，且规定每个士兵每天只能用一壶水。士兵们如同从天堂掉进了地狱，叫苦连天，但是巴顿将军却丝毫不肯松懈，他以身作则，陪着士兵们一起接受种种艰苦的韧性训练。不久，盟军总部下达了开战的命令，巴顿将军率领着部队进入北非沙漠，先前的训练这下子全派上了用场，部队很快就适应了沙漠里的酷热难耐，丝毫不受环境的影响，并且一举打败德军，在北非沙漠里屡建奇功，终于凯旋而归。

盘活你的心理资本

世界著名组织行为学家路桑斯教授，创造性地将积极心理学的思想延展到人力资源管理与组织行为学领域，并提出“心理资本”这一概念。路桑斯进一步指出，心理资本是建立在人力资本和社会资本现有的理论和研究基础上的，并且超越了人力资本与社会资本，可以说心理资本为人力资源的开发与管理指明了新的方向。

经济全球化与科学技术的高速发展为企业创造了前所未有的机遇，也对企业提出了新的挑战；为了应对挑战，一方面，企业不得不打破“终身雇用”，另一方面，企业为了创造更出色的绩效，又对人才提出了更高的要求，希望员工能够有更出色的表现，并能积极适应外界的变化与组织的变革。当代大学生面对“不利的心理环境一更高的心理要求’这一矛盾要通过开发心理资本提高心理能力，最大限度地发掘和调动主观能动性，充满自信、希望、乐观和韧性地面对惨酷的竞争，创建美好的未来。

CCTV2《创业英雄会》

《北大商业评论》　王小林

你想成为中国商业界的未来之星吗？你想知道创业者应该具备怎样的素质吗？你想了解各个行业中的创业机会吗？中央电视台财经频道《创业英雄会》，多位知名创业导师汇聚一堂，妙语连珠，为热门行业中的创业青年指点迷津，这是一场创业英雄的聚会。

《创业英雄会》系列节目汇集了科技发明、网上开店、定制设计、生活服务、培训教育等多个热门创业行业的创业精英与项目，这里不仅有让人大开眼界的发明，有精彩睿智的点评，更有新老一代创业者的智慧碰撞与人生感悟！每期将有三位创业青年从初选中脱颖而出走进演播室，接受《我是老板》、《实力考验》《终极较量》三关考验，最后将有一位青年赢得数十万元的创业基金。

青年创业者是创业大军里的一支活跃队伍，他们充满热情和活力，受过高等教育，具有良好的教育背景和专业知识，素质高，潜力大。但是，作为社会的新人，他们往往缺乏良好的社会资源和支撑，缺乏一定的社会经验，在创业过程中往往由于资金问题、管理问题、人员问题等导致创业的中断和失败。而且，创业是一个长期的过程，其间面临的艰辛和困苦，一般人很难坚持下来。再加上年轻人创业难免犯眼高手低的毛病，所以现实生活中，青年人创业的成功率并不高。针对这样的问题，中央电视台财经频道去年适时推出了大型创业活动《青年创业中国强——创业英雄会》，《创业英雄会》不仅在原有的基础上更突出了创业项目展示，更融入创新机制，搭建起了连通资金、项目、人才的创业平台，为创业青年提供实实在在的创业基金支持。

《创业英雄会》是 2009 年 CCTV2 的开春考开播的，邀约了中国财富大亨刘永好，柳传志，马云，郭广昌，尹明善亲临点评，活动发起者 YBC 携手 IZO 企业电视网络直播，这一场创业英雄聚首的盛会，这一场思想与智慧的盛宴，栏目一经滚动播出，立即好评如潮。《创业英雄会》以“青年创业中国强”为口号，通过榜样的力量、榜样的精神，诠释了新时代“智（智慧）、勇（勇气）、诚（诚信）、义（责任）”的创业精神内涵，树立起了一面创业、创新的时代旗帜。

YBC（中国青年创业国际计划，英文名称是 Youth Business China，简称 YBC）是一个旨在帮助青年创业的教育性公益项目，通过动员社会各界特别是工商界的资源，为创业青年提供导师辅导以及资金、技术、网络支持，帮助青年成功创业，和其它创业项目相比，其最大的不同在于不仅能为创业青年提供 3~5 万元的创业启动免息贷款；而且还能为他们提供“一对一”陪伴式创业导师辅导，既融资又融智。

IZO 是全球领先的互联网尖端应用技术提供商，赢在中国十大赢利商业模式和新媒体行业最具竞争力品牌。

CCTV2 创业英雄会不畏惧寒风的凛冽，不畏惧失败的痛苦，不畏惧过程的艰辛，携手 IZO 和 YBC，享受创业成功的喜悦。数风流人物，还看今朝！

创业节目在卫视

中国青少年艺术节组委会　赵有财

经济危机的影响和大学生就业危机的加剧，越来越多的大学生开始选择自主创业。然而事实却是，大学生由于人生经验不足、处理人际关系欠缺，并没有真正形成一股大学生创业热。因此，关于大学生创业的问题也愈发引起政府的关注。国家鼓励大学生创业成为工作重点以来，各大卫视的创业类节目应运而生。

CCTV2《赢在中国》

《赢在中国》是中央电视台经济频道全新打造的大型选拔活动，是中国空前的寻找创业英雄的“造星”栏目，更是一个让具备商业潜能的英才横空出世的平台。活动坚守“励志照亮人生，创业改变命运”，因此《赢在中国》让人人机会均等，年龄、学历、性别、籍贯，都不是你被选中的必要条件，只要你拥有创业激情和商业才干，你就有机会成功。“赢在中国” 活动寻找 5 名最具创业潜质的创业英雄，获奖者将获得由 IDG、软银赛富、今日资本等三家国际著名投资机构提供的创业资金。赢在中国，联通资本与人才，给你舞台，给你机会，也许，你就是我们一直苦苦寻找的财富英雄！

东方卫视《我为创业狂！》

《我为创业狂》是由东方卫视携手中国教育领航企业安博教育集团重磅推出的一档创业选秀节目。这里将为你赢得创业的第一桶金，这里是实现自我的大舞台。20 天的掌声、荣誉、关注，一切因你而来。所有顶尖的目光都将聚焦在你的身上，你的人生将因此不同！聆听最真实的对话，中国顶级投资人、企业家，和新时代创业青年的智性对决。

湖北卫视 《创业最光荣》

《创业最光荣》节目由湖北省总工会，共青团湖北省委，湖北省妇女联合会，武汉市全民创业工作领导小组办公室，湖北卫视共同主办。《创业最光荣》每周在湖北卫视播出，每期一个行业，20名参赛选手在节目中闯两关，胜者赢两万。节目同时还设有1000万元的创业资金，现场投资观察团将根据选手情况酌情予以投资。

山西卫视 《我要创业》

山西经济资讯频道联合共青团山西省委共同打造的一档大型励志真人秀电视节目《我要创业》每月为1赛季，每赛季5轮赛程，8期节目，每期时长45分钟。节目面向社会应征参赛对象，通过初赛，确定32名选手参加节目录制，赛季第1名将赢得创业大奖。节目旨在营造创业氛围、传播创业理念、提升创业能力、提供创业支持。

长沙电视台《创业大本营》

《长沙晚报》　杨　琴

在长沙新闻频道和长沙经济频道播出的《创业大本营》是一个妙趣横生的创业类电视栏目。这档节目不仅是一栏电视节目还是一个社会活动——长沙创业大本营活动，奖10万元创业基金。“不限职业、不限性别、不限年龄，只要你有创业梦想和激情，就可以报名参加！”

《创业大本营》是由长沙市委、市政府主办，长沙市广电集团承办，长沙市创业富民办公室、共青团长沙市委协办的一档全民参与的创业励志类节目。这档节目旨在“点燃全民激情、成就创业梦想”用专业的眼光指导全民创业，用先进的典型带动全民创业，真正帮助和支持那些有创业愿望、创业能力、创业条件的人走上创业道路。经过紧张筹备和策划，《创业大本营》节目已于2009年5月27日晚，在雨花区的红星国际会展中心举行隆重的启动仪式暨第一站创业选手海选。

《创业大本营》栏目通过全民“晒”创业（即创业者海选）、全民学创业（即入围创业者创业辅导）、跟踪记录（即入围创业者创业实践）、总决选等环节后，选出的选手将获得10万元的创业基金，享受长沙市各项创业优惠政策。

《创业大本营》节目第一阶段海选将以区、县为单位来进行，各区、县创业选手可就近报名参赛。《创业大本营》海选首站所在地雨花区表示，除了市里给予的创业优惠政策外，雨花区还将单独拿出50万元作为《创业大本营》选手的奖励基金，并为愿意到雨花区创业的选手无偿提供创业场地等额外优惠。

《创业大本营》节目启动仪式由凤凰卫视著名主持人陈鲁豫担任现场主持，政法频道当家花旦李丹将在直升飞机上进行现场连线报道。

近千名创业者组成“创业”人阵，齐诵“创业礼”誓词，百面苗寨威风锣鼓响彻全场，创业之都的长沙将拉开更加动人的壮丽画卷。

创业兴业篇

经纬线

创业是创造财富、价值、名誉，实现追求或目标的运作过程；是一种无中生有巧妙获得财富的现象；

创富是利用信息、资源、机会，掌握技术或奥秘的劳动方式；是经过思考、推理、判断的经营行为。

如今将创业、创富二者融会贯通，合为一体？

企事业机关单位的工作并不是为大学毕业生预留的，不要说去好单位，就连找到工作都已经成了奢望。如果找不到工作或者对工作不满意，除了待业就只剩下创业了。那么没有资本，没有资历，没有经验的大学毕业生该如何创业？有没有不投资，无风险，易实现的创业方法？有！运用自己的智慧、知识、劳动来创业。怎么做？天机不可泄露，自己读书领悟。

“人的幸福感源于自我价值的体现，如何衡量价值，要看创造了多少财富”。这句话的精妙之处在于你如何看待“财富”这个词，很多人直观地将财富理解为金钱。但是“财富”的意义并非如此狭隘，“财富”有着很宽广的意义，一条祖训是这个家族的财富；一副画作是前人留下的财富；一栋千年的建筑是人类文明的财富，所以不要直观地去理解财富。说到这里，就不得不回答大家“创富”是在创造什么？怎样创造财富？

创业和创富就像无数条经线和纬线纵横交错在一起，围绕着聪明勤奋的大脑，交织成大学生创富的地图。

你有创意　你就是职业

赵　鑫

“创意创业”这个词让我想到了另一个词——“紫牛”。在草原上看到 1 头黑白相间的奶牛会令你心旷神怡，但是当看到 10 头黑白相间的奶牛后，你可能就会视而不见；可如果这时草原上出现 1 头紫色奶牛，你的眼睛一定会为之一亮！这就是来自营销界的“紫牛”理论，紫牛引人注目的本质是因为独一无二，而创意也是如此。

什么是创意?

故事一：2003 年 5 月，沈阳有这样一个快递公司成立了，它的名字叫“小丑之家”。它和一般的快递公司有一个很重要的区别：它并不是单纯的为客户提供快递服务，而是在小件物品的递送过程中，配以场景设计、小魔术、小节目等，满足客户的祝福需求。这样的新鲜尝试让快递这项单调、重复的工作变得有意义，并且成功的获得了众多的客户。

故事二：异禾团，广州本土企业，产品全国各地都有销售。顾名思义，“异”是这个团队设计风格的一大特点，异想天开、标新立异、天马行空的去表现自己的创意。他们的口号就是“做中国最奇异的布偶”，其理念则是“在大工业时代保持宁缺勿滥的信念！”在这样的创意思路中，异禾团设计出了自己别具一格的甚至是有些“怪异”的手工布偶。然而正是这些畸形但透着可爱的布偶在创意市场各种同类手工产品中脱颖而出，俘获了众多都市型男型女的心。

故事三：草食动物主要是以吃草或树叶为生，它们正是由于要靠植物维持生命，才被人称为草食动物的。但是不久之前科学家们发现，草食动物摄取的草和树叶，只被用来喂养动物胃中的单细胞动物细菌，因此真正意义上的草食动物营养源并不是植物，而是单细胞动物的细菌，草食动物其实也可以被看做是食用单细胞动物的特种肉食动物，这个发现彻底改变了我们对食草动物的固有定义。其实这也是一种创意，它在改变你的固有观念。

创意是什么？有很多人疑惑于这个问题。我想创意是一种思维，并且是独一无二的。独一无二并不是异类，创意也不是哗众取宠。我们面临的行业和市场总是千变万化的，很多人都是在不停的适应中感受到莫大的压力，并在这种压力下导致事业的失败，如果我们能创造出新的规则，然后让市场来适应自己，那么又是一个怎样的情况呢？

什么是创业？

故事一：2004 年，有一间自酿葡萄酒的酒吧在上海开张了，这个叫“酿酒屋”的酒吧一出现就轰动了上海滩。当亲眼看着新鲜的葡萄变成玫瑰红的透明液体，且散发着醉人的醇香时，这些“都市鸵鸟”疲惫的身心才真正得到放松。不仅如此，酒吧的老板还将酿酒融入了婚庆之中，不光为客人设计妙趣横生的婚宴形式，还提供“婚宴专用酒”，让新人在接受祝福的同时还能品尝自己亲手酿制的葡萄酒。

故事二：2008 年 11 月，在浙江出现了一个新的行业，专业毕业纪念册工作室。他们专门以制作个性的毕业纪念册为主，根据毕业生提供的影印照片和成长资料，专门为其量身定做毕业纪念册。而他们的创意则来自一个故事：国外有一家公司，专门收集每个公车司机的头像，然后把这些头像进行个性化的设计，最后做成邮票发行。如今他们增加了图文的印刷设计、礼品制作还有帮助策划活动，提供聚会地安排、DV 拍摄、礼物派送、纪念册制作等一条龙服务等新业务。

故事三：上海大学影视学院研究生钱峰在与丈夫筹备婚事时，灵机一动，开了个“五子与育林的结婚网”，把两人设计的婚礼请柬、婚纱照、视频短片、结婚博客等都放了进去，亲友无论何时何地都可上网分享他们的幸福。网上还有块“恭贺留言板”，甚至不相识的网友也不时送上祝福。这小小创意，竟产生了意外的反响：短短两个月里，来自北京、上海、青岛、杭州等地 30 多对待婚新人，通过留言、电邮、电话等方式前来咨询，觉得这种“结婚网”花钱不多、新鲜时尚，并表示他们也想建个站。自己的创意能为别人服务，这不就是商机吗？为此钱峰夫妇动手成立了“牵手网”，并推出了结婚博客，申请用户已达几千对，其中“准新人”占八成。

创业又是什么？创造自己的事业是我给出的一个解释，将自身所具备的优势和资源与创意恰当地结合起来，然后在此基础上探索出一个适应时代和市场需要的新型变种行业。创意创业是别人无法复制的，做别人没想过的事；做别人经常忽略的事；做别人没做过的事。那么，创业就会从高塔顶端悄无声息的来到你身边。

什么是职业？

故事一：在青岛有这样两个小姑娘，她们所从事的行业是一个许多人都想象不到的，婚礼新人恋爱故事漫画制作。凡是在婚庆公司工作过的人都知道，现在的结婚一族大都是“80”后，年轻的情侣们对自己的婚礼有很高的要求，既要浪漫唯美，又要与众不同。而且喜欢把婚礼用品做成“套系”，从签到台、舞台，到请柬、喜糖，都是一个风格。如果在婚礼进行的时候，除了在屏幕上投放婚纱照片以外，还可以将新郎新娘的恋爱故事画成漫画。这样，既可以做成电子版，在婚礼当天通过软件播放出来，又可以将漫画印在墙壁和桌布上。

故事二：有一个朋友是地产经销商，但是他却不卖房子。他总说他是在买房子，我并不是很理解。他给我解释到：“很多地产经销商，都是在一家房地产公司供职并极力的推销这家公司的房产。我并没有这样做，我接受了很多地产公司的经销商职位，然后向客户提供不同类型的房产供他们选择。将自己和客户放置于同一个立场上，让客户能最大限度的信任我，尊重我的建议。所以，我并不是在帮助地产公司卖房产，而是和客户一起在买房子，我只是充当一个咨询师的角色。”一个简单的换位，让他的事业取得了成功。

故事三：几年前我经过长沙，溜达到黄兴南路步行街时，突然感觉手机震动，蓝牙接收到“步行街优惠卷-绿讯测验中”这个很新鲜的东西。之前在北京和上海就听说过，在步行街和大的购物商场已经甚少发传单了，而是直接发到手机上，有购物卷或者产品视频之类。接受之后才知道是一家公司在测试人群接收率，还可以通过蓝牙给他们反馈信息。好奇的冲动让我回复了条信息给他们。问他们人在哪里。联系上他们，才知道是群刚毕业没多久的学生。聊上后才知道，还没毕业的他们看准的了 3G 的来临，自发的研制了软件，取名叫绿讯。我很奇怪为什么叫绿讯，为首的同学给我讲解了下，取名绿讯：绿色的地球，绿色的信息！他们很激情的对我说：在他们发射的范围有一个人接受一条绿讯，就等于在保护一颗树。

职业是什么？是一份固定的收入，还是一份令人羡慕的事业？大多数人往往会选择前者，有一个固定的收入是人们进入社会首先要考虑的。但是，如果创意创业也是一份职业呢！不妨将创意创业当作一份职业，运用自己独一无二的经历和智慧，把你从各种独特体验中获得的东西放进现在你准备着手开始的事业中去，其效果如同咖啡中放进糖一样，味道会发生很大的改变，然后把它作为自己创造的职业。

创意不是神秘的东西，创业也不是举步维艰的辛苦探索。当你从另一个角度观察这个世界，你会发现原来并不是如此复杂。“创意创业”会解决你的困惑，这个即将在天津举办的活动，并不是在传授什么成功秘诀，只是坦率的告知你在成功的道路上还有一个这样的选择。做出选择并不困难，但执着于这条道路却并不是每个人都能做到的。我们遵守原则、相信信仰、崇拜别人，却始终不相信自己，要建立一个能够自我支配自己商业活动规则的小世界，成为一个自我从事的“小独裁者”，创立出一份世界上最独特、最美好的事业，就要相信自己，运用智慧愉快的经营自己的生活。

美国大学生创业前考察见闻

张菁菁

2010 年桃李花开的时节，我们 7 院校组成的美国大学生创业考察团再一次踏上美国大地，用两周的时间穿越美利坚，走访了 12 城市的 15 所大学，这 15 所大学有美国著名的哈佛大学、耶鲁大学，斯坦福大学；有专业突出的加州理工大学，芝加哥大学；有商业拔尖、艺术超群的西北大学、西雅图大学，还有旧金山的英特尔企业大学，凤凰城社区大学等。

本报告是美国大学生创业前考察报告，本非创业报告，即便是部分章节涉及的准创业行为也并非严格意义的创业。

在美国的考察中我们接触到最做多的是中国留学生，他们不仅是我们的导游，还是我们的被访对象。

本文选登的是这份报告的节选。

一【实　践】

1. 西北大学商学院协助校园采购

位于伊利诺伊州小镇艾文斯坦的西北大学风景优美，坐落在密歇根湖附近。西北大学包括文理学院、语言学院、音乐学院、梅迪尔新闻学院、迈科密克工程及应用科学学院、教育及社会政策学院。在这 6 所学院中以梅迪尔新闻学院最出色，是公认的全美最好的新闻学院之一，已可与哥伦比亚大学的新闻学院相媲美。此外，音乐学院的铜管乐器和吹奏乐器表演课也是全美数一数二的。

在美国，西北大学是人人皆知的名牌大学。它创建于上个世纪，至今已有 100 多年的历史。西北大学商学院，从 1988 年至 1994 年，六年蝉联美国各名牌大学商学院的排名第一位，是莘莘学子们争相报考的学院，它招生严格，只录取最优秀的人才入学深造。

在西北大学商学院我们拜访了 Kevin mao 毛文辉，他告诉我们他有一个自己的公司，公司的许多职员就是在校的学生，他们帮助学校采购教学用具设备、办公消耗材料，因为双方之间都很熟悉，所以成交价格、付款方式、结算日期、商业诚信都不成问题，这样的合作已经有很多年了，而且还将继续下去。

2. 西北大学文理学院主导“我到西北上大学”

在西北大学校园里我们可以见到学生们带着准备来西北大学上学的高中生和他们的家长在校园里参观。一路走过去，我们遇到十几拨这样的参观人群，学生导游身着校服，胸带工牌，一边走一边给前来参观的人们介绍学校，学校还专门给他们配了电瓶车。显然学生们和校方之间有着默契的合作关系。

我们因为是老师带着我们在参观，所以每一队参观的学生导游都会非常客气地与我们打招呼，在很多参观点我们就和参观的人群合在一起听学生导游的讲解。在这些导游中也不乏中国人，见到祖国亲人他们更是表现得非常激动和热情。

3. 旧金山航空俱乐部处处有大学生的身影

在旧金山机场旁边我们来到了停满私人飞机的航空俱乐部。旧金山、洛杉矶都在加州，美国硅谷也在加州，时尚的好莱坞、著名的斯坦福大学都在加州，所以航空俱乐部私人飞机特别多。在俱乐部里我们见到加州理工学院的师生，显然他们是俱乐部的常客，因为私人飞机离不开他们的特别服务。在俱乐部里还能看到其他院校的学生，他们在俱乐部里担任管理工作，有的还作为私人飞机的空中小姐、地勤小姐。

4. 卡迪拉克计划与卡内基梅隆大学创业教育中心

“卡迪拉克计划”，是指高校与公司、非赢利机构、政府机关合作，让在读的大学生定期到他们中的机构参加一定阶段的工作实践。这一计划已经在美国 700 多所院校展开，约有 25 万大学生参加。参加学生的专业种类很多，从市场营销到心理学都有。在他们的学习计划中都包含了几学期获得有报酬的工作实践。“合作计划”最大的优点是，学生在课堂上所学到的理论知识可以在工作实践中得到检验和应用。在罗切斯特理工学院，一般的做法是，让参加的学生上完一到两学年的课程之后，工作3~6个月，以后再上3~6个月课，这样轮换下去，一直到毕业。在辛辛那提大学，所有专业的学生，与农业、城市规划和工程技术有关的学生，都必须参加“合作计划”。

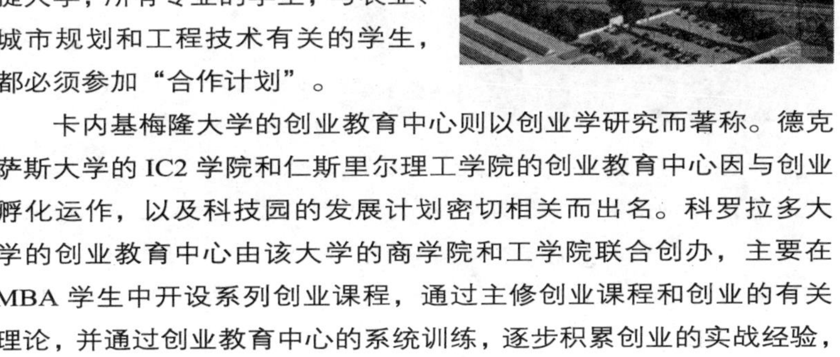

卡内基梅隆大学的创业教育中心则以创业学研究而著称。德克萨斯大学的IC2学院和仁斯里尔理工学院的创业教育中心因与创业孵化运作，以及科技园的发展计划密切相关而出名。科罗拉多大学的创业教育中心由该大学的商学院和工学院联合创办，主要在MBA学生中开设系列创业课程，通过主修创业课程和创业的有关理论，并通过创业教育中心的系统训练，逐步积累创业的实战经验，为其真正创业打下良好基础。

二【校 园】

1. 美国大学博物馆

在美国各大学都有自己的博物馆。我们来到了加州大学伯克利分校博物馆，加州大学是美国西部最有名的公立大学，而位于旧金山的伯克利分校更是与著名的地处硅谷的斯坦福大学在学术界并驾齐驱，培养出多名诺贝尔奖获得者。对中国人来说，伯克利分校更加亲切，因为美籍华人田长霖在该校担任过多年校长。据说，田校长是该校历史上为学校争取到最多经费的校长，按美国人的标准，他是最成功的校长，在美华人谈起他无不感到自豪。

伯克利分校博物馆是一个小型有限科学中心，基本上属于缩小了的旧金山探索馆，展品主要展示基础科学原理和现象。该馆属于伯克利分校实验室，也许是大学高级研究人员在闲暇时，也设想一些科普展品，启蒙教育后代。另外，该馆建筑非常有特色，就象一个第二次世界大战时期的碉堡群。

在加州我们还参观了英特尔企业大学，在美国硅谷英特尔总部我们参观了英特尔博物馆。名震全球英特尔公司总部大楼虽然只有几层高，但在硅谷已经是最高大、最雄伟的了。朴素务实是美国硅谷的特征，英特尔博物馆也体现了这一点。

英特尔博物馆不大，仅几百平方米，全部展示微电子相关技术和产品，特别是英特尔创建以来公司主要产品。参观者在入口处可领取一付自助自动解说耳机（可选择不同语言），将展品编号输入控制器即可边参观展品边听耳机内的解说，因此展厅内只有参观者，没有一名工作人员。

博物馆内主要展品包括二进位数学原理、逻辑门、单晶硅晶圆片制作程序和实物展示、集成电路和芯片制作过程、计算机计算过程及原理展示等。除实物外，大多采用多媒体显示，很有特色。

2. 校园戏剧节每周末举行

西雅图艺术学院位于美国华盛顿州，在艺术学院里每逢周末有学生们自己组织的校园艺术节，不仅是音乐系、舞蹈系、戏剧系的同学参加戏剧节，美术系、设计系的学生也纷纷参加戏剧节，他们为戏剧节做舞台布景，做宣传手册。戏剧节使得全校师生大合作，极大的丰富了校园生活。

3. 一个人的春节联欢会

在西雅图华盛顿大学我们听到了一个动人的故事，那就是在今年春节除夕夜学校为中国留学生举行了一个全校的中国新年晚会。由于中国留学生有回家过节的传统习惯，所以在春节除夕夜在华盛顿大学的中国学生只留下了一名，学校没有因此而取消中国新年晚会，而仍然是非常隆重的举行。校长、老师与各国学生为这个中国学生庆贺新年，担任节目演出的除了一个中国留学生外还有日本、韩国、东南亚的学生。

三【学生活动】

1. 学术讲座由学生操办

哈佛大学是美国最古老最著名的高等学府之一，这所位于麻萨诸塞州坎布里奇镇的私人学府于 1636 年 9 月 8 日创立。原名是坎布里奇学院，为纪念清教牧师约翰·哈佛的慷慨捐赠于 1639 年 3 月 13 日更名为哈佛学院。此后众多对世界产生重大影响的人士都来自哈佛大学。哈佛大学有十所研究院，其中以商学院和法学院最为闻名。今天哈佛大学无论是在美国还是全世界都有重要影响力，也是竞争最激烈的大学之一。

它有一句非常著名的校训，“与柏拉图为友，与亚里士多德为友，更要与真理为友”。

在大学的公告栏里我们看到了各个学院学术讲座的海报，这些学术讲座看得出都是由学生社团来组织的，由学生定主题定教授，担任讲座的不仅有哈佛的教授，还有校外的兼职教授和外校的教授，许多世界知名人士、世界500强的总裁们都是哈佛大学的讲座教授。我们到达的这天就有美国 UPS 副总裁在讲演，小礼堂不时响起一阵阵掌声。

2. 光荣榜里有很多中国人的面孔

美国宾夕法尼亚大学沃顿商学院位于费城，是世界首屈一指的商学院。沃顿商学院创立于 1881 年，是美国第一所大学商学院。学校的使命就是通过总结传播商业知识和培养领导人才来促进世界的发展。沃顿在商业实践的各个领域有着深远的影响，包括全球策略，金融，风险和保险，卫生保健，法律与道德，不动产和公共政策等。它的商业教育模式是在教学，研究，出版和服务中处处强调领导能力，企业家精神和创新能力。

在沃顿商学院的光荣榜里我们高兴的看到有很多中国留学生榜上有名，我们为此既感到欣慰又有觉得有点不大理解。在一个与教室连在一起的教研室里，华裔教授乔治告诉我们在学校里中国学生学习最努力，所以很容易就上了光荣榜，但是在其它方面就比不过美国大学生。

3. 大学生活动中心是没有娱乐的俱乐部

耶鲁大学（Yale University），旧译“耶劳大书院”，是一所坐落于美国康乃狄格州纽黑文市的私立大学，始创于 1701 年，初名“大学学院”（Collegiate School）。耶鲁大学是美国历史上建立的第三所大学，今为常青藤联盟的成员之一。在 2007 英国泰晤士专业教育增刊（Times Higher Education Supplement）的世界大学排名中，耶鲁大学的总平均排名与剑桥、牛津大学并列世界第二。美国在 2006 把耶鲁大学列在全美最难进的大学

里排第二。

在耶鲁大学大学生活动中心座无虚席，这里没有娱乐设施，和图书馆的差别不大，所不同的是可以一边喝着咖啡，一边说着话。学生们在这里三五成群地凑在一起讨论着学习课题、创业的一些事情，气氛非常热烈，不少老师也融入其中。

四【生 活】

1. 美国的女子大学

韦尔斯利大学（Wellesley College）又名：卫斯利女子学院。韦尔斯利大学由当地乡绅 Durant 夫妇注册于 1870 年。当时考虑到传统和为了女学生的安全，整个大学都设在一栋巨大的，150 米长宽，5 层楼高的砖木混合式建筑内，包括教室和宿舍，都在这一栋楼里。这种奇特的设计在当时美国大学内是独一无二的。大家给这个建筑起了个名字叫“College Hall”。

说起这所学院，许多的中国人并不陌生，因为蒋夫人宋美龄和著名的作家冰心女士就是这所学校毕业的。在美国这所学校也非同凡响。美国的许多重要的女性都与这所学校有着关系，比如克林顿的太太、未来美国总统的大热门希拉里，前国务卿奥尔布莱特等。

韦尔斯利女子学院（Wellesley College）也是美国最富有的学院之一，到 2005 年底学院有校友捐款 12 亿美元。超过一半的学生得到学校的经济援助。2002 年，其经济援助总额为 4 亿 7 千 2 百万美元，为全美学院经济援助总额之首。

2. 不少学生寄住在社区居民家

凤凰城学院位于亚利桑那州的凤凰城，成立于 1920 年，隶属于马利柯帕县社区学院，是美国最大同时也是最古老的社区大学之一，凤凰城学院的学生来自100个不同的国家，涵盖50种不同的语言。学校为学生提供交换生项目、职业培训和专科学位等。学院开设大概200个学位和证书课程。学校为学生提供了现代化的教室、体育馆、实验室及职业训练教室。凤凰城学院开设的文化创意方面的专业有：人力训练与发展、应用艺术和人类学、艺术和音乐、美国手语、戏剧和艺术、风俗训练和教育、文化科学和应用社会科学、创意写作、图书馆专业等。

凤凰城学院的学生来自于全美国，学院的校园并不大，很多学生住在校外，他们不是单独租房居住，而是就住在社区的居民家中，充分体现社区和谐。他们和住家打成一片，用自己的知识帮助主人家的小孩学习，用课余的时间帮助住家的老人读报纸、做按摩，更多的是与男、女主人成为朋友，得到他们的关爱与帮助，早日走向社会。

3. 校园里师生除了自行车就是小跑步

斯坦福大学（Stanford University）始建于1885年，美国著名私立大学，被公认为世界上最杰出的大学之一。斯坦福大学校园具有一种粗犷、开阔之美，大片的树林和山地，红瓦黄墙、古朴的砂岩建筑、优雅的胡佛塔，典雅端庄、饰满壁画的纪念教堂，罗丹深沉的雕塑群，处处显示出名牌学府厚重、深邃的学术氛围。

斯坦福大学位于加利福尼亚州的斯坦福市，临近旧金山。斯坦福大学拥有的资产在世界各大学中名列前茅。它占地35平方公里，和城市连成一片。因此，在斯坦福大学，自行车是学生们必备的交通工具。在校园里我们看到学生们不是骑自行车就是在小跑步，每到下午，学校的各个体育场、体育馆都人满为患，学生们都特别喜欢体育运动，人人都参加体育俱乐部，体育课在学生们的完全自觉之下就予以完成了。

五【印 象】

1. 大学校园里中国人特多

哥伦比亚大学位于美国纽约市曼哈顿，于 1754 年根据英国国王乔治二世颁布的《国王宪章》而成立，属于私立的常春藤盟校，由三个本科生院和十三个研究生院构成，哥伦比亚的校友和教授中一共有 87 人获得过诺贝尔奖。包括奥巴马总统在内的三位美国总统是该校的毕业生。此外，学校的医学院、法学院、商学院和新闻学院都名列前茅。其新闻学院颁发的普利策奖是美国新闻界的最高荣誉。

哥伦比亚大学紧靠纽约华人区，校园里我们见到了很多中国人，通过和他们的接触才知道，原来他们是来自世界各地的中国人，除了有中国本土的大学生，还有在全世界各地的华人后裔。有趣的是日本人、韩国人和东南亚人都很像中国人，所以我们看到这么多的“中国人”就不足为奇了。

2. 没有围墙的大学却极有艺术的氛围

1905 年，朱丽叶学校成立；1924 年朱丽叶学院成立（The Julliard Graduate School）。1926 年，两所学校合并，改名为朱丽叶音乐学校（Julliard School of Music）1951 年增加了舞蹈系。1968 年增加了戏剧系。1969 年搬到林肯中心，仍然称为朱丽叶学校。

朱丽叶学校的中心宗旨是教育有才华的演奏音乐家，舞蹈家和表演家，使他们达到最高的艺术水准，并成为所在专业的佼佼者。通过这个过程，朱丽叶学校也帮助他们成长为有思想，自信和负责的成人。

朱丽叶学校尽其所能给学生打下教育、专业、社会和情感上的良好基础，使学生有能力在事业上成功，并以艺术家，领导人和公民的身份为社会做贡献。朱丽叶学校致力于不断提高教育和艺术水准，并教导学生具有光大古典艺术和使其更有效服务社会的责任感。

朱丽叶学校的校园与社区融合在一块，这所没有围墙的大学建立在美国，却有着欧洲的艺术教育氛围，欧陆风情就像音乐一样在校园在社区随风飘荡，它的师生，它的作品，都是它的形象，因此朱丽叶学校在美国特别受欢迎，人们驾车经过学校附近都会放慢车速，人们见到这些音乐天使都会肃然起敬。

3. 挂满万国旗的留学生中心

普林斯顿大学（Princeton University），位于美国新泽西州的普林斯顿，是美国一所著名的私立研究型大学，八所常春藤盟校之一。

美国独立战争曾在这里赢得第一次胜利；爱因斯坦在这里度过了他生命中最后的22年时光；它记录了博弈论大师纳什的波澜壮阔的人生经历；爬满常春藤的哥特式校园永不停歇地讲述着这些美丽心灵的故事。

普林斯顿大学是美国政治家的摇篮，从这里走出了两位总统和44位美国州长；这里曾经呈现出文学界姹紫嫣红的繁荣景象，当代最著名的大诗人艾略特曾在此冥思遐想；33位诺贝尔奖得主以及众多华人学术精英在这里为人类文明注入了大容量的资本。

普林斯顿大学的留学生中心很是宽敞，与许多大学留学生中心一样，尽管它实际上只是一处咖啡厅，但中心四面的墙上和天井里却挂满了各国的国旗，颇有点象联合国大厦的景象。各国的留学生会选择在自己的国旗下就坐，多少可以缓冲一下思乡之情，仿佛是回到了家乡。

六【试 水】

1. 商业计划比赛

美国大学生创业热由来已久。1983 年，美国得克萨斯州大学奥斯汀分校的两位 MBA 大学生就举办了第一届商业计划比赛。接着，包括麻省理工学院、斯坦福大学等世界一流大学在内的许多大学，每年都举办这类的竞赛，并很快影响了世界其他国家的大学。美国大学生的创业热潮也由此掀起。而这其中，麻省理工学院的大学生创业竞赛活动的影响最大，从 1990 年开始，每年都有几家新企业从大赛中诞生，并有相当数量的创新计划以高价转让给一些高新技术企业，在经由创新计划直接孵化出来的企业中，有的短短几年即成长为营业额达数十亿美元的大公司。据统计，在美国表现最优秀的 50 家高新技术公司创始人中，有 46% 出自于麻省理工学院的创业计划大赛。

而美国的教育模式也为大学生创业提供了便利。比如，美国大学一般都实行“学分制”，学生只要修够学分即可拿到文凭，在校时间并不受限制，所以学生独立意识和竞争性格都较强。

2. 创业并非就业所迫

美国创业热并非就业压力所迫，而是大学生们积极应对社会的一种举措。社会完备的借贷体系是美国大学生创业成功的必备因素。

国际先驱导报报道 28 岁的迈克·葛兰尼今年将获得他的 MBA 学位，8 年前，他从斯坦福大学毕业，曾服务于硅谷的一家年轻的企业。由于与创业基金相互沟通协作，他来到马里兰州学习 MBA 课程，并且成了一名‘创业虫’。他希望将自己从创业教育中学到的知识投入到新兴的风能技术市场中。

此外，美国大学生还可利用信用卡借贷来创业。YouTube 的创始人之一杨士骏之前就一直用信用卡支付每月高达 1.8 万美元的服务器费用。

在美国，很多大学生的创业，是出自“专注于所长”的精神，他们不惜为此冒险，很多人甚至中途辍学去创业。杨士骏也是在只剩半年就能拿到学位的时候辍学。他认为，若不是在美国这块梦土，以及搬到创业精神旺盛的硅谷，他可能不会受到激励想要创业。

3. 风投与免税有利大学生创业

在美国，社会风险投资基金参与大学生创业实际运作。如雅虎公司就是一个风险投资的范例，当初杨致远凭着他对网络搜索引擎的构想赢得了400万美元的投资。短短几年，其公司就创造出近70亿美元的市场价值，投资回报率高达百倍。休利特当年在斯坦福大学与帕卡德合作成立了硅谷第一家高科技公司——惠普公司；康盛创想CEO戴志康上大学时挣到了自己的第一个50万……

这些都是风险投资基金的成功运作：据统计，1994年大学毕业生创办的这些公司就雇用了110万人，创造了23220亿美元的销售额。1999年仅麻省理工大学的毕业生就创办了4000家新公司。而在法国，现大约有200多家创业投资机构来扶持大学生创业。虽实力不及美国大，但对于大学生的作用却不可低估。

每年的4月15日是纳税日，对于持有F-1或OPT身份的外籍留学生来说，如果收到了要求纳税的奖学金或者其他要求纳税的收入，就需要在4月15日当天或之前向国税局（IRS）递交纳税表。

持F-1签证的外籍留学生也可以要求对缴纳美国社会安全税以及医疗保险税申请豁免，前提是：

①他们受雇于移民局允许的服务类别，②能够正确地保持相应的合法身份，③以及他们所从事的服务项目属于签证的发放范围之内。

豁免的条件

只有符合一定的条件才能够豁免：①学生每周在学校可以工作20小时。暑假期间，可以全职工作，即每周40小时；②学生从事移民局批准的校园外的实习工作（OPT，CPT，或者STEM OPT）。在学习的第一年，F-1学生只限于从事校园内的工作。一年之后，才可以寻找校外的上述三个类别之一的实习工作。

七【创 业】

在美国十几个城市的考察中我们遇到了很多留在美国工作的中国留学生，这里特别辑录的留学生中的女生，她们选择的创业形式多种多样，虽然不见得这就是她们的最终选择，但她们对正在从事的工作都十分敬业，很有点美国人的精神。

1. 广州晓月 家具收购商 形式后面才是内容

来自广州的晓月姑娘跟着他新婚的丈夫，从事旧家具的收购。刚开始我们对她的职业选择很不以为然，接触以后才发觉我们错了，其实这是一个很挣钱的行当。他们收购来的旧家具绝不是中国所见到的旧家具，他们经常是整房整房的收购家具。就其原因多种多样，例如：美国离婚率高，新太太绝对不用原来的旧家具，所以多好的家具也要把它卖掉；又例如美国人搬家是不搬家具的，通常也是把它卖掉，所以这就成了一个热门的行业。他们先以保管的方式收走旧家具，时间长了保管费就会超过旧家具的费用，所以他们经常并不要向卖家具者付家具款。

2. 义乌春雨 环球影城商铺 在这里卖纪念品太赚了

好莱坞环球影城是全球最著名的主题公园。在公园里有很多的大学生在里面兼职服务，从导游员到购货员，从摄影模特到替身演员都由大学生担任。在电影纪念品商铺里我们看到不少的中国姑娘在售卖Made in China的中国商品。我们在奥斯卡小金人的柜台前停留下来，每个成员都选购了两至三款小金人，一下子就买走了几十个，每个小金人都在11~18美元之间，我们问春雨义乌一个这样的小金人出厂价是多少，她告诉我们五六块钱人民币，在这里几乎涨了20倍，在这里卖纪念品太赚了。

3. 西安杜花 地质学在校生 热爱就是职业

西安杜花是加州理工学院地质系的学生，她细小的身材，文雅的相貌，所学的专业却是地质学。我们问她你喜爱你的专业吗？他不假思索的回答当然喜欢，我们又说学地质很辛苦你将来吃得消吗？杜花回答你们还是中国人的观念，学好一个专业从事一个专业在美国不是你具体地去做什么，而是看你在这个领域有没有创新创造，学地质学的人相对少，成功的几率就相对大。

4. 长沙鲁艺 汉语教师 以美国人的身份来中国创业

鲁艺就是前文提到的鲁小兵先生的女儿，她六岁随父母到加拿大，再到美国受美式教育，大学毕业后她到韩国做美国英语教师，随后又到中国做美国英语教师。现在在上海一所美国语言学校担任双语教师。她说我以美国人的身份回到自己的祖国来创业，有着一种别样的心情，收入虽然不如在美国多，但比中国大学生创业又要强很多。

5. 北京龚青阳 电脑专业 时常回中国来做生意

龚青阳父亲在北京电影学院工作，她随着哥哥十几年前去美国留学。学成之后哥哥在纽约的一家电脑公司工作，她却往返于中国与美国之间做做电脑软件和零部件的营销贸易工作。她能够很好的把握两国之间短缺商品的价差和软件的使用时间差。她已经在中国的常州开设了公司，与美国的哥哥相互配合，生意做得还不小。

6. 南京肖遥 房地产经理 我不是卖房子而是买房子

在凤凰城里我们结识了担任房地产经理的肖遥，我们问她你的房子卖得怎样，她纠正我们的说法，我不是卖房子的，我是买房子的。我们说这怎么解释，她又说在美国我们做营销经理的主要不是向人推销商品，而是帮助买主选择商品。例如买房子，我们就是站在购房者的角度去选择房屋，如果本公司的房屋不受购房者的欢迎，我们就会到外公司寻找房源，直到购房者满意为止。

7. 重庆川虹 赌场发牌员 发牌不发财

在拉斯维加斯的威尼斯人酒店我们认识了在赌场做服务的重庆小姐川虹。要做好发牌员是有很多知识和技巧要学习的，她的工作就是在一个牌桌上给大家发牌，每一局下来总是有人赚有人赔。川虹说，只要你做好服务，赚了钱的人就会送给你一些筹码，每天下来能收到很多的筹码，下班的时候到收银台去兑换，每天的小费就是好几百美元。相比之下工资就微不足道了。

8. 天津刘彬虹 导游 我天天都接中国团

刘彬虹毕业于天津南开大学中文系，我们在拉斯维加斯的最后一天是她送我们到机场的。拉斯维加斯机场非常大，旅客特别多。在机场她特别关照我们，她帮考察团的所有团员一个个办好登机牌、托运好行李，又把我们送到闸口，我们对她的这种悉心照料非常感激，给了她一笔不小的小费。我们问她你是这么对待每一个旅行团的吗？她回答是的，我天天都接中国团。

9. 桂林陶礼 展览会翻译与助理 一年只忙三天但天天不闲

我们在芝加哥观摩了第 139 届芝加哥国际家居博览会。在展览会上我们认识了一位叫陶礼的翻译，她在香港的一个出版公司的展位上值守。每天忙着接待各国的参展商，我们与她聊天，得知她到芝加哥已经有 11 年了，常年就在芝加哥的各种展览会上替参展商值守展位。芝加哥国际家居博览会只有 3 天，但为了这三天，她从寻找客户到熟悉产品、把握商机要下很多功夫。她每次接到的参展值守客户单位可以不来一个人，因此可以节省很多经费，因为她的展前展后优质服务可以获得参展商给予她的很高的报酬，但对于客户来说还是相当合算的。

10. 长沙放牛娃 管家 创业不如管家

放牛娃是她的一个网名，她在两个家庭担任管家，在两个家庭都有她的住房，她的食宿是根本不需要考虑的。她的工作就是开着一辆车往返于两个家庭之间或者是为两个家庭奔走， 处理一些管家的事宜。放牛娃告诉我们，她在每一个家庭都可以拿到两三千美元的报酬，而个人的支出只有一点汽车的加油费，所以她不无感慨的说，我看创业不如当管家。

美国大学生创业计划与风险投资

宝　金

创业计划又名“商业计划”（Business Plan），是一无所有的创业者就某一项具有市场前景的新产品或服务向风险投资家游说以取得风险投资的可行性商业报告。

大学生创业计划竞赛不是单纯的、专业的学生竞赛，而是以实际技术为背景，跨学科的优势互补的团队之间的综合较量。竞赛的意义也不局限于大学校园，创业计划竞赛是高等院校与社会和大学生与企业之间的互动与沟通。

今天，大学校园的高技术创业浪潮席卷整个美国，大学生的创业热情空前高涨。起源于美国大学的创业计划竞赛正是在这种形势下应运而生的。

创业计划竞赛要求参赛者组成优势互补的竞赛小组，提出一个具有市场前景的技术产品或者服务，围绕这一产品或服务，以“获得风险投资家的投资”为目的，通过深入研究和广泛的市场调查，完成一份完整、具体、深入的商业计划。目前，美国已有包括麻省理工学院（MIT）、斯坦福大学等10多所世界一流的大学每年举办这一竞赛。Yahoo!、Excite、Netscape等公司就是在斯坦福校园里的创业氛围中诞生的。

当德州大学奥斯汀分校的商业计划竞赛的举办者邀请著名的宾州大学沃顿商学院等几家全美最有影响的商学院参加他们的比赛并且展现出竞赛极大的价值的时候，许多美国高校开始群起而仿效之。MIT、Stanford、Harvard等著名高校先后创办了自己的商业计划竞赛。其中以MIT的商业计划竞赛（现在更名为创业计划竞赛）最为成功。

MIT的“五万美金创业计划竞赛”（＄50K Entrepreneurship Competition）已有9年历史，影响非常之大。MIT创业竞赛成功的原因主要有以下几个方面：首先他们提倡全美最优秀的 MIT 工学院和位居全美前五位的 MIT 斯龙（Sloan）商学院的学生在竞赛中进行密切合作，每一届创业竞赛组织 3 次组队沙龙，此外，他们每个月还举行一次午餐会，所有团队成员聚在一起商讨合作；其次是庞大的 MIT 校友网络，这些 MIT 的校友对自己“师弟师妹”们的帮助对于他们在创业阶段的成长起了非常重要的作用；再次，MIT 的创业竞赛吸引了一大批优秀的天使基金投资家、风险投资家、律师事务所、会计师事务所、咨询公司来参与他们的活动，这其中有许多投资和项目买卖的成交都直接与这些公司有密切的关系。

MIT 的创业竞赛从 1990 年至今已成功举办了 9 届。1990 年仅有一份获奖的计划赢得了风险投资，成为今天很成功的一家高技术公司。但 1997 年度的竞赛结束后，当年就有 7 家公司从竞赛中诞生。从 MIT 创业竞赛中诞生的公司几乎每年都在增加。更有许多成熟的商业计划被附近的高技术公司以高价买走，促进了周边企业的发展。高校的商业计划竞赛已经成为知识经济时代美国经济的直接驱动力量之一。

美国硅谷有世界上最好的进行高科技创业的环境。一个年轻人如果有一个前景良好的高技术产品，他只需准备好一份优秀的商业计划，到创业投资公司游说一番，就会吸引到嗅觉十分灵敏的专门从事高技术风险投资的投资家们，他们会接踵而来，对这份商业计划进行全面深入的评估，一旦认定这份计划具有投资价值，这家第一天还一无所有的公司第二天就可以开始营业了。只要有了创业者、优秀的项目和风险投资，律师事务所、会计师事务所、咨询公司、提供办公场地出租、员工招募的服务公司等都只需要一个电话就可以迅速提供服务。硅谷的人们深知时间对于在高技术领域占领先机具有多么重要的意义，这种环境是硅谷成功最重要的原因。不仅世界上很多国家在效仿硅谷，美国许多地方也希望塑造本地的“硅谷”，但都没有取得硅谷这样的成就，最重要的原因恐怕就是整个硅谷得天独厚的优良环境——优秀的大学、优秀的创业者、优秀的投资家、优秀的创业环境。

当代著名的美国高科技大公司，几乎都是创业者们利用风险投资创造出来的。Intel 的摩尔、葛鲁夫，Microsoft 的盖茨、艾伦，

Apple 的乔布斯，惠普的休利特、帕卡德，Netscape 的安德森，Dell 的戴尔，Yahoo 的杨致远等无不是创业者们的典范，这些公司中大部分是年轻的学生在离校后不久甚至在学校里就开始创办的。

创业计划竞赛活动在知识经济时代的风险投资浪潮中渐露峥嵘，目前，全球已有 30 余所大学举办创业计划竞赛，并已形成了一个全球商业计划竞赛网络，成员来自美国、欧洲、亚洲。2010 年 4 月 7 日至 17 日期间，2010 年岭南商业计划大赛的亚军 Deliworm 团队，获邀参加了分别由美国莱斯大学和科罗拉多矿业学院组办的商业计划大赛，并获得晋级全球商业计划比赛 (GLOBAL MOOT CORP COMPETITION) 的资格。在美国莱斯大学的比赛中，该团队获得了著名风险投资公司 -DFJ Mercury 技术转让奖项第二名、“最具勇气女性企业家”奖、半决赛第三名等奖项。

“盖茨第二”扎克伯格

张小玲

马克·扎克伯格，美国社交网站 Facebook 的创办人，被人们冠以“盖茨第二”的美誉，哈佛大学计算机和心理学专业辍学生。据《福布斯》杂志保守估计，马克·扎克伯格拥有 15 亿美元，是 2008 年全球最年轻的单身巨富，也是历来全球最年轻的自行创业的亿万富豪。

哈佛大学辍学生创业

2004 年 2 月，还在哈佛大学主修计算机和心理学的二年级学生扎克伯格突发奇想，要建立一个网站作为哈佛大学学生交流的平台。只用了大概一个星期的时间，扎克伯格就建立起了这个名为 Facebook 的网站。意想不到的是，网站刚一开通就大为轰动，几个星期内，哈佛一半以上的大学部学生都登记加入会员，主动提供他们最私密的个人数据，如姓名、住址、兴趣爱好和照片等。学生们利用这个免费平台掌握朋友的最新动态、和朋友聊天、搜寻新朋友。很快，该网站就扩展到美国主要的大学校园，包括加拿大在内的整个北美地区的年轻人都对这个网站饶有兴趣，如今，在英国、澳大利亚等国的大学校园同样风靡。

根据雅虎公司的估计，到 2015 年 FaceBook 在美国的注册用户会达到 5250 万，有 60%的学生和年轻人都会使用该网站，远远高于 2005 年的 8% 及去年的 18%。雅虎预计，到 2015 年，Facebook 营收有望达 18.6 亿美元，其中大部分来自广告，网站的广告收入可能会达到 10 亿美元之巨。

扎克伯格说，Facebook 有一套复杂的个人隐私保护法则。如果第三方想了解某个用户的信息，该用户很快就能洞察对方的举动，所以用户可以允许属于特定群组的朋友了解他本人，同时能阻止无关紧要的其他用户窥视自己。用户甚至可以决定他提交给 Facebook 的信息究竟有多少能被第三方搜索到。例如，个人相册是每个用户资料的重要内容。按照扎克伯格的功能定义，用户使用相册时能有选择性地挑选对象，可以让一个相册由他的大学同学看，另一个相册由他的同事看，而其他的不相关人员一张照片也看不到。用户的所有信息都被严格保密，任何试图闯入进来并且窃取手机号码等隐私信息的人都会被阻挡在大门之外。

Facebook 最新的变化是在用户首页增加了 NewsFeed，尽管对这项变化尚存争议，但是扎克伯格认为值得尝试。NewsFeed 能让每个用户登录后，就了解到自己的密友干了什么，对方有了什么新的变化。不少用户已经尝试使用这个新玩意。

2008 年 04 月 Facebook 社交网站 Facebook 正式推出聊天服务“Facebook Chat”，业内人士称此举有望对传统 IM(即时通信)服务构成威胁。

facebook 发展近况

facebook 在 2010 年的注册用户已经超过了 4 亿，同时在线人数也超过了 1 亿，并且首次在 2009 年实现了正常运营，即不用再靠风险投资过日子，他通过网站的广告收入已经能够维持自己的开销。并且其股票在私股的交易中显示这家网络公司的市值已经有 150 亿美元。而扎克伯格明确表示最终肯定会上市，但是现在并不急。在 2010 年福布斯公布的资产排行榜里，扎克以 40 亿美元成为了最年轻的入榜人。

2010 年最新财富榜马克 · 扎克伯格排名首位

他们的成功是计划出来的，而非巧合。也许这才是 Facebook 最牛的地方。

简单有用就是王道

现在世界上最流行的单一规格的笔记本，多是黑色封皮，并且没有任何 logo。越是简约的设计，越是在最多的场合适合各种不同的需求。我们很难想象一款印着 HelloKitty 的粉红色笔记本，会在所有年龄段、所有的市场，都像黑、白、蓝等大众颜色的笔记本一样流行，虽然有些人会疯狂的喜欢它。

就像 logo 一样，Facebook 尽量把所有的功能的设计退缩到所有用户需求的最小公约数，并且把握住这个底线。所有的国家的 Facebook 都是同样的界面，不同的人的页面，或许唯一不同的是他们的名字，和内容。至于功能？所有人一模一样。因为功能的简约、内敛，使人没有办法把 Facebook 简单的称为美国的网站，或者年轻人的网站，因为，它追求的就是全球沟通需求的最小公约数——最小的，确是被最大众所需要的那部分功能。

RISK 游戏：扩张的逻辑

在 Facebook 开放给其它学校以前，它先获得了哈佛广场的 3000 个用户。3000 个用户对绝大多数网站来说是个不值一提的数字，但是对于哈佛这个 5000 个本科生的学校来说，等于牢牢地占据了哈佛的市场。

在一个市场占据了绝对优势以后，Facebook 才向 Boston 周边的大学开放，并缓慢地向其它常春藤大学扩展。直到后来才谨慎的加入了高中，之后是公司，直到后来，才允许所有的用户注册。马克深知一个道理，与其在各个市场都是第二名（一个最好的反面例子是 hi5.com），不如一个一个拿下。当在一个城市达到爆发式增长的临界点以后，才转下下一个战场。

说到 Facebook 的扩张，一个很有趣的细节就是，Facebook 巧妙地利用了一些传播的暗流，把自己从一个影响力很强的区域，或者人群，带到另一个影响力比较弱的区域。以大学为例，Facebook 在哈佛大学的绝对优势，对于西海岸的斯坦福大学却是鞭长莫及。Facebook 的市场部门聪明地发现了高中是连接这两所大学的纽带或者说暗流。通过有策略的开放高中，哈佛的学生带动了他们读高中时其他同学，而这些高中同学有些就在斯坦福读书，并且由此渗透进一个新的疆土。

Facebook 是如何发现并且掌控这些暗流的呢？是数据！ Facebook 的杀手锏就是他们贡献给阿帕奇基金的项目

HadoopHive。 Facebook 每天产生 250T(25 万 G) 的数据，这些数据进入上千台电脑组成的 Hive 集群计算，并且快速地产生对于所有问题的回答。这个大得惊人的数据处理能力，让他们可以在海量的数据中获得信息，并且用信息指导作战。

经纪人创业“神”在哪

吕志明

经纪人“神”在哪里？在无中生有、有中生有、有无相生。经纪业属于知识产业或称智业，经纪人是活跃于市场的“知本家”。经纪人在经济发达国家，叫“Broker Marvel”，即“神奇的经纪人”；其含义是委托人的代言人，是从事聚集职业性买卖双方“穿针引线”、“牵线搭桥”的商号，其“Brokerage”（佣金）由委托人支付，受法律保护。众所周知，无论是泰森、霍利菲尔德、刘易斯、以及阿里这样三次卫冕成功的世界拳王，奥黛丽·赫本这样多次奥斯卡奖得主的超级电影明星，还是开一代世风的流行乐之王的杰克逊，以及美国总统也要让他三分的证券大师J·P·摩根等在各自辉煌的背后，都有一个精明强干的经纪人在支撑着。很难想象，这些耀眼明星们一旦失去了各自的经纪人，他们会那么快成功吗？所以说将经纪人称为“Broker Marvel”一点也不为过。经纪人在各国的称谓也不一样，在美国和英国称经纪人为Broker或Middleman，Middleman则外延更为宽泛，包括经理人、代理人、委托人、居间人等中介人在内；在法国，称经纪人为Courtier即“奔跑的人”，在日本，称经纪人为“周旋屋”或“仲买人”等。因为“经纪”是个内容宽泛的概念，经纪业务涉及到无为、无所不为的领域。经纪人奔走于委托方（人）和相关当事方之间，传递信息，创造条件，提供机会；促成交易，而获得其佣金。

经纪人“神”在哪里？“神”就“神”在“无中生有”上。因为经纪人，一不占有商品，二不需要投入多大资本，只要你获得了从业资格，就可以凭借自己的知识、智慧、创意以及灵敏的头脑，在法律规定的范围，通过所掌握的信息、运用业务技巧，为撮合双方，促成交易成交，就可获取佣金。这就是“无中生有”，在这里“无”不等于没有，而是一种观念，是涉及到无为、无所不为的经纪领域。

他们可以奔波于生产资料市场、生活资料市场、劳动力市场、期货交易市场、证券交易市场、保险市场、房地产市场、科技市场、文化市场、艺术市场、体育市场，等等；社会经济的各个领域，正是这种“无”，铸就了经纪人的创新创意的品格和坚韧的精神！

经纪人“神”在哪里？“神”就“神”在“有中生有”上，“无”与“有”是相对的。经纪人一方面“无”，但另一方面又“有”，这个“有”，就是经纪人在市场经济时代、知识经济时代所具有的知识和能力。特别是大学生作为经纪人对自己所从事的专业要十分熟悉，具有专门知识，具有整合信息和资源的能力，又有较好的公关、交际能力，还有一定的经商经验；这些东西就是“有”的价值。正是因为有，所以他们能够在“无”中生“有”，有中生“有”，这个“有”就是经纪人的财富。因此经纪人队伍中有一般经纪人也有特殊经纪人，他们中有专家、学者、教授甚至还有一些国际知名人物，如美国有出身于经纪人的前总统福特，也有从政坛上下来后，从事经纪业的前国务卿基辛格，像英国的前首相撒切尔夫人，梅杰，日本的前首相田中荣角也都是有名的国际商务经纪人。

经纪人的气质，温文尔雅，气度恢宏，睿智聪明；经纪人的服饰、仪容和言行礼节，做到端庄而不矜持、冷漠，谦逊而不矫揉造作，保持文明的礼仪，做到朴素俊逸。经纪人工作严谨、庄重，诙谐、幽默，可信、可敬。

大学生要成为经纪人，必须具有相关的知识和能力并取得国家认可的从业资格。要学习市场经济知识、法律知识、科学技术知识和专业知识，要有很强的语言能力、社交能力、竞争能力、应变能力、协调能力、适应能力，要讲诚信，重实际。在国家大力发展商品市场、期货市场、证券市场、保险市场、房地产市场、技术市场、劳务市场、信息市场、文化市场、体育市场的过程中，经纪人变得不可或缺。特别是十六届五中全会和《行政许可法》，以及《中华人民共和国工商行政管理总局 2004 年 14 号令》，经纪业的名正了，经纪人的腰直了，胸挺了；正如我国现代经纪学的泰斗谌浩先生所言：“今天我们国富民强、政通人和的国家，知识的国家，智能的国家，经济势力强大的国家，为经纪人释放出自身的能量开了绿灯，搭起了一个坚实的、宽泛的舞台。”2001 年湖南工业大学策划系吕志明教授率先在全国创办策划与经纪专业，开创了这一专业的先河，一批又一批学子，通过专门考试，取得国家认可的经纪从业资格，活跃在各个经济市场上，在实现着经纪人的宣言：“用我们的知识和智慧为国家的经济建设出力，用自己的头脑发财，成为 21 世纪的智业“知本家”！

财商策划创业路

廖　灿

你是为了钱而拼命工作，还是如何让钱为你工作?

对于大学生朋友而言这似乎不成其为问题，但却是值得探讨的重要课题。

财商，并不是你赚了多少钱，而是衡量一个人控制金钱的能力，是你的理财智慧和财富指标。它是继智商、情商之后，又一个衡量人类心智状态及成功素质的重要参数。

决定一个人是否富有的因素不是他的职业，而是他的财商的高低。

我在主编的《财商策划》教程里举例强调，很多创业的企业家和资本家都很富有，是因为他们的财商比绝大多数雇员要高。

孙正义曾被美国《福布斯》杂志评为“最具企业家精神的十大富豪”之一。我第一次见到孙正义是在中央电视二台的《对话》节目，起初对他的印象是其貌不扬，但永远带着一副笑容。很快从他的经历中发现，美国的创新性财商教育激发他走上创业路。

1974 年，17 岁的孙正义考入美国加利福尼亚大学的伯克利分校经济系学习。孙正义在美国留学六年半，深深迷上了计算机。“我要搞计算机，企业家应走的路是计算机。”此时，孙正义把“带声音多国语言翻译机”样机试做出来，带到日本并与夏普公司交涉，达成协议，获得专利费。他通过自己的发明创造来充分发挥自己的能力，开拓自己的思路。在美国这个重视独创性和创造力的国家，孙正义的创造性思想得到了充分发挥，他成功地抓住了机遇。后来，孙正义也不无感慨地说：“如果不是留学美国，而是呆在日本的话，恐怕就没有今天的我了。”

1976 年，刚 19 岁的孙正义就为自己进行了“财商策划”，他设定了这样的“人生 50 年计划”：“二十来岁时打出旗号；三十来岁贮备至少 1000 亿日元资金；四十来岁时决一胜负；五十来岁完成自己的事业，营业额规模达到一兆日元；六十来岁把事业传给下一代。”在以后的岁月里，孙正义正是按照自己的计划一步一步地往前走，来实现自我价值的。

1979 年 9 月，孙正义用发明获得的资金，在伯克利分校附近成立了“和音世界”公司，把日本用旧了的游戏机输入美国。在他毕业时，“和音世界”已为孙正义赚了 100 多万美元。然而，“和音世界”对他来说不过是学生时代的勤工俭学的成果。

1981 年 9 月，孙正义以 1000 万日元为资本金与株式会社经营综合研究所，各自出资 50%，创立了“日本软银公司”，开始了他的创业的新阶段。

由孙正义一手创立起来的软银公司 (SoftbankCorp) 是集高科技出版、展示会、软件经销和设计于一身的联合体。该公司 1994 年花 2.02 亿美元买下了齐夫 · 戴维斯出版公司的展示会业务；1995 年花 8 亿美元购入界面集团，并与微软公司合资成立了游戏软件制造公司 (GameBank)，与 Cisco 系统公司合资成立了日本 Cisco 系统公司。他持有 Novetl 日本有限公司 20.4% 的股票，获得 Yahoo 网络服务公司 37% 的股份。他不惜铤而走险，以自己的大胆和精明，震撼了商业系统。

1996 年，已经成为世界上计算机行业最大的展示会主办者和出版商的孙正义想进一步拓展业务。与默多克合作成立公司，在日本建立了数字化多频道卫星广播平台——JSKYB，从而在日本掀起数字化革命的浪潮。JSKYB 公司发展迅速，到 1998 年已成为世界最大的媒体公司，这标志着孙正义的王国又开始向数字广播的高技术领域延伸。

自 1994 年软银公司上市以来，该公司股票价值已猛增了 200%，业内人士纷纷预测，孙正义的帝国将会成为一个巨大的信息市场中心。

从 2000 年起，孙正义在中国投资上百家高科技公司。

由此可见，富人会选择什么职业呢？他们会选择一个最能够发挥他们的创造力和财商的职业。

作为即将毕业的大学生，如何加强财商策划拓展创业路，以下建议供您参考：

每天都要花一些时间来提高你的财商。最好是固定一个时间，这样更能养成一种习惯，而不至于半途而废，在这段时间里，除了学习财商知识外，还可以通过一些实践来提高你的财商，如对目前的股市、期货市场或房地产市场进行分析，并身临其境参与其中。

训练你的创造性思维和培养你的领导才能，你可以去多看一些有关这些方面的书，但只看书是不行的，那样你只能纸上谈兵，你应该在现实商务中得到训练。

不要盲目模仿，要找出你与众不同之处，通过你的财商和自信来让未来的不确定性为你提供机会。

逐渐减少你存在银行里的钱或融资，把这些钱用于投资或创建自己的企业。

如果你现在还没有为自己投资过，不管你是在学习还是为别人工作，从今天开始，从现在开始，拿出一部分时间、精力和金钱开始为自己投资吧，这其实也包括对自己的财商策划教育。

大学生青年朋友们，财商策划的终极目的不是打工，而是拓展创业事业平台，创业路越走越宽越走越远，实现真正的人生财务自由！

（廖灿，《财商策划》、〈创意中国〉丛书主编，北京财商国际文化中心主任）

羊城大学生创业

张朝晖

赶团网

创业者：汤志能；创业地点：广州；

团队：核心团队 3~5 人“帮手”10 余人；

成本：网站初期投入 7000 元，程序维护 3300 元 / 年，网络空间租赁费用 3200 元 / 年，支付宝 6 万元流水包年套餐 600 元，网银在线包年套餐 460 元，注册用户邮件群发营销 200 元 / 年，发送确认短信 9 分钱 / 条。

微创业

Groupon 风潮来袭，内地版 groupon 遍地开花。前有王兴创办美团网，Groupon365、tuank 等网站也在青岛、南昌等城市上线，现在在广州，由大学生汤志能创办的赶团网也赶上了这波风潮。

广州惊现大学生版 Groupon

汤志能创办赶团网完全是“一时冲动”。去年 2 月，当他在网上看到美国 Groupon 每年 5000 万美元营收的消息时，立即萌发了复制团购网的想法，一开始他就为这个网站取了个名字叫“赶团网”。但对于手无分文的大学生来说，赶团网直到今年的 3 月 25 日才着手实施创建，4 月 15 日“赶团网”正式上线营业。

“赶团网”与 Groupon 类似，周一到周四每日只推出一款精品折扣的团购，周五至周日三天共同推出一款特大折扣团购，包括餐厅、酒吧、KTV、SPA、美发、健身、瑜伽、演出、影院等，消费者在限定时间内 (一般是 24 小时) 凑够一定人数下单便可享受超低的团购价 (一般在 2-4 折)。

这类网站的价值在于“简单”，为供应商和消费者消除一切不必要的麻烦：他们就像一本精致的团购目录，一天一款产品一目了然；购买流程简单。

加起来不到 2 万元便算的上是赶团网一年的硬件设备总成本。不过对于其他有意尝试这一新模式的创业者而言，资金进入门槛并不算很高。

改良 Groupon 模式

“Groupon”是电子商务、web2. 0、互联网广告以及线下模式的结合体。这类网站的特点在于，服务有地域性、线下销售团队规模远超线上团队。这也意味着，这类网站的核心竞争力还是落在线下营销之上。

网站第一阶段的首要任务是吸纳更多的优质商户——只有商品或服务具有独特的吸引力，才能迅速聚拢用户。

而商家与 Groupon 类网站的合作，更多需求在于精准的营销推广之上。但是碍于物流环节的限制，汤志能选择倾向于体验型的产品，“赶团网”将 80% 的潜在供应商瞄准服务型行业。

康姐经

广州中医药大学一直为大学生实习工作犯难，因为广州的中医院不多，而大学连年扩招，很难安排实习。

广州中医药大学，开始有自身特色的大学生就业门路和实习基地的探索。学生在老师的启发下，迈向了私人医生和家庭病床的就业方向。

俗话说：中医走四方。广州中医药大学的师生主动走进广州的各个社区，为社区民众免费就诊，售卖药品。与各个社区建立了深厚的感情。后来广州中医药大学的学生发现广州的各大医院因为床位有限，所以很多病人无法住院或者要回家治疗，于是广州中医药大学的学生们和医院合作开办了“家庭病床”，就是病人在家“住院”。“家庭病床”迅速风靡广州，深受广州的老病号、老人、慢性病患者、残疾人、孕妇等行动不便，不宜出行的患者欢迎，“家庭病床”

的总量也迅速增长，由于“家庭病床”数量过大，医院排不出医生巡诊检查，广州中医药大学的学生就整装上阵，立刻被广州市民接受。除了日常的护理和治疗外，学生们还推出了熬药，食补，药膳等易于在“家庭病床”中推广的项目，并积极地为中医院推广“家庭病床”。

在“家庭病床”获得成功的基础上，在学生的创新下又有各种形式的服务出现，比如帮助病人挂专家号，推荐医院、医师。她们不仅做了私人医生的事情。还成为了病患家庭的医疗家教、保姆、护理、私人医生。因为医患家庭对大学生都很放心，甚至出现了医大学生帮病患家庭理财的情况。

广州中医药大学就这样坚持做了几年，逐渐出现大学生收到社区家庭的邀请，每天定期去为病人、老人、产妇护理、医疗。于是学生们将此项活动做成了“普及医疗知识，推广家庭病床的社会活动”。

有些学生在社区进入家庭的之后，融入了这个家庭，渐渐发展为老病人洗头、洗澡、处理电话、读报、读信，很多高档社区中住的多是退休的老干部，将医大学生当成自己的亲人，为医大学生找工作，谋福利。

【创意】

医疗进社区早已有之，最初这只是一种服务，但是经过长期的积累和努力，广州中医药大学的学生将这种服务做成了常态。

【创业】

好方法经常不胫而走，谁都无法阻拦，但是当这个方法成为产业的时候，当老板的一定是创造这个好方法的人，或者是第一批开始运作的人。大学生不妨放下姿态，从最底层做起，但是一定要有自己的创意。就像医大学生一样，他们从基层开始，但是她们没有忘记自己是个大学生，`是个医生。

【创收】

从免费诊断，有偿售药开始，他们就开始了淘金之路，后来的病床、护理、诊断、以及一切的付出都是要有回报的。其实仔细思考，不难发现，你去看医生和医生来看你有什么区别？不同的是让方便走路的人走路。

《玩语言》学创业

孔繁任

玩语言的几乎都被边缘化了。作家中仅有几个是一流的，其余都是末流（我的一位朋友说，艺术家只有一流没有二流，我深以为然）；教语法的，当编辑的，早被港台腔、网络腔、地方方言搞得头昏脑胀，并被芙蓉姐姐们打得落花流水了。这年头，除了死了的侯宝林，活着的赵本山，谁还会说自己是玩语言的？大概只有张大旗了。

大旗说的玩语言，大约是在广告文案、策划用语方面。大旗是有表现力的，这种表现力不仅仅体现为广告语以及广告文案之类，更体现在他用独特的语言风格，力求精准地将创意思维定型并表现出来。所以，大旗不仅仅是玩语言，他什么都玩，从营销到广告，从策略到 CF 创意。他玩得很用心，玩得很用情，玩得很自我，当然也玩得很沉醉。大旗基本上是一个人玩，玩得不亦乐乎。玩到高兴时也邀请朋友一起玩，我和温元凯教授就曾应他之邀一起做过云南的一个项目。大旗似乎不太在乎谁主谁次，钱多钱少，一副江湖之中有肉大家吃、有酒大家喝的样子。这是对策划对广告的真喜欢。这是大旗的另一种厚道，也是我喜欢大旗的理由。

时下的策划界、广告界门派林立，阵营清晰。有本土的，有国际 4A 的；有个人英雄主义的，也有标榜团队作战的；有号称贴地实战的，也有依傍高等学府的。最后还是要用业绩说话。营业额 3000 万（以纯咨询、策划费计）是个坎，往上的算一线；往下算，1000 万以上的算挑战者，其余基本没有发言权。大旗与这些毫无瓜葛。他从不结盟，也不攀比；他自得其乐，不事张扬。大旗身处江湖又独立于江湖，这是我羡慕他的地方。

由于如此，大旗算是真正的独立顾问。无须太多顾忌，没有太多负担，敢于全身心投入，不挂羊头卖狗肉，不向客户转嫁经营成本，所以受到客户的欢迎。

由于如此，大旗没有迷惑于化简单为复杂的所谓路线，没有迷恋于所谓的专业工具与程序，一切就事论事，一切独立主张，这也就是大旗的可读之处。

大旗厚道，认真由此，智慧也由此。

【链接】

大旗先生是典型的卖文为生，先前之后有过不少的语言文字方面的出版物象《出卖天机》、《细节时代》、玩语言都是白弟先生语言炉火纯青，千字千文（1000 块钱）那是起码的酬金，一次为某位老总在《销售与市场》做了篇封面文章，老总一高兴付了笔六位数的报酬。

大旗先生文字语言的玩法大致是知书识礼，如下表：

类	形 式	计酬方式	备 注
语言	1 策划演讲	2 小时 5000 元	预约须提前 3 月
	2 创意讲学	每课时 2000 元	
	3 顾问幕僚	每个月 50000 元	年度顾问提前一年
文字	4 表现工作	3000 字 10000 元	
	5 营销文案	每篇 30000 元	执行方案另计
	6 传记写作	20 万元一部	

【点评】

在时下网络通信发达的今天，能把语言玩得淋漓尽致着实的不简单，而大旗却在浩浩荡荡的语言大军中独树一帜，正是他把握了自己的才干，不仅让自己的优势资源得以发挥，而且同时收获了财富。同学们，你们是否关注了自己的优势、自己的专业或是某种特殊资源，并且让它成为你事业的基石呢？

移动互联网创业

张　路

手机上的“超市发”，一家家的开张了。起先是移动的小“MM”（Mobile Market），然后是电信的如虎“天翼”（天翼应用商城），联通的“沃”商城也待字闺中，呼之欲出。这还不算，如今的手机制造商，最热衷的倒不是做手机，而是开商店。诺基亚搞了个OVI(芬兰语“门”之意），三星呢，就连忙推出个八达（bada 平台）；更不用说虎视眈眈的老牌微软（Windows Marketplace for Mobile），和新霸主 Google 的 Android。这时候，距离苹果推出 AppStore 还不到 2 年。

也就是这 2 年，iPhone+iPod Touch 的用户已经超过了 5700 万，并且在 Appstore 的货架上平添了 10 万以上的应用程序，创造了 20 亿次的下载以及 41 亿美元的收入（数据来自摩根士丹利 2009 年移动互联网报告）。这是个什么概念呢？简单的说，它突然宣告了一个新时代的到来，我们说起“软件”这个词，将默认是“手机软件”，而不再是 PC 上的软件；未来 5 年之内，移动互联网的流量，将超过桌面互联网的流量，这意味着互联网主战场的转移；而五花八门的移动互联网设备，可能会超过 100 亿台，是 PC 时代的 100 倍。商人们自然能够很敏感的觉察到，此地钱多速来。

问题是，从哪里着手？我们必须搞明白这个新世界的游戏规则。而这个世界的连接点就是你裤兜里的那个手机。手机这个词很贴切，它是掌握在手掌之间的功能强大的商用机器，一小部分功能才是电话。它的作用，也不再是移动的运营商说了算，铺天盖地的 3G 广告，那只是在推销高速公路，真正的生意取决于上面跑什么车。这台车的特性一旦沾上了移动的特性，就大不一样了。它随身携带，可以利用你所有的零碎时间；它可以把信息推送到你的裤兜，而不用再在网海中漫游；它还和地理位置紧密相关，因为可以开发大量的 LBS（地理位置服务）应用；加上一些特有的芯片，它又可以取代信用卡，方便你在楼下超市忘带零钱的时候支付。

这些狭小小的改变，看起来只是人类计算史上的一点小浪花，可是汇聚起来就成了一股洪流。大摩（摩根士丹利的别名）是这么说，我们现在已经进入移动互联网周期的早期阶段，这是过去的 50 年来的第 5 个发展周期，其规模将大得超乎多数人的想象。而财富的创造和消亡则是新的计算产品发展周期的实质，桌面互联网曾经诞生过雅虎、百度这些巨头，这只说明一点，每个新周期的赢家往往都会比之前周期的赢家创造更多市值。

变化从那些“小公司”开始。Twitter 到现在，还只是一个不到 200 人的小公司，甚至还没有盈亏平衡。但是它已经创造了一个 1 万种以上第三方 Twitter 应用的生态圈，并且已经产生了 100 亿条微不足道的短信息。按照地球的人口平均来计算，这已经足以称得上“地球的脉搏”。这些闲言碎语也汇聚成了一个商业史上的奇观，Google 能帮你找到曾经发生了什么，而 Twitter 能告诉你此时此地正在发生什么。一个卖热狗的流动商家，因为每小时在 Twitter 上更新一条信息，而招揽来足够的顾客；而号称掌握最精致的供应链的 DELL，也专门发布针对 Twitter 的促销信息，卖掉了库存的电脑。人类一下子进入了实时网络（Real-Time Web）的时代。

我们周围的信息突然变得值钱起来。一个叫“方块四”（Foursquare）的小应用来了，它是一个再简单不过的软件，你每到一个地方，就可以报个到（Check-in），然后你的好友就获知你在哪里，甚至简单得不需要你说一个字。但就是这个结合地理位置信息的应用，突然流行起来。想想看，餐馆最需要它，每次到餐馆 Check in 的人都可以获得积分，然后获得现实的优惠券。你的朋友也会因为你的推荐而光顾。而店家呢，可以利用广播功能“Shout”，给每位路过餐馆的“方块四”用户喊一嗓子，招呼他们来店里用餐。和大众点评网不同，这些评论都来自于你的好友，而你看到的评论取决你此时此地的位置。

这个还不够直观？那我们来看看 Layar，全球第一款“增强现实”手机浏览器。你可以把你的手机摄像头对准任何一个建筑物，然后透过手机的屏幕，就可以看到这个物体相关的现实数据，比如，建筑物的介绍、周边的酒店、好友拍摄过的相片、历史上的事件，等等。GPS 探测到你目前所在的位置，即手机罗盘判断摄像头所面对的方向。这个技术使得信息直接和对象融合到一起，传统地图这样的中介物变得无足轻重，大量分散的、需要搜索的信息，也因为你、地理、外界的三位一体而聚合（Mashup）到一起。

科学幻想正在成为现实。一部激励鼓动了整整一代人去实现太空梦想的《奥德赛2001》，仔细描绘大猩猩手里的一块骨头。就是这块微不足道的骨头，标记了人类历史上第一件工具的诞生。抛到天上，它变成了人类太空时代的宇宙飞船。而当前这些小巧的、看似微不足道的手机应用，就像大猩猩手里的那块骨头，每个都可能成为移动互联网时代的开篇记号。

Twitter、方块四或者Layer手机，它们标记的是全社会进入永远在线的“时间原点”。人类的神经系统从此插上了互联网永不消失的电波。这些电波的背后是一组组巨大而且永不停歇的电脑服务器。以Google为代表的云端计算，它的一个个需要独立发电厂支撑的服务器机房，原本只是不为人知的电脑而已。借助每个人裤兜里面的手机及其应用软件，每个人就像一个通电就会放光的灯泡，插入了一个连接着巨大计算能力的电脑网络，而电脑服务器也就成为了《黑客帝国》里的Matrix。

老比尔15年前写下了《Information At Your Fingertips》（指尖的信息），当年他的梦想是每张桌面上都有一台PC，可如今每个人手上都有一部堪比当年PC的手机。我们走进了永远在线的新时代。iPhone、Android以及Windows Phone，这些Matrix的插座，连接的是我们的朋友、家人，连接的是商业社会的买卖双方，连接的是人类的知识库。手机上面的软件开发也好，云间的服务器部署也罢，谁能够成为互联网永不消失的电波上面的关键一环，谁就是Matrix时代的“通信大亨”。

【点评】

手机和网络已经成为我们生活中的必备品了，越是常见的东西越会被我们忽略。如今，“手机＋网络”悄然地为我们开辟了一个新的领域，大把的钞票从手机中流入商家的口袋。手机网络让全球成为一家，如果你能玩转这个手掌中的巨大客户群，恐怕你也就能成为另一个比尔·盖茨。

谁为女子十二乐坊埋单

韩玉明

【编者按】

说起这女子十二乐坊，大家应该都听说过，女子十二乐坊是中国一个以流行音乐形式来演奏中国音乐的乐团，加之十三个靓丽的东方美女给予观众新鲜感，极尽视听之娱。

女子十二乐坊 2001 年创立，是一支将中国传统的乐器组合与现代流行音乐表演形式有机结合的流行艺术团体。她以优美的音乐旋律和激情的现场表演，拓展了中国民族器乐的欣赏群体，在国内外弘扬了中国的民族音乐。女子十二乐坊的成员分别来自中国的中央音乐学院、中国音乐学院等著名的艺术院校，最终确定雷滢、蒋瑾、詹丽君、石娟等十几位靓丽女大学生为乐队成员。

2003 年，十二乐坊进军日本市场。经过大规模宣传，第一张音乐专辑刚刚面世，便一跃登上日本的销售冠军榜，首日卖出一万张，两个月内突破 100 万张大关。创造了中国音乐唱片海外发行的奇迹，也创造了日本器乐专辑单碟发行的奇迹。2004 年的第二张专辑《辉煌》又创造了新的销售记录。

在日本大获成功后，十二乐坊又进军美国市场和欧洲市场，也接连获得成功。十二乐坊十分重视在美国的商业演出，有很多演出公司找上门，要给乐坊做大型音乐会。

十二乐坊还成为了诸多著名品牌的代言人和形象大使，她们不断代言品牌，既保持了自己的出镜率，有又丰厚的收入。找她们代言的品牌也借助十二乐坊的号召力“威名远播”一跃成为畅销品牌，时至今日，十二乐坊已经代言了 16 个国内外品牌。

【创意】

一根筷子和十根筷子抱成团的区别不言而喻，十二乐坊的十三个姑娘就深谙此理。客观而言，这十几姑娘的相貌并不是每个都美艳出众，但是观众看到的是一个最美的乘以十三；这十几姑娘的演奏并不是每个都技惊四座，但是观众听到的是一个最动听的乘以十三。只要抱成团，再找一个稳固的经纪人，加之新的音乐形式、新的演奏方式、新的乐器样式、新的经营模式、新人新出道，一炮走红，成为国际级的乐队。其不懈努力不必赘述，这样的一个用诸多创新点武装的乐团，红遍大江南北是理所应当的。

【创业】

十三个表演、音乐相关专业的姑娘抱成一团，就开始了创业之路，她们没有去当职员；没有去剧组、演出团体，而是组成了一个小乐团。灵活多变的小团体，自由穿梭在各个都市之间，用创新和辛劳换来了今天辉煌。

【创收】

音乐制作费用由经纪人承担，而最后的荣誉和收益却人人有份，所以这十几位是在为自己的梦想而打工，还有人给她们酬劳。不仅如此，专辑、演出还有代言诸多品牌的代言费恐怕是一笔难以计算的丰厚收入。

十二乐坊的十三位姑娘，找到了一个为自己的梦想埋单的经纪人，又以人们的见所未见，闻所未闻的全新包装面世，有策划、有资金、付出汗水、四处奔波，今天的成功仅仅是十二乐坊开始。

【点评】

“十二女子乐坊”从一诞生就充满了创意，她们用音乐与色彩抢占了人们的心，同时也就获得了巨大的收益，其中品牌效应所带来的收益则更为可观。创意创业本身就是放飞心中的梦想，充分把各个收益点都做好规划，让每个点都释放出最大的能量，蜕变化蝶指日可待。

工作室 VS 俱乐部

王　蕾

工作室是一种工作形式，更是一种创业方式。它来自西方，但符合中国国情，适合创业人群。工作室是一个舶来词，最早诞生在欧美一些国家。在英文中“studio”一词的含义是非常丰富、非常广泛的，可以指各类艺术家的画室、雕塑室、照相室、技术室、设计室等工作室，也可以指制作电影或电影厂的摄影棚、摄影场、制片厂，还可指无线电或电视节目的演播室、广播室、录制室等。而在汉语中，工作室是人们对“studio”的简称和通俗叫法。

工作室不是一个空间概念，“workroom”一词在汉语中对应的意思是“工作间”、“作坊”，是一个空间概念。无论在英语还是汉语中，均含有“学习、研究、创作、制作、设计”的丰富内涵，而不仅仅是非常直白、普通的“工作”（work）含义。这便是“工作室”一词丰富而独特的内涵。

工作室在国内的风生水起，代表了一种崭新的创业潮流。工作室是一种新工作状态。工作室的创建是创造、独立、自由、个性等精神的完全张扬，是一个更人性、更具效能、更先进的工作状态。而公司则不是，在这些方面公司是有限制的张扬。创建工作室的人是一个智者的群体。在探索和追梦的日子里，他们是执着的赶路人，因为执着而独特，又因为独特而成功。同类相聚，更多的工作室集结在一起会有更大的成功。

那么究竟什么是真正意义上的工作室？是不是任何一个人有一间自己独立的办公室或者工作间、在家办公，就可以称之为工作室了？回答是否定的。让我们来看看《中国策划家年鉴》大林工作室群：文稿工作室、文献工作室、编辑工作室、设计工作室；出版工作室、发行工作室、编委工作室、刊户工作室。看得出这些工作室分为两部分，一个跟着一个相互关联，工作上施行各管一段，合起来就是个工作流程，简便通行。

俱乐部最早可以追溯到15世纪初英国的美人鱼俱乐部。1785年美国成立了第一家俱乐部——无忧俱乐部。1927年美国俱乐部经理协会成立，使美国的俱乐部有了突飞猛进的发展。在这些俱乐部已经形成了一套比较完善的俱乐部营销体系和运作方法。这些俱乐部一般都采取会员制，通过向会员提供超过会员预期的完善的服务吸引和保持会员，与会员建立长期稳定的关系，使俱乐部保持长期稳定的发展。

在中国俱乐部被用作一种营销手段则是近十年才出现的，各种俱乐部如雨后春笋般，按照营销的课题分为产品的俱乐部营销和服务的俱乐部营销。产品的俱乐部营销涉及各种产品的生产领域，如汽车生产企业成立的汽车俱乐部，软件公司成立的软件俱乐部等。服务的俱乐部营销按照所属的行业类，主要存在于娱乐业，如会员制的娱乐中心；租赁业，如会员制汽车租赁；旅行服务，如会员制旅行社；购物场所，如会员制商店。

大学生既可以到俱乐部去学习和工作，也可以在前辈指导下创立俱乐部。俱乐部不要注册，不讲究场地，有个主题做个策划就可以上。像广告、营销、经纪、中介、撰稿、设计都可以办俱乐部。

本书读者服务部就有各种俱乐部书刊邮购。

【点评】

看了王蕾老师的工作室和俱乐部，你是否有冲动去参与其中呢？工作室里简便易行的工作流程，适合缺少经验的大学生在此锻炼；俱乐部所汇集的人脉恐怕更是想创业的大学生们渴望拥有的资源财富。走出校门有些茫然的你，不妨到工作室和俱乐部中积累经验、找寻属于自己的机会，懂得站在巨人肩膀上的你会少走不少弯路哦！

让奇妙飞翔

——Faceshower 神奇魔法动画

张　力

张薇从小就想住进巧克力做的房子，想戴上“小红帽”让妈妈带她去森林里采蘑菇，在床垫下藏一粒豌豆，把自己扮作成豌豆公主……坐在学校的课堂里，听到风吹一扇窗，她的脑子也会飞出去，衍生出一段故事。

从小爱幻想好联想，所以张薇选择了天津工业大学艺术与服装学院动画专业。天生张薇一颗浪漫悸动的心，看人家朝九晚五的生活她都感到窒息，随着年龄的增长，她开始幻想有一天自己也成为一个老板。渴望成功、追求个性、不愿约束，这样的性格让张薇在一开始就选择了创业。

从 2006 年开始，张薇就试探性的接触创业。最初想利用所学的专业开发一些玩具造型，做了一个玩具网站，但当时自己的想法太多又简单，加上网站的技术力量也不够，这个网站只上线了半年。后来又想做一个大学生交流专业知识的平台，再后来又想扩展到为学生提供吃喝玩乐等综合性服务的平台，但都不被市场接受。刚起步的的挫折与打击张薇不想回忆，她就是在不断的遇到问题中解决问题。

疲惫中她放起音乐，张学友的“让奇迹飞翔”漂浮空中，这支歌是香港迪斯尼公园的主题曲。忽然她立起身子：迪斯尼风靡全球经久不衰，不就是那些漫画人物活起来动起来，还能跳到你身边吗？哇，让动画世界和现实生活一起，张薇的呼吸急促起来……

张薇的天津源创文化发展有限公司，经过长时间的研发和反复改进，形成一套完善的影音图像合成系统。该项技术衍生出“Faceshower 神奇魔法动画”，利用最新的面部表情捕捉系统以及图像无缝嵌入技术把 “使用者自己的头像照片和经典童话故事完美结合”，形成个性化动画片和动画读本。让现实的你在童话故事里轻松实现自己做主人公的同时，亲身游历动漫卡通的神奇世界。力求从多角度全方位全力打造一个温馨独特的个性动画与德育教育相融合的全新教育理念新模式。该项目还包括儿童定制动画、时尚定制动画、婚庆定制动画、定制动画多个衍生产品。

Faceshower 区别于 Photoshop 和 Flash。用 Flash 制作一个普通的 15 分钟动画片，时间要会在一周左右，成本约 3 万元左右，而运用独有的无缝嵌入技术制作技术，利用制作好的故事模板，可在 3 分钟内完成整个的制作。而 Photoshop 软件工具只能制作静态平面的图像照片，并不能形成动感画面，这也正是 Faceshower 的独到优势。

动画也能 DIY！简直太神奇了！好动、爱幻想、好模仿、喜参与都是孩子的特点。Faceshower 给现代的儿童提供了一个独特的自我展示的平台，让孩子们进入故事角色互换。得到由自己做的主人公动画片、故事书，孩子们欢天喜地，奔走相告，这正是 Faceshowe 吸引儿童的魅力所在。

最大限度满足儿童的自我展示的心理需求，同时在动画选择上精选故事经典又有益于孩子身心健康的动画片，对于儿童心理的健康发展有很大的帮助。“我打败了大巨人、我打败了老妖婆、白马王子爱上我了……”自信感、满足感油然而生，市场上还有什么比让自己的孩子自信起来更好的儿童产品了呢？这也正是 Faceshower 吸引家长的魅力所在。

浪漫张薇真正创业后遇到的困难是她根本想像不到的，每走一步都很困难，每天都会遇到困难。比如申请公司的整套手续她一窍不通，跑了很多冤枉路，花了很多冤枉时间；学动画的她，跟网站基本不搭调，但是现在她却要对互联网不断了解和学习：制作网站的过程，如何控制成本，如何和客户及上游厂商联系、如何开发市场，对员工的责任，对客户的责任，对企业的责任……

目前 Faceshower 已在全国范围内进行业务推广和销售，这种动画与现实相融合的全新模式大市场。源创文化发展有限公司注册资金 110 万，经营范围除了动漫设计业务外、还包括演出及经纪业务、广告业务、展览展示业务、教育培训及互联网业务等。目前，公司拥有软件开发和动漫制作两大分支部门。下设天津 IT 资讯网，天津泡泡网独家分站、电脑报天津版、中关村在线天津战略联盟及出国预科等成熟项目。

2009 年大学毕业的女孩，资产现在已达数百万，张薇在为他人打造神奇世界的过程中，正在建立起自己的梦想王国。

从爱吃爱玩中挖到商机

——“百折汇”大学生网络终端服务平台

洪绮繁

潘鹏说他大三之前的他爱吃爱玩就是不爱学，家里给的钱总是不够花，每当看到别的同学打折买到了同样的商品，或者哪个商家有促销而自己错过了，总是让他后悔不迭。刚巧同屋“死党”想为应聘提前置备行头，也在为不知去哪里去淘又便宜又体面的货而发愁。“要是有个能给大学生提供优惠信息的网站多好啊！”我们来做。两人一拍即合！

可是该从何着手呢？俩人找到自己在学的天津商业大学的就业指导中心，就业指导中心的老师对他们的想法给予热情肯定，指导他们在“校讯通”发布信息，寻找创业合作伙伴，这样志同道合的8个人相遇到一个屋檐下。

第一步社会调研。他们用三天时间在15所大学发放2500份问卷。有的同学愿意配合答卷，而有的追出去100米人家都不理睬。当在天津大学的路灯下填完最后几张问卷时，真是腿肚子转筋了。经过市场调研，他们锁定了较为熟悉的大学校园市场，决定迎合大学生消费兴趣和生活习惯，开办网络服务公司。天津对高校毕业生注册资本50万元以下的公司可零首付注册，开辟“绿色通道”支持自主创业。由潘鹏等8名2009年应届大学毕业生组成的“鹏远华典网络技术有限公司”成为河西区第一家大学生零首付公司。

一天去银行交费时，潘鹏看到有一种信息查询器刷卡就能打印详单，他不由联想到：如果有一种服务器直接点击就能了解打折信息，而且让用户可以随时随心地选取并打印优惠券，不更好吗！设备厂家把查询器的样品寄来后，几个人拆开琢磨一番加上自己的设想，第一台“优惠券服务机”诞生了。

想吃快餐看麦肯、想吃西餐有牛排馆、看看金逸有什么新电影啦，做头发就来找家正打折的发廊……吃、住、行、游、购、娱的优惠券都可以从“优惠券服务机”上直接打印出来，而且消费地点都在自己的学区附近。“优惠券服务机”尤其方便很多新入学的外地大学生，他们不了解天津的市场信息，这成为“优惠券服务机”最大卖点。从长远讲，掌握了现在的大学生就是掌握了未来的富裕人群，就具备了引领未来 70% 社会财富的能力。

“优惠券服务机 + 百折汇网站（www.baizh.com）”的商业模式，在用户享受优惠的同时，为商家搭建了集广告发布、拉动销售、营销方案建议与完善的新型传媒，实现了双赢。优惠券在被索取的过程中，就左右了整个都市人的消费方向。百折汇综合服务机的运作机制和盈利模式与电视媒体相同，主要以广告作为基础盈利点。

近期，百折汇校园综合服务机（优惠券服务机）更添媒体播放等新功能。服务机以电视媒体的形式，播放综艺节目、热点咨询、公益宣传、商业广告这四大类视频节目。丰富了校园文化生活的同时，更深层次的挖掘了同学们的积极性。

目前在天津已有天津大学、师范大学、商业大学、外国语学院、美术学院等 7 所高校安置了“优惠券服务机”，在天津各高校推广后，潘鹏团队的目标是要在全国百城千校进行推广。他们还希望不久的某天出现这样的场景：写字楼内的白领们，在群聚会之前，先到写字楼下的“优惠券服务机”上看看哪家有优惠，打上几张优惠券，下班后结伴出行。

在畅想兴奋之余，回想创业的过程的“花絮”，他们哑然失笑：第一次联系商家，看着大厦电梯的数字往上蹦，自己的腿肚子就突突直跳，恨不能从电梯跳出去；第一次联系学校负责人，潘鹏在人家办公室的楼道里蹲了四天，看完了三本书；第一次联系商场，潘鹏拦住一个“大壳帽”就介绍项目，他口吐白沫说了十多分钟后人家说自己就是个是看车的，让他找办公室里的“大壳帽”……没人脉自己闯，没资金想法筹，没经验就学习；有时间就想，找机会就上。

想想自己大四刚把会计科目勉强及格，现在负责公司财务工作，自称“不学无术”的潘鹏现在不也是扬鞭自奋蹄了，因为还有很多理想等待实践和实现。

从走世界，拍世界到“捞世界”

王谷元

我喜欢旅行和摄影，无论在下乡云南，还是上大学的暑期寒假，我都会利用各种机会，选择不同线路，周游“列国”。在银行工作10年后，我毅然放弃了这份“金饭碗”，跳槽到一家证券报纸，做起财经记者。我在完成基本工作量的情况下，努力拓展自己的时间和空间，做自己喜欢做的事，去看世界，拍世界。

在过去十年里，我行走20多个国家及地区：

2001年7~8月横跨整个加拿大，历时28天，行程1.1万多公里；

2003年川青藏滇大环线，历时40天，行程1.5万公里；

2004年9月至05年3月行走南亚九国146天；

2007年7~10月大东北边界及朝俄蒙三国，历时117天，5万多公里；

2008年2~3月印尼，东帝汶密境穿越30天，1.2万公里；

2009年2~3月“我在南中国海画了一个圈——东南亚国纪行”35天1万公里；

2010年1~3月澳洲，新西兰和韩国62天3万公里等。

我想，旅行与摄影将会改变人生观和世界观。旅行不同于一般的旅游，而是去探索一个陌生的境域，阅读一本未知的人文教科书，用第三只眼睛看世界。作为记者，有义务通过图文把她记录下来，传播出去。出于财经记者的职业敏感，在行走各国的时候，我会特别关注该国的经济和金融。在南亚我注意阅读当地的财经报刊和经济数据，还走访了卡拉奇，孟买和尼泊尔等几家股票交易所。在加德满都的证交所，我拍到目前世界上仅有的手语报价的股市交易照片，引起驻当地新华社记者的极大兴趣，因为他们事前还没有发现这条很有趣的新闻。

我的旅行图文在北京，广州，香港多家媒体发表，去年纽约《世界周刊》开始向我约稿。如北京《环球时报》有个异国风情版，不定期刊发我配有背景说明的海外照片，我还应邀在北京电视台做了“遭遇海啸”的访谈节目。此外，我与国内几家专业图片库签约，把我的环球旅行的照片通过网上销售。我在思考，如何将我的旅行摄影的副产品变成既有社会效益，又有市场价值的商品。从走世界，拍世界到“捞世界”。

通过学习掌握摄影技术，也是大学生创业就业的一个较好的选项和出路。

但是，摄影是入门容易，提高难的一门集灵感，勤奋与境界为一体的视觉艺术；但同时也是实用性强，市场需求大的一种行业。

有意在这个领域或行业发展的大学生，可以选择分三阶段：

第一阶段，摄影发烧友选购一台 3000 元左右的变焦数码（卡片机）边学习边实践，并且学做电脑图片处理；平时要多读图片，多看报刊书籍或网络上的经典照片，以及学习如何写图片文字说明，了解拍摄的背景资料，从整体上如何把握拍摄制作一张照片的全过程。

平时观察、关注你周围的人事物，从中发掘出一些有价值的东西，通过图文把它表达出来；参与网上摄影大赛活动，寻求更多的交流机会，而不仅仅是为了获奖赚钱；在自己积累了一定基础和图片数量的情况下，不妨尝试设计建立自己的图片网页等，这样，也是为自己在这领域的发展拓宽更大的空间。

本阶段赚钱渠道：透过参加摄影大赛，获奖的奖金（少则 100 元，多则八千一万），与图片库网站签约，出售照片（平均每张 50~100 元，与网站五五分成），选择性投稿给报刊杂志（每张照片约 100~200 元）。

第二阶段，专业摄影人在有一定积累后，可以买一台 5000 元左右普通单反数码相机。

除参与上述投稿活动外，可以尝试给亲朋好友的红白喜事，或一些公司的商业活动，充当业余摄影师。一般摄影师的“出场费”800~1000 元左右。

第三阶段，摄影工作室在照相器材上再提高更新一个档次，购买 8000~10000 元的佳能或尼康的品牌单反数码相机、在器材装备和拍摄技术较成熟的基础上，建立自己的摄影工作室。可以给广告公司合作，拍摄商业广告（整套收入约 1~2 万）。

【摄影职业走向】

摄影方向	技能水平	器材及价位	职业职位	价位
新闻摄影	新闻记者型	松下 4000 元上下	自由投稿人	120 元／张
人物摄影	职业技师型	东芝 5000 元上下	喜庆摄影师	500 元／张
叙事摄影	电影导演型	索尼 3500 元上下	摄影加导游	300 元／张
纪实摄影	专业技师型	尼康 8000 元上下	专业卖照片	180 元／张

【点评】

有人曾夸张地说：如果人能从事自己感兴趣的工作，那么，人生就是天堂。在他走世界、拍世界到捞世界，他一步步走向自己营造的天堂。如果暂时不能按自己的兴趣去选择职业，就需要做有心人，在现实工作中不断充实自己，积累经验，当机会降临的时候才不会错过。

美食手册，何乐不为

曹　哲

《美食手册》是一种集酒店、餐馆、啡厅、茶社等各种食府的介绍、美食推荐和打折、优惠、代金券为一体的手册。

《美食手册》的经典之作是《上海美食手册》，《上海美食手册》诞生在2005年，专门瞄准外地到上海的大额就餐者而度身定造，手册以定价260元面世，出版者以60元卖与各大餐馆，在策划人的运作下奇迹般地畅销，商家们欣喜若狂，各个食府还专门聘请“手册小姐”来推荐本书，因手册销量很大，“手册小姐”们又有提成，自然乐此不倦；食客们也纷纷认可，纷纷购买，在手册的指引下进入上海美食链。

《美食手册》因运作简单，低投入高产出，是大学生第一桶金的首选。大学生可以独立运作任何一个城市的《美食手册》，如天津的大学生在天津学习生活多年，可以运作一本《天津美食手册》。下面介绍一下《天津美食手册》的运作。

【工作流程】

采集：组织五名旅游、广告、营销相关专业的大学生，面向500家酒店、餐馆、啡厅、茶社征集出版图文资料，确定100家入选；

编辑：将征集的出版图文资料精心编辑成《天津美食手册》，免费刊印，公开出版，以示公正。为每家认刊单位设计一张代金券，刊登在每家认刊单位的宣传页上；手册精心编排、为发行和销售做好铺垫；

认购：每家认刊单位需要有300本以上的认购数量，每本定价为180元，认购价为60元；300本以上每增加100本赠送10本；

售卖：《天津美食手册》选定星级酒店客房存放，由入住旅客自愿购买；同时在餐馆、啡厅、茶社结帐时向顾客劝售；

消费：旅客或顾客购买《天津美食手册》者在手册认刊的100

家餐馆、365 天内凭代金券与现金共同结算，以达到优惠的目的；

【运作模式】

周期：本手册从开始采集之日起，30 天完成采集；20 天完成编辑、设计，10 天完成编辑设计，之后付印，10 天印刷完成即可出版；

规模：本手册首版根据认刊总量约 3 万册印制出版；随即开展第二版的分类征集，将酒店、餐馆、啡厅、茶社分别出版成俱乐部单本，每本 2~3 万册不等；

投入：首版首册只需投入人力和办公经费，主要投入是采集、编辑、设计；办公、资讯、通讯；交通、餐饮、公关诸项费用；若能投入 5 万元或 7 万元，效益能增加 30% 至 50%。

产出：首版 3 万册单价 60 元，出版总产出 180 万元可获利 90 万元；若投 5 万元获利增加 30%；投入 7 万元获利增加 50%；

显而易见，《天津美食手册》只需要投入人力、整合资源即可，在少量资金的支撑下就可以一本万利。不用找工作，不用跑招聘会，自己用自己的创意创造一份收入颇丰的工作，打下一片江山。这就是创意创业，这种创业何乐不为？

【点评】

在期刊杂志满天飞的今天，营销策略成为这种纸媒体生存的瓶颈。突破向商家收取广告费的传统模式，让商家成为销售商，终端客户不仅仅是获得资讯，更重要的是获得实惠。这样突破传统的营销理念，让各环节的参与者都能眼前一亮，进而成为忠实的一员，业绩自然不用愁啦！

用工作室创造《狼图腾》奇迹

刘丽静

【编者按】

2004年4月，一部以狼为叙事主体的小说《狼图腾》横空出世，并位居畅销书排行榜前列，连续一年多高居国内畅销书排行榜前三名、国内原创小说榜第一名，销量已超过百万册。英国老牌出版社企鹅出版社以10万美元预付款、10%的版税买下长江文艺出版社《狼图腾》的英文版权，并在2007年全球英语国家同步发行。《狼图腾》版权输出，不仅创下了中国版权输出的版税收入纪录，也是我国图书首次被一次性买断全球英文版权。创造这些成绩的人是安波舜，在图书市场同质化异常严重的背景下，善于发现市场的空白点，寻找无竞争的空间，并勇于实践自己的想法，从而开创了狼文化狂潮。

每一个成功的到来，都有一个不成功的开始。2004年春天，长江文艺出版社里有一本新书要上市了，这本书叫《狼图腾》。在此之前，所有人都不看好《狼图腾》，惟独安波舜情有独钟，但是没想到书一出来，不但没有引起他想象中的轰动，反而书商都找上门来要退货。

安波舜看完姜戎的《狼图腾》以后立刻找到了他的搭档，金丽红和黎波。在长江文艺出版社北京图书中心，金丽红负责把关书的内容，在判断畅销书上从来没有走过眼；黎波是长江文艺出版社北京图书中心副社长，负责市场，金丽红和黎波做过很多轰动一时的畅销书，比如陆幼青的《死亡日记》、崔永元的《不过如此》都是他们做的。三个人来到长江文艺后，被称为出版界的“金三角”。安波舜满怀激情地把书稿拿给金丽红和黎波看，没想到两人却说这本书不尽人意。

虽然在《狼图腾》这件事上有不同看法。但是，已经定了的事儿，他们就会以职业人的状态，百分百地投入。金丽红开始给媒体的朋友一个个打电话，希望能在报纸上做连载进行市场预热，却被各种理由婉言谢绝，最后托关系才有一家报纸作了连载。人家都不愿意做连载，又一次说明市场反应平平，眼看新书就要上市了，这时候金丽红又想到了一招：签名售书。没想到，姜戎却说我不去，非但是这样，还提出了一个约法三章，“不接受记者采访；不参加发行中的宣传活动；不配合签名售书”。“金三角”紧急召集出版社全体人员开了一次会议，商量之后，决定先打出一张名人牌，让名人来为《狼图腾》进行宣传造势。比如说把这书拿给张瑞敏、腾格尔、周涛、孟繁华、白岩松、赵忠祥、潘石屹看，找这些人目的也很清楚，因为这些人都跟狼多少沾点边。

下了如此大的功夫，但是出版社还是非常谨慎，首印只印了两万本，按说这两万本对他们出版社来说已经非常保守了，可还是出现了代理商上门退货的情况。面对这种局面，黎波下了死命令：谁也不许退货，如果谁强行退货，取消代理商资格。因为金三角的畅销书的品牌效应极佳，代理商都尝到了甜头，他们不会因为一本书而断了财路，所以取消代理资格这个杀手锏一出手就立马奏效。虽然是没人敢提退货了，市场上书卖不动还是得再想办法，黎波和金丽红发动了渠道内外所有的资源，加大宣传力度，接着又组织名家写书评，联系报纸和网络进行连载，安波舜及时把各种反馈消息整理后再发给媒体，金丽红和黎波还分头把书赠送给军队、政府机关等能够影响舆论的社会各界人士，《狼图腾》开始在社会上口口相传。

这么一折腾，也说不清楚是踩准了市场的哪根弦儿，两个月过去后，市场变得柳暗花明了，《狼图腾》火了！开始以每周 3 万的数量开机加印，书商们从原来纷纷退货变成都在抢《狼图腾》，《狼图腾》甚至成为人们之间相互送的礼品。很快，《狼图腾》就登上了各大书店排行榜的第一名。

之后安波舜又把介绍《狼图腾》在中国畅销的情况信发给了英国、意大利、法国、西班牙等许多国家的媒体。以他的经验，一旦在西方媒体上发出了消息，那些大鱼们就会上钩。很快，发行了《哈里波特》的企鹅出版社的总编辑和亚洲总裁趁着来中国开会，就约了安波舜和姜戎要亲自面谈。面谈不到一个小时，企鹅出版社就和姜戎签订了全球英文版全总代理的协议，并且当场就付了 10 万美金。

安波舜的成功运作告诉我们：任何创意没有丰富的内容等于废

纸一堆。狼图腾作为我们的精神图腾，不仅仅是野性力量的复苏，也不仅仅简单的用狼性与羊性来归纳中华民族或西方民族的性格，将“狼性”理解成对强力生命意志的解释才是真正值得我们张扬的，这是《狼图腾》得以畅销的根本原因。

【创意】

书籍是精神的粮食。《狼图腾》的大作家、大出版社、大策划家是刚刚毕业的大学生无法企及的，但是只要留心，就能在图书市场中分一杯羹。中国图书市场至今还有很多空白，接力出版社就是找到了儿童读物的市场空白一跃成为亚洲最大的出版集团；郭敬明还是学生的时候创造了“忧伤风潮”从而占领青少年市场一夜登上福布斯排行榜。只要能发现空白，填补空白，下一个赢家自然是你。

【创业】

出版并不如你想象的那么难，只要你的图书是市场所需，有创意，有见地，可能有人读。你就可以将书稿交给出版社，其余的事情都由出版社买单，而作者就可以等在家里吃版税。面对自由撰稿人这一职业，几个中文系学生联合起来组成一个图书策划工作室，寻找市场空白并编撰迎合市场的图书，通过出版社出版，还可以参与出版发行的部分工作，如此一来，版税解决了生存问题，所做的工作也为日后“良禽择木”打下了坚实的基础。

不要认为《狼图腾》是一个不可超越的神话，只要有好的选题，组建一个工作室踏踏实实的做，用工作室创造《狼图腾》触手可及。

【创收】

国内版税一般在6%~12%，如果图书畅销，版税是一笔丰厚的收入；如果不畅销也可以维持生计。

参与发行售卖工作，也可以从中获得提成。

图书策划工作室还可以承接业务，如做策划，做写手。

【点评】

《狼图腾》的成功来自于敏锐的眼光和成熟的市场运作。自然，市场运作并不是大学生们的强项，而是否能敏锐地观察到市场的空白点，则是走向成功的第一步。社会在快速地发展，人们的精神空虚也随之而来，而书籍作为精神食粮是人们不可缺少的生活组成部分，如果你能抓住这个商机，填补这个空白，下一个赢家自然就是你！

慈善超市有何可为

高　娟

我国的慈善超市最早出现于上海，随后广州、沈阳、温州等地也都陆续开办起来。其主要救助对象包括社会困难群众，包括城乡低保户、高于低保标准的边缘户和因突发事件造成生活困难的其他居民。

历数中国的慈善超市，广州最为凸出。广州的慈善超市是一种建立在社区的小型超市，超市里的物品有三种价格，一种是低于市价的慈善价，一种是市场价，一种是高于市价的爱心价，顾客在够买商品的时，凡是家庭经济困难、外来民工、残疾人、烈军属等均可以享受慈善价。其他顾客在购买物品时可自由选择市场价或是爱心价付款，商店不做任何限制。令人惊奇的是慈善超市不仅没有亏损，还盈利颇丰，慈善超市把超过正常利润的部分用于资助慈善机构、扩建超市规模和营业员分成。

广州市海珠区有一家以超市的市场化模式运作的慈善超市。与之前广州已有的 9 家慈善超市不同，海珠区慈善超市既向困难人士开放，也做普通市民的生意，把正常超市运作模式中产生的利润补贴到困难人士的慈善用途上。

慈善超市不以赢利为目的，主要靠社会各界热心人士的捐款捐物，以超市的形式向社会展示，为社会困难家庭提供无偿的实物资助。对于捐赠物品中的非生活必需类物品，则按市场价格向普通市民售出，用以补贴慈善用途的支出。

广州海珠区低保户居广州各区之首。为了确保慈善超市的长期运作，除了政府将投入一定数量的资金、尝试市场化运作积累资金外，还迫切需要社会各界的捐助。

热心的社会工作者与工商企业家联手在城市商店办慈善，其古道热肠与聪颖智慧结合下的慈善超市把慈善工作日常化、简便化，充分体现了社会的互济与民间的亲情。

【创意】

慈善超市是大学生创意创业尚未开垦的处女地。无论是红十字会或者各种慈善基金都需要经营运作，而“慈善超市”是一个有待挖掘、极具潜力的市场。

【创业】

慈善超市对于中国人来说是一个新生事物，也是一种创意，如何再从慈善超市中发掘一个创意创业的金点子？你可以到超市去当员工，直接和经理开门见山地谈：你们超市历年月的平均营业额是多？我到贵处上班，不拿工资、不拿补贴。通过我的努力会使贵超市当月的营业额高于历年当月的平均营业额。我只拿高出部分的10%。

【创收】

到岗后作为超市的大堂经理，只是引导前来购物的顾客按照高于市场价的价格付款，再利用闲暇时间到附近社区为慈善超市做宣传，倡导大家到慈善超市购物。也可以兼职做理货员，收款员。这样一个月下来，最少能帮超市增加2~5万元的营业额，再加上兼职的收入，绝对能够抵得上一般的白领。“慈善”是一个永恒的主题。在慈善的范围内，除了超市，还有什么能引出你的创造欲望，激发你的想象力？至于有何可为，期待你付诸行动。

【点评】

很少有人关注到“慈善超市”，听起来也好像是靠资助的慈善机构，实则不然，机构本身需要良性循环，才能更好地帮助到更多的人，更好地完成社会赋予的使命。现在的问题是，你是否观察到了这样一些机构的核心理念？如果你发现了，立刻行动，找出契合点，创意性地实现自己的创业梦想。

天津买房与租房

孙　泓

在如今房子问题成为焦点问题的大背景下，前一段时间关于年轻人该不该买房，该买得起或买不起房引起了人们很大的争议。年轻群体，尤其是80后的大学生首次卷入了这一议论的热点之中："2万元积蓄起步，大学生炒房赚500万元"、"勤工俭学已经OUT，大学生疯狂加入炒房团"等新闻映入我们的眼帘，更有甚者"没房不结婚"……这似乎告诉人们大学生买房成了时尚、成了追逐的潮流。那么，面对不断飙升的房价，大学生群体在毕业的时候是买房还是租房？大学生毕业初入职场，是人生走向独立的第一步，经济能力不强、工作稳定性较差，选择租房尤其是合租也并无不妥之处，尤其对于那些有自己创业理想的大学生们而言，其意义重大，下面我们不妨来算一笔买房、租房的对比帐。

情况1：买房。首先假设有一面积为60平米的商品房，以目前天津商品房均价8000元/平方米计，总价值为48万。此时，你手上有16万的现金，且每个月的收入是3000元，直接购买该套商品房的话，首付以30%计算，需要直接支出16万，其余需要的贷款金额为32万，按照现有基准月利率4.95‰算，贷款期限为15年，每月支付2689月，15年累计支付利息达到164296元，此外，还有其它的物业费、契税等。因此，合计起来，买下该商品房共需要现有资金16万，每月的2689元投入（每个月剩余的余款仅有321元），及其利息16.4万，也就是说，15年后你总共花了64.4万才拥有这套房子，这其中还不考虑购房中涉及的它其费用以及目前国内建筑寿命短的问题。

情况2：租房。在不考虑投资的前提下，如果用同样的资金来租同一套60平米的房子的话，以天津目前的租房价格，大致1000元/月（其实还可以找自己的创业伙伴一同合租，每人只需500元/

月），那么除了租房外，还有 2000 元的余款，以及手上的可支配资金 16 万，若将 16 万做定期存款（每年一年定期存款），存款利率 2.25%，15 年的利润为 62339 元。但是对于有创业理想的大学生而言，因手头上拥有随时可以动用的资金，一旦看准项目就有了资金的保证，推进项目的实施。

买房 PK 租房：以实际花费的资金计算，同样是 64.4 万，租房者每个月的实际支出为 1000 元，15 年后的房租总额为 18 万元，而此时增加的利润却有 6.2 万元。那么，租房者在 15 年后的资产为 64.4 万 -18 万 +6.2 万 =52.6 万。从计算的结果，我们可以清晰的看到，买房与租房的区别在于：在同样的投入资金条件下，买房者 15 年后买房者拥有了一套 60 平米的商品房，而租房者则拥有可以随时流动的资金 52.6 万元。在此情况下，我们需要考虑资产的增值情况，对有创业意愿的年轻人而言，将会选择投资创业使资金增值，相反，拥有房产的买房者，在房产景气的今天，还需要面临房价的进一步增高才会使得资产的进一步升值，也就是说，只有每平方米的房价由 8000 元上涨到 8767 元，买房者与租房者才打了个“平手”；如果涨幅持平，则买房者不划算；如果房价下跌，买房者将会有亏损风险。

天津大学生入住指南

王欣鑫

除了找工作，毕业生要解决的头等大事就是把住房先稳定下来。由于高校毕业生涉世不深，在租房过程中难免会出现利益受损现象，况且大学生本来就资金短缺，如何在有限的经济承受范围内租到适合自己的房屋，就显得尤为重要。

在租房子之前，分析一下自己的需求情况。是位置最重要还是价格最重要，如果找不到满意自己的房子，可以考虑交通便利但位置相对较远的房子。此外，还要多了解一下当地的地理位置和租赁市场情况。如大致的租房价格，出租的热点位置在哪里，自己想要租房的位置的周围环境如何，方圆一带的价位如何，有哪些公共交通设施。

在自己比较陌生的环境里找房子，最好通过中介机构。因为中介机构可以提供非常完备的租赁合同，有利于保护您的合法权益，但是在选择中介公司的时候，也请您事先了解一下中介公司的可靠度和信誉度，在多方收集了中介公司相关信息的情况下，选择一家或两家可靠的，在自己亲自接触后，再决定是否可以委托。

（一）租房的形式首选合租：房租对于刚毕业的大学生来说是一笔不小的开销，而且不像其它韵支出费用可以视具体情况做出调整和更改，租金的支付是每月或每季度必须的支出，所以一定要考虑个人每月收入的“量人为出”。一般来说，每月租金的支出额度不应超过月收入的 1/3。否则就会影响到正常生活的水平。据最新统计资料显示，近段时间到各门店登记租赁房屋的大学生中有 70% 以上选择合租，且以三居室、4 个人一起居住为多，占到人数的一半以上。以翠微路附近的一套三居室为例，4 个大学毕业生以每月 1800 元的价格签订租赁协议，再加上每月的水电煤气等费用，每月应负担费用总额约为 2000 元，那么均推到每个人身上的费用约为 500 元。

（二）交通便利是首选条件：市中心寸土寸金，房屋租赁价格对于刚涉足职场的大学毕业生来说简直是天价，但如果选择偏远地区，交通不便又增加了生活成本。因此，建议毕业生可考虑在地铁沿线租房，因为在地铁各个方向的端点处房屋租赁价格偏低。由于每个人工作地点不同，毕业生完全可以采取靠近地铁、城铁等各个端点区域的租房策略。

（三）租房细节注意事项：

首先，应该对房屋进行实地勘察，包括户型、采光、是否安静、周边交通状况、周边配套设施情况，最重要一点是看水电、马桶等日常设施是否良好，必须把所有的家电都试用一遍以检查插头是否漏电，煤气是否泄漏等。刚刚毕业的学生可要多多请教前辈，仔细查看房子后再决定租与不租，千万不要马马虎虎就定下，结果住进来后便感觉很不舒服。

其次，在签租赁合同时，一定要把权利义务分清，以免产生不必要的纠纷。主要的项目有：房租、水电费、煤气费、电话费、有线电视费等如何缴纳，每个月什么时候缴纳房租，房屋设施如果非人为损坏该由谁负责维修，如果房东提前终止合同该如何赔偿等。再有就是签订合同的时候要标明房屋内设备的数量、成新度等情况，越具体越好。

最后，是合同，现在租房子合同一般都是一年一签，也就是说一次租房租期要一年的时间，而押金、付款方式都是可以与房东商谈的。

天津大学生成家立业

何成寿

大学生在步入了人生的黄金时代后，随之而来的便是必须面临的两件大事：成家与立业，在今天这个纷繁复杂的社会大背景下，先成家还是先立业？还是两者兼之？或是顺其自然？可谓仁者见仁，智者见智。

成家派：有了稳定的大后方，有助于事业的进步

在通往成功的路上，有些人或因情感纠葛而提早结束自己喜爱的事业、或因孤独而停止事业奋斗的脚步、或因父母的催促唠叨而影响自己的事业。先成家后立业，能减少在事业奋斗上的不必要障碍，肩负起照顾爱人及孩子的责任，才能更有动力、全身心的投入到追求自己事业的成功。

立业派：物质是基础

也许很多创业的年轻人认为：在成家前，无需顾虑太多也没有情感的困扰，有更多的经历参与到创业中去，即使是失败还可以从头再来。可要是一旦成家在前，那么摆在眼前的家庭问题使其顾虑重重，逐渐放弃创业的理想而以家庭为重。再有，如今社会现实下，更多的成家观念变得复杂：家庭或者爱情不再是单纯的情感问题，同时也是经济问题，在经济基础之上建立起来的爱情才是坚固的。

“奇火锅”：成家立业的神话

“现在我们都一样，都是没有工作的人了”这句话总是令人感动！“赢在中国”第三赛季全国冠军谢莉在 1997 年 5 月，当对丈夫余勇说出这句话时，语气平和，目光宁静。那一天，她刚从单位辞职。那一天，她不动声色的外表下掩盖着对未来看不穿的迷茫。

那天之前，谢莉是重庆市第三人民医院的一名护士，月工资一千多元，在那个年代，这还是一个让很多人羡慕的数字；那天之前，却正是余勇人生的低谷，由于生意失败，他不仅赔进了所有积蓄，还欠了十多万元的债，深深陷入了自卑的情绪当中。爱情对于女人究竟有怎样的魔力？谢莉做出了在现在看来太过冲动的决定：辞职陪丈夫一起创业！当时，谢莉手中只有 3000 元资金。没有任何技术和经验的她最终决定开一家小餐馆。夏天最热的三个月，谢莉顶着烈日走过一条又一条起伏的街，四处寻找着合适的店面。那些日子，她不敢想过去，也不敢想将来。忙碌冲淡了一切思绪。直到有一天，在路上遇到了一个以前的同事，同事向她讲起，头发花白的科室主任，在开会时流着泪怀念起她，怀念起曾经一起走过的日子。八月最灼热的阳光里，所有的辛酸就这样被触动，谢莉眼中有隐隐的泪，却最终没有落下来。三个月后，谢莉终于从一份报纸上找到了一个看起来很合适的店面。这个位于大坪的小店，原是一家只有 7 张桌子饭店，800 元的转让费，每月 1300 元的房租，惟一的问题是，房租需要按季度交付。 找店主商谈，谢莉了解到那家店铺原是附近一所学校的房子。24 岁的她扮成学生模样，直接找到学校，诉说学生创业的困难和艰辛。学校的老师被她打动了，终于同意谢莉每月付一次房租。 1997 年底，一家小得不能再小的火锅店终于开业了。看着只有 7 张桌子的小店，谢莉用“7”的谐音给小店取名为“奇火锅”。（引自谢莉博客）

时代总是进步着，但我们却永远找不到成家与立业孰先孰后的答案，唯有的是我们自己内心不竭进取动力。

天津生活一本账

李明剑

对于即将毕业的大学生或是经济能力一般的外地人，若是选择天津作为就业创业的地方，那么理清天津的一本帐，将成为您安家置业的好帮手。

（一）住在天津：跟朋友合租房子是最理想的选择。一般的房屋结构主要有三种：独单、偏单、三室一厅。按照三种房屋的价格算，如果你想一个人住一间，至少也得 550 元，付房租一般是付三押一，即交三个月房租和一个月的押金，也就是入住的时候至少得交 2200 元。对一个刚出来奋斗的人来说，每月的房租 300~500 较为适宜，太贵也让人承受不了，郊区的房子价格比城区便宜很多，但要算上交通费用就不一定划得来了。

（二）天津交通：天津是全国有名的自行车之都，在天津，自行车是最便宜、最方便的交通工具，由于市区不是很大，基本上只要一辆自行车就满足出行需求了。天津的公车比较贵，一般是 1~3 元 / 次，每天来回花掉 3 元钱，一个月就得差不多 90 元了。而天津地铁目前只开通了一条线，所以能够享受天津地铁上下班的人很少。天津地铁按里程计费，一般单程花费是 2~3 元，所以一天来回就得五元左右了。

（三）吃在天津：在北京和上海待过的人来到天津都会偷笑，为什么呢，在天津吃饭真的比北京上海便宜太多了。如果住在天津的大学附近，就可以每天到学校食堂买饭吃，一般 3~5 元就可以吃一顿，而相同的饭菜在北京就得 8~10 元了。所以每到节假日，总有人从北京拼车来天津吃大餐。早餐可以是一杯牛奶、两片面包和一个炒鸡蛋，加起来也不过 3 块钱，营养可谓很丰富了。要是赶时间或自己比较懒，出去买个豆浆油条或大饼鸡蛋什么的，价格也不过 2~3 元。工作餐一般是 5~8 元，如果附近有学校，在学校买一般会便宜一点，3~5元。总之，节省一点的话，5元钱应该是差不多的。晚餐可以自己做，也可以在外面吃，不过自己做过饭的人都知道，自己做饭的显性成本是比吃馆子要低很多的。但算上时间、水电煤气等隐性成本，可能就不太值了。所以晚餐一般都要4~5元才能解决下来的。如果一个周出去奢侈一次，和朋友聚会吃点好的，一顿饭也得花去三十元左右，所以算起来每月光花在吃的方面就得500元左右。

（四）在天津穿什么：天津整体物价水平偏低，服装的价格也很有吸引力，估计平均比北京低30%~40%，因此有在天津买服装应是一项超值的选择。如果想买高档衣服可以去伊势丹、友谊新天地，想买点便宜衣服也可以去大胡同和麦购。根据寒暑季节的变化，即使很节省的朋友，四季各买一套衣服，按便宜的价格算，一年下来至少也得1000元，分摊到每一个月，每月就是100元的衣服消费。

算完了基本的衣食住行，还有些每年必须消费的，比如一年出去旅游两次，花销超过500元，生病一次200元（根据天津的天气情况，很少有人一年不生一次病的），以及其他意外开销，摊下来每月又得100元。

综合计算一下，每月房租400元，交通费100元，餐饮费500元，衣服花费100元，其他100元，也就是说，在天津每月1200元能够满足一个人基本的开销。

天津大学生创意创业如何贷款

任志静

天津渤海女子小额贷款股份有限公司是全国妇联系统第一家小额贷款公司，公司前身为联合国 UNDP（联合国开发计划署）援助的小额贷款项目，十年的成功运作，得到了国内外微型金融领域业内人士的高度认可与赞誉。公司为支持大学生创意创业，进一步拓宽大学生融资渠道，特推出如下小额贷款品种。

个人小额贷款品种

A

贷款品种：大学生创业贷款；

贷款额度：第一年：6000 元，每年递增 3000 元，最高不超过 2 万元；

贷款条件：年龄在 20~30 岁之间，身体健康且有生产经营能力、项目和经营场地者；

还款方式：整贷零还：一年分 12 次偿还；

担保方式：小组联保及存折保证。

B

贷款品种：大学生发展贷款；

贷款额度：额度：2~3 万元，期限一年；

贷款条件：已贷款一年以上且信誉良好，月经营收入能满足还款 1800~2800 元；

还款方式：整贷零还：一年分 12 次偿还；

担保方式：存折保证。

C

贷款品种：大学生促进贷款；

贷款额度：为 5~10 万元，期限二年；

贷款条件：有营业执照且经营良好，月经营收入能满足还款 2500~5000 元；

还款方式：整贷零还：一年分 12 次或两年 24 次偿还；

担保方式：存折保证。

D

贷款品种：继续教育贷款；

贷款额度：8000 元 ~1 万元；

贷款条件：国家计划招生范围内专、本科和中专、中技及高职、高专在学学生；

还款方式：整贷零还：一年 12 次；

担保方式：存折保证。

个人贷款担保方式及所需提供的证件

小组联保：由 4~7 人在互相信任的基础上自愿组合，成员相互联保，并承担连带责任；

个人信用担保：是由工作稳定的第三人（即机关、事业单位的工作人员）为借款人所提供的一种信用担保；

保证贷款：借款人可用下岗后单位发放的生活费、第三人的工资或退休金作为还款保证；

借款人提供：身份证、户口本、房本、居委会出具的居住证明、下岗证或失业证、经营场地证明、配偶的身份证和户口本、如第一次申请贷款要提供结婚证、借款人近期 1 寸免冠彩照、方形人名章；

继续教育贷款另需提供：学校出具的在学证明或高考学生的成绩单、录取通知书、身份证、户口本。

小额贷款业务问答

1. 什么是个人小额贷款，额度是多少？

答：个人贷款是我公司根据有完全民事行为能力的自然人的信用状况，在其提供我公司认可的小组联保、信用担保和存折保证的担保时，向其发放用于从事生产经营过程中正常资金需求的人民币贷款。额度在 6000 元至 10 万元之间。

2. 在哪里可以申请到贵公司的小额贷款？

答：一是在公司直接申请。公司坐落在天津市河东区十经路 9 号，联系电话：24219238。

3. 贵公司的贷款利率按什么标准执行？

答：个人小额贷款利率一年期的为 10.458%，二年期的为 10.584%（设施农业贷款除外），同时收取一定的管理费，一年期为贷款额度的 15‰，二年期为贷款额度 25‰。小企业贷款按照中国人民银行贷款基准利率的 2~4 倍执行。

4. 贷款期限是如何规定的？

答：根据贷款品种的不同，个人小额贷款最短为 2 个月，最长为 24 个月。小企业小额贷款一般为 12 个月。

5. 还款方式是如何规定的？

答：一种是等额本息按月还款，另一种是整贷整还，利随本清。

6. 从申请到获得贷款需要多长时间？

答：对于符合申贷条件的客户，我们秉承快捷灵活的原则，审贷时间约一周，一般月底发放贷款。

百万格的由来

李贵夫

百万格，顾名思义，就是一百行乘以一百列，得到一万个格子，百万格最早是美国的一个刚刚毕业的大学生的创意，他用自己的创意将一万个格子分售给千万家公司，每家公司按照分类占据一些格子，格子中是公司的简介、广告、经营项目和联系方式，之后将百万格精美制作、印刷大开页的纸张，发行售卖。

因百万格既是企业宣传的良好媒介又是商业中按图索骥的联系导航，所以印数巨大，发行颇广，在当时引起了极大的轰动。随后该大学生作为百万格老总又分门别类的出版了各个行业版本的百万格，还有美国各州、各城市版本的百万格。

创意创业百万格

大　林

创意创业百万格是为促进大学生创意创业而设计的，大学生可以按照自身条件在百万格中作比较，找出路。一边思考，一边按图索骥，认清自己，扬其长，避其短。

创意创业百万格纵向坐标为自身条件，横向坐标为适合自己职业、岗位、创意创业方向。通过纵向坐标与横向坐标综合考虑，自己通过思考、参考、考证之后找到适合自己的创意创业的方向。

纵向坐标自身条件分为学科类型、生长地域、家庭出身、自身特征、社会阅历、性格脾气、气质倾向、工作能力、个人专长、个人爱好、文化素养、理想生活十类，形成一百个条件，这一百个条件概括了刚刚走出校门的大学生所应该参考的一切自身条件。

横向坐标将职业分为创意思维、艺术创作、咨询管理、语文写作、策划顾问、产业文化、文化产业、公关拓展、私人服务、俱乐部业、社区服务、公益事业、自由职业十类，形成一百个条件，这一百个条件囊括了笔者所能举荐的所有创意创业职业。

创意创业天马行空，不拘一格；信马由缰，无拘无束，具体的工结果宽泛得难以言表，但为了更清晰的表述，谨以私人服务为例供大家举一反三。

私人医生的工作主要包括健康指导、定期体检、讲解报告、心理医疗、营养搭配、保健咨询、导医会诊等门类；

私人教练的工作主要包括增肌、减肥、康体、塑形、游泳、骑马、驾车、健美、网球、瑜珈 、赛车、游艇、高尔夫等；

私人律师的工作主要包括各类合同诉讼、代理个人财产、名誉侵权、事故纠纷、各种理赔、婚姻家庭、知识产权等；

私人秘书的工作主要包括秘书、翻译、司机、商务随从、出行随从、会展随从等；

私人管家的工作主要包括物品保管、家政开支、维护管理、生活起居、出行安排等；

私人形象师的工作主要包括美容、美发服饰风格、色彩咨询、形象设计、签名设计等；

私人理财师的工作主要包括财务分析、理财规划、银行储蓄、证券投资、保险保障、贷款计划、税务安排等。

具体撞击组合请参照以下《个人素质百项表》与《职业走向百项表》。

个人素质百万表

韩玉明

学科类型	生长地域	家庭出身	自身特征	社会阅历	性格脾气	气质倾向	工作能力	个人专长	个人爱好	文化素养	理想生活
哲学	首都	知识分子	身高	为人	温柔	活泼	独立果断	美术	摄影	人生观	自由自在
经济学	直辖市	干部	相貌	处事	开朗	执着	表达能力	电脑	烹饪	价值观	朝九晚五
法学	特别行政区	军人	年龄	交际	固执	热情	沟通能力	运动	阅读	生活观	安稳舒适
教育学	海外	工人	体形	工作	善变	稳重	井然有序	写作	旅游	阅读量	香车宝马
历史学	省会城市	农牧渔民	健康	事业	灵活	干练	逻辑思维	音乐	琴棋	知识面	平平淡淡
文学	经济城市	教职员工	睡眠	思想	勇敢	智慧	领悟能力	交际	书画	道德水准	指点江山
理工学	地级市	职工	生活习惯	机遇	怯懦	优雅	吃苦耐劳	设计	运动	工作态度	德高望重
农学	城乡结合	官员	时间安排	挑战	易怒	知性	组织能力	创意	写作	职业培训	闲散无拘
医学	乡镇	华人、华侨	性感妩媚	困难	和蔼	理性	统筹能力	资金运作	绘画	社会历练	先锋时尚
管理学	农村	个体私企	体魄雄健	感悟	内敛	感性	管理能力	交流	交际	学习能力	与众不同

注：本表可以根据自身情况添加、变化、直到适用、够用为止

职业走向百万表

张启芳

创意思维	艺术创作	营销策划	语言文字	产业文化	文化产业	公关拓展	私人服务	俱乐部业	社区服务
创意文案	签名设计	市场研究	文案写作	品牌推广	出版发行	公关规划	私人医生	设计俱乐部	家庭教师
创意训练	个性雕塑	会展策划	论文写作	版权售卖	影视发行	认证师	私人教练	经纪俱乐部	社区邮局
创意指导	词曲创作	广告策划	信函代理	电影会议	新闻撰稿	代言人	私人律师	美容俱乐部	社区超市
创意设计	舞蹈编导	咨询策划	文字编审	票务联动	网吧服务	担保人	私人秘书	英语俱乐部	私家的士
创意表现	工艺制作	项目策划	创意文学	赞助宣传	网店经营	新闻发言	私人管家	才艺俱乐部	老幼托管
创意提升	歌艺表演	心理咨询	网络写手	广告植入	品牌设计	创意沙龙	私人理财师	直销俱乐部	家庭病床
创意售卖	才艺制作	理财咨询	短信编撰	会展值守	动漫设计	私人幕僚	私人保镖	创意俱乐部	社区家政
创意演变	文学创作	信息咨询	自由撰稿	医院服务	标志设计	公众调查	私人司机	艺术俱乐部	缴费代理
创意策划	视觉表达	资产评估	语言表现	旅游文化	模特展示	形象设计	私人教师	软件俱乐部	殡葬服务
创意评审	形象设计	经纪人	翻译服务	地产文化	婚庆衍生	公关代理	私人侦探	休闲俱乐部	寿险顾问

创意创业十六方

刘之汉

创业是大学生就业的主要方式，此项目提倡以创意精神实现创业的目的，在老师的培训下，尝试创意创业之路，专注于创业的创意与实践。

一、健康生活

【概念】

现代健康的含义并不仅是传统所指的身体没有病而已。根据“世界卫生组织”的解释：健康不仅指一个人没有疾病或虚弱现象，而是指一个人生理上、心理上和社会上的完好状态。这就是现代关于健康的较为完整的科学概念。

现代健康的含义是多元的、广泛的，包括生理、心理和社会适应性 3 个方面，其中社会适应性归根结底取决于生理和心理的素质状况。心理健康是身体健康的精神支柱，身体健康又是心理健康的物质基础。良好的情绪状态可以使生理功能处于最佳状态，反之则会降低或破坏某种功能而引起疾病。身体状况的改变可能带来相应的心理问题，生理上的缺陷、疾病，特别是痼疾，往往会使人产生烦恼、焦躁、忧虑、抑郁等不良情绪，导致各种不正常的心理状态。作为身心统一体的人，身体和心理是紧密依存的两个方面。

维护健康 4 大基石：平衡饮食、适量运动、戒烟限酒、心理健康。

【特色医疗】

特色医疗服务为社会服务的一项重要内容，开始走进百姓的生活。当人们正在为繁琐的就医程序所犯愁时，各大医院为方便患者，相继推出了简易门诊、专科门诊、点名诊疗等特诊医疗服务项目。病人随时可以进行咨询、看病、取药，并可实现找专家诊治的愿望。一些医院还实行全科全程特诊医疗服务。如一些医院为病人建立病历档案并负责他们的全程治疗，对有档案的患者免除重新挂号，实行固定医生负责，长期保健。

同时，随着信息产业的发展，网上“远程医疗”也成为现实，它通过现代通讯手段，实现两地之间的信息传递，对远距离患者进行会诊并提供治疗方案。这既为患者治疗赢得宝贵的时间，减少患者的治疗费用，又充分发挥了综合性大医院的医疗技术优势并实现资源共享。

此外，一些医院还推出了家庭病床这一新的服务模式，病人足不出户，便可享受良好的医疗服务。经过良好的综合训练的医务人员定期上门了解病情，为居民做健康检查，进行健康教育、咨询。家庭病床作为医院服务的必要补充，免去了病人及其亲属上医院的麻烦，对病人来说，由于每次都能在家里得到亲人的照顾和安慰，更增添了几分温馨感。在老龄化程度越来越高的现代社会，家庭病床将有极大的发展前景。

【私人医生】

私人医生提供疾病预防、妥善治疗、休养意见、心灵安慰等专业服务，对各大高校医科类专业本科生、研究生等都是很好的创业项目。

【案例】

女性美容美体商品

当今社会，女性随着生活水平的提高，对消费的要求也提高了。在城市里，有女性专用的美容中主、瘦身中心。大学生自主创业，可以销售女性美容美体商品。在各大商场，进门最醒目的地方一定是做女性产品的柜台。近来，人们对中医药的认识有了进一步的提高，含中草药成分的各种女性保健产品的商品到处可卖。

备注：华夏经济文化交流协会创意创业项目。

二、房地产中介

【概念】

房地产中介在运作过程中涉及的知识面比较广，既有房地产经纪、房地产估价、房地产咨询等专业知识，又有经济学、法学、城市规划学、建筑学、统计学、会计学、心里学以及房地产开发经营、房地产金融保险、房产测绘和环境等知识。

房地产的概念有广义和狭义之分。广义的房地产概念是指永久性建筑物、基础设施、水和矿藏等自然资源；狭义的房地产概念仅指土地上的永久性建筑物和由它们衍生出来的各种权益。

房地产业是从事房地产综合开发、经营、管理和服务的综合性行业，是一项新兴的独立产业，是城市第三产业的一部分。房地产业是商品经济发展的产物，它随着商品经济的发展而发展。在我国，建立房地产市场，开展各种经营活动，是从实行经济体制改革之后才开始的。

房地产业可以分为房地产投资开发业和房地产中介服务业。

随着城乡居民住房消费的旺盛需求，我国经济的持续、稳定、快速发展和城市化进程的加快，以及全面建设小康社会奋斗目标的确立，这些都是为房地产中介提供了巨大和广阔的发展空间。

备注：华夏经济文化交流协会创意创业项目。

三、私人秘书

【概念】

私人秘书是协助领导人联系接待，办理文书和交办事项的工作人员，是专业化高端的社会职业。私人秘书招之即来，可以满足各种不时之需，为社会提供及时的、全面的、专业的个人服务。

【职位描述】

从事私人秘书，你要做的工作不仅仅是办公室的程序性工作，还要协助你的上司处理政务及日常事务并为决策及实施提供服务，私人秘书与老板的关系较紧密，需要帮助安排生活上的事务，比如上司的健康状况。另外，上司家眷的活动安排也需要兼顾。

【入行要求】

想要做私人秘书，一般至少需要两年以上的工作经验。教育背景需学士或以上学历，尽管对于专业没有特别的要求，不过外语专业的，或是行政理专业的人更有一定优势。

私人秘书对本人的个人修养、言谈举止有较高的要求，同时要熟练秘书行政业务，具备一定战略思考的眼光且了解行业情况。

私人秘书对个人的综合素质要求高，要有生活情趣，懂得一定的经营管理，企业生存之道。

【重要性】

秘书的专业性要求越来越高，同时，私人助理型秘书，成为秘书职业发展的趋势。秘书在企业中属于最基础，也是最重要的岗位之一，其岗位职责描述也是最模糊和最广泛的。目前，一般把秘书、行政、助理这几种相关职业都划分在秘书的岗位范畴中。在每年的外企人才招聘过程中，外企秘书总是处于最重要和最醒目的招聘地位。秘书岗位的重要在于其对于任何企业来说，都是不可或缺的职位。在 FESCO 每年推荐的几千名外聘员工中，秘书职位需求占总需求量的 45% 以上。

一个优秀的秘书有这样的特点：第一，是经理或者老板的一根神经。他能有效地帮助老板或是经理管理和控制时间；能按照老板或是经理每天工作任务的重要程度来安排事务流程。第二，是老板的一张名片。这绝对不是说秘书一定要有漂亮的脸蛋，而是强调秘书作为老板或是经理的助理，必须代表老板或经理和各种客户打交道、帮助建立广泛的联系，所以秘书的待人接物等多少体现着老板的做事风格。私人助理型的秘书，首先要明白自己是帮助老板协调工作，但又不能在工作中做老板的代言人，老板喜欢那些能正确定位的秘书。

【市场前景】

私人秘书是”软人才”中的代表之一。私人秘书的职业通道很长，中国加入 WTO，为秘书提供了更加无限广阔的发展空间。

备注：华夏经济文化交流协会创意创业项目。

四、高级策划师

【概念】

策划师是一个经济新概念。在市场经济条件下，从事一切咨询策划活动、为实现指定目标、具备一定策划学理论知识、有创新能力、能独立开展策划项目并能基本准确地监督策划方案的全过程的策划者。策划师是一种职业型人才。策划师都是创新者。策划的过程就是一个极具科学性的系统工程，是集诊断、调研、思考、创意、点子、设计、决策的实施于一体的一连串的智慧的过程。作为策划师，应在对客户和市场的现状进行仔细评估的基础上，并对客户的短期和长期目标有了充分了解之后，发扬客户的优势、充分发挥客户现有的财力、物力和人力资源，使其具有竞争优势，以实现其目标。策划师就是整个企业运作过程的统帅，有了总策划师可使我们知晓精明的播种与收获。

【分类】

房地产策划、商务策划、会展策划、中国注册策划、国际商务策划、企业管理策划、产品策划、营销策划、金融策划、广告策划、媒体策划、公关策划、形象策划，等等。

【背景】

当今时代是一个知识经济时代，更是一个策划的时代。随着商业国际化、经济全球化步伐的加快，市场机遇与挑战的并存，策划将担负着企业生存与发展的重任！策划人也作为“军师”、管理者、经营者，为社会和越来越多的企事业单位所认同，并创造了巨大经济效益和社会效益，策划人也因此而高薪、高职、高品位！策划师，是为组织谋求其自身生存和发展的最佳环境而进行创新或精密型思考及运作的专业人员。

据统计，中国从事策划咨询行业的企业共有 10 万多家，仅以每家需要 5 名策划师计算，需求总量即高达五六十万人。另外，企业内部企划部门对策划师的需求也在 200 万人左右。由此推算，国内对策划师的需求量大约为 300 万人。目前从事策划工作的人，其中经过培训并取得相关职业资格认证的人员寥寥无几。有些企业给策划人才开出的年薪高达十几万元甚至几十万元，还是找不到合适的人才。2004 年劳动和社会保障部推出第二批新职业时，”商务策划师”被列为首位，其稀缺程度和市场前景可见一斑，所以，策划人才的发展面临着前所未有的机遇。

【重要性】

按照国家提出的发现人才、储备人才和用好人才，更好地为经济建设服务的总体要求，填补国内经济发展对策划类专业人才的巨大需求，参照国际惯例制定的《全国策划专业人才评估认定标准体系和管理办法》，为全国策划类人才合理流动就业、晋升提供了国家标准的资质证明。国家发展战略规划中把策划专业人才公布为十大稀缺人才之一。在美国，从事创意策划行业的相关人才，占到美国各类人才比重的 15% 以上。策划师职业被专家和学者称为撬动经济的杠杆！策划师的重要性已被越来越多的企业及组织所认可，诱人的高额年薪以及就业前景，使策划师成为炙手可热的“黄金职业”。

商务策划师、会展策划师、等新职业的国家职业资格证书，将得到广大企业的普遍认可和欢迎，并将成为今后几年职场最热门的资格证书。

商务策划师：90% 的企业缺乏优秀策划人才。

劳动和社会保障部提供的最新统计显示，目前，在企业招聘的白领职员中，企划类岗位占有相当大的比例，有 65% 的企业急需聘用企划人员，90% 求贤若渴的企业招聘不到优秀的企业策划人才。策划人才短缺，已成为制约企业发展的瓶颈之一。

商务策划是一门新兴的综合交叉学科，策划人才是一种综合型人才，对生产、管理、广告、营销、公关、新闻等都要有所了解。我国 1999 年引入世界商务策划师联合会开发的 WBSA 商务策划系统理论知识体系，为商务策划实践总结提供了一套策划思维技术和策划工作工具。目前，全国已有 33 个城市设立 WBSA 特许机构，截至去年底，全国已有 5000 多人参加 WBSA 培训认证，其中通过 WBSA 商务策划师认证 286 人，WBSA 助理商务策划师认证 2800 余人。WBSA 企划员认证主要针对大学生，现已在部分高校、职业教育学校启动。

会展策划师：“撒钱产业”的人才掣肘 。

被誉为“朝阳产业”、“撒钱产业”的会展业，包括会议、展览、节庆活动和奖励旅游等。

劳动和社会保障部统计显示，目前全国有会展从业人员 100 多万人，其中从事经营策划的各级管理人员约 15 万人。各地都缺乏真正懂会展业的人才，会展教育亦相对滞后。专家指出，我国展览会数量已经很多，但真正形成国际品牌的屈指可数，其关键在于策划人才的缺乏。

今年，经教育部批准，上海师范大学和上海对外贸易学院成为上海首批设立会展本科教育专业的高等院校，北京、广州等地有20余所大专院校也开始着手设立会展管理专业或类似专业。会展核心人才中，会展项目策划和营销人才尤其重要。

DV策划制作师：先锋青年的时尚选择。

要完成一个好的DV作品，涉及影视制作各方面的知识，如影视编导知识和DV节目策划、DV摄像技术和灯光技术知识、非线性编辑技术和特技制作知识、视频剪辑知识、DV制作流程和规范、DV输出和光盘刻录技术等。

目前接受DV策划制作师培训的人员主要是企事业单位和各类院校宣传人员、各级电视台技术人员、电教与教育技术专业学生、企业培训讲师等。

备注：华夏经济文化交流协会创意创业项目。

五、咨询策划项目

【宗旨】

提高大学生咨询策划涵养，培养实战能力，打造策划精英。

【概念】

咨询策划，是指对社会活动进行分析论证，并拟定改进方案的策划活动。即是收集信息，把握客观情况，分析、发现问题，研究问题，提出、解决问题建议的活动。它是现代组织或个人在社会活动中所必不可少的策划。

【重要性】

随着现代社会活动的复杂性和变化性的增强，使人们对社会活动的驾驭和取得社会活动成功的把握变得相对困难，也就增大了仅凭个人或单个组织的头脑取胜的困难，特别是对于一些较复杂的社会活动更是如此。因此，很多组织或个人都需要借助外脑，即咨询，由此就产生了咨询策划的必要性和可能性。

【要求】

虽然策划的职业不同，需要了解或找寻的知识资料也不同，但是策划要做的事情的方式都是一样的，无论从事哪方面的专职策划只要能掌握的策划逻辑就好，都不需要深入去学习相关行业的专业技能，所以策划作为一个工作的门槛是很低的。

【培训】

凡热爱创意策划的人士，通过培训，策划知识会得到很大提升，增强策划实战能力。

备注：华夏经济文化交流协会创意创业项目。

六、媒体广告项目

【宗旨】

提高大学生媒体广告知识，培养实战能力，打造媒体广告精英。

【概念】

狭义的媒体广告即网络广告，即利用网站上的广告横幅、文本链接、多媒体的方法，在互联网刊登或发布广告，通过网络传递到互联网用户的一种高科技广告运作方式。

【重要性】

媒体广告与传统的四大传播媒体广告及户外广告相比，网络广告具有得天独厚的优势，是实施现代营销媒体战略的重要一部分。Internet 是一个全新的广告媒体，传播速度最快效果很理想，是中小企业扩展壮大的很好途径，对于广泛开展国际业务的公司更是如此。

目前网络广告的市场正在以惊人的速度增长，网络广告发挥的效用越来越显得重要。因而众多国际级的广告公司都成立了专门的“网络媒体分部”，以开拓网络广告的巨大市场。

【网络广告经纪人】

网络广告经纪人就是满足广告主和网络媒介的不同需求，在促成广告交易的同时，帮助广告主在网络媒介上做到最精准、有效的广告投放。并代表广告主与网络媒介签订合同而获取佣金的依法设立的经纪组织和个人。

经纪人属自由职业。一般来讲，经纪人是指为促成他人商品交易，在委托方和合同方订立合同时充当订约中间人，为委托方提供订立合同的信息、机会、条件，或者在隐名交易中代表委托方与合同方签订合同而获取佣金的依法设立的经纪组织和个人。

备注：华夏经济文化交流协会创意创业项目。

七、人力资源规划

【概述】

人力资源（Human Resource，简称 HR），指一定时期内组织中的人所拥有的能够被企业所用，且对创造价值有贡献作用的教育、能力、技能、经验、体力等的总称。人力资源管理是企业管理中最重要的工作。

【发展空间】

一个组织或企业要维持生存和发展，拥有合格、高效的人员结构，就必须进行人力资源规划，人力因素本身也会处于不断的变化之中。比如，离退休、自然减员、招聘人员以及企业内部进行的工作岗位调动、晋升等导致人员结构变化。人力资源要靠市场机制的作用进行合理的配置，随着劳动力市场的建立，人才的大量流动或许会变得习以为常，还可以与猎头公司合作。为了保证企业的效率，内部也必然要进行人员结构的调整和优化。我国目前还处于新旧经济体制的过渡时期，这一时期的变动或许是最剧烈的，新企业的大量增加，老企业的改造，三资企业、私营企业乃至乡镇企业的大力发展，都对人员的技能常识等提出了新的要求。

因此，为了适应组织环境的变化和技术的不断更新，保证组织目标的实现，就必须加强人力资源规划，否则必然是一方面不合要求的人员大量过剩。另一方面则是某些具有特殊技能和知识人才的紧缺，企业的竞争能力和效益就会难以提高，以致在竞争中失败。

在所有的管理职能中，人力资源规划最具有战略性和主动性。竞争环境也变化莫测。这不仅使得人力资源预测变得越来越困难，也变得更加紧迫。人力资源管理部门必须对组织未来的人力资源供给和需求作出科学预测，以保证在需要时就能及时获得所需要的各种人才，进而保证实现组织的战略目标。

由此可见，人力资源是企业的第一资源，在社会各项管理职中能起着桥梁和纽带的作用。

而管理着企业第一资源的 HR 对于企业的发展举足轻重，是不可或缺的重要力量。

备注：华夏经济文化交流协会创意创业项目。

八、网络服务

【概念】

“网络服务”（Web Services），是指一些在网络上运行的、面向服务的、基于分布式程序的软件模块，网络服务采用HTTP和XML等互联网通用标准，使人们可以在不同的地方通过不同的终端设备访问Web上的数据，如网上订票，查看订座情况。网络服务在电子商务、电子政务、公司业务流程电子化等应用领域有广泛的应用，被业内人士奉为互联网的下一个重点。

【分类】

典型的网络服务有DHCP、DNS、FTP、Telnet、WINS、SMTP等。

互联网上的网络服务：顾名思义，即网络上的服务，不仅仅是指电脑处理各种动作或者协议的程序！在互联网上，有为网民提供各种各样的服务，如：在网络上提供网络打字，网络排版，远程网站更新，网站美工，网站客服以及一些网上代理等。

【说明】

网站建设是涵盖企业定位考虑，从营销角度立意而进行一个建设网站的全过程，其中包括了前期网站定位、内容差异化、页面沟通等战略性调研后，才着手进行域名注册、空间租用、网站风格设计、网站代码制作五个部分，这个过程需要网站策划人员、美术设计人员、Web程序员共同完成。

网站是企业展示自身形象、发布产品信息、联系网上客户的新平台，进而可以通过电子商务开拓新的市场，获得极大的收益和利润。

网站建设对公司的好处：

每个企业有自己特定的产品/服务，网站的内容理应围绕企业的核心业务设置。网站是最有用的营销工具。当然，只有在网站可以满足用户需要信息的前提之下，网站的营销功能才能真正发挥作用。那么用户需要什么信息呢?

这个问题是网站规划者首先要考虑的，首先必须分析可能的访问者有哪些，然后有针对性地设计相关内容。一般来说，一个企业网站主要的访问者有几类，即：直接用户、经销商、设备和原材料供应商、竞争者等。前两类访问者是公司的现有用户和潜在用户，也是网站内容应该重点满足的对象。至于供应商，除去那些具备 B TO B 功能的综合性电子商务网站来说，大多数以信息发布为主的企业网站很少顾及到，因此，也不是一般企业网站的重点内容。至于竞争者，来访的目的无非是了解你公司的新动向，或者网站设计水平如何，是否有值得借鉴的地方，对此，在发布有关内容时应该给予适当的“防备”，而不是让竞争者满载而归。

一个用户 / 潜在用户访问某企业网站的目的大致有几种：看看有什么新产品、对比不同规格产品的性能和价格、与其它品牌的同类产品进行对比、查询本地销售商和保修地址等等，如果可以进行网上订购，用户自然也希望了解与此相关的信息，比如订货方式、支付手段、送货时间和费用、退换商品政策等。因此，这些内容应该作为网站的重点。

企业建站只是网络营销的第一步，如果后期不做有效的宣传推广和维护，企业网站便成了“摆设”，根本不能为企业带来效益。企业网站建好后一定要精心管理，并及时更新维护，否则很容易淹没在浩如烟海的互联网信息里。当然，如果能安排专业的网络营销人才，长期投入力度定会收到预期的效果。

通过网络手段，把您的信息推广到您的受众目标。换句话说，凡是通过网络手段进行优化推广，都属于网络推广。具体包括：通过传统的广告、企业形象系统去宣传；通过网络技术的方式，链接、网络广告等方式去宣传。

网站优化可以从狭义和广义两个方面来说明，狭义的网站优化，即搜索引擎优化，也就是让网站设计适合搜索引擎检索，满足搜索引擎排名的指标，从而在搜索引擎检索中获得排名靠前，增强搜索引擎营销的效果。广义的网站优化所考虑的因素不仅仅是搜索引擎，也包括充分满足用户的需求特征、清晰的网站导航、完善的在线帮助等，在此基础上使得网站功能和信息发挥最好的效果。也就是以企业网站为基础，与网络服务商（如搜索引擎等）、合作伙伴、顾客、供应商、销售商等网络营销环境中各方面因素建立良好的关系。

网站优化分为两个部分，一是站内优化，二是站外优化。站内优化就是通过 SEO 手段使得我们的网站在搜索引擎友好度和站内用户的良好体验度上升。这样做的目的很简单，就是为了让我们的网站在搜索引擎的排名靠前并且得到很好的客户转换率。 站外优化呢？他是通过SEO手段帮助网站和网站所属企业进行品牌推广，这个过程可能涉及到的方式有百度竞价、谷歌广告等。

【重要性】

网络服务对于商业站点至关重要，不论是对于新触网的人还是老网虫来讲，搜索引擎已经成为网民在茫茫网海获取所需信息的最重要途径和工具，我们今后的生活、工作与学习都离不开Internet，更离不开网络服务。

所以，我认为网络服务既将成为企业不可或缺的营销手段。

备注：华夏经济文化交流协会创意创业项目。

九、企业营销

【概念】

企业营销是以商品销售为核心的市场营销。

【分类】

观念营销。观念营销是把新的消费理念、消费情趣等消费思想灌输给消费者，使其接受新的消费理念，改变传统的消费思维，消费习俗，消费方式，使消费更上一个新的层次的营销行为。向客户介绍最新的产品，创造和引导需求，进而达到了让客户自觉消费自己的产品的目的。

竞合营销。对于传统的营销思维来说，营销就是竞争，就是要通过多种营销方式和手段击败竞争对手。由于国内企业之间（特别是同行业之间）存在共同的利益和竞争，精明的企业经营者更乐于接受“营销竞合”、“营销共享”的新理念，采取合作的态度改善与竞争对手的关系，与同行业加强团结协作，与自己有共同目标客户群的企业进行战略结盟，发挥优势互补作用，共同开展营销活动，推介同一价值链上的不同产品，共享人才和资源，共同提供服务等，并充分发挥销售商、供应商等协作者们的积极性增强企业竞争能力，进而实现“共赢”。

一对一营销。一对一营销则是培育出一位顾客后努力为其量体裁衣，搜寻产品的一种新型营销方式。它是满足以顾客个性化需求为目的的活动，要求一切从顾客需要出发，通过设立“顾客库”服务于顾客，与库中每一位顾客建立良好关系，根据客户的特性和需求开展差异性服务，开发个性化的产品。因此也可以叫个性化营销。是企业制胜的有力武器。特别是随着信息技术的发展，这一营销方式的重要性日益凸现。

饱和营销。饱和营销是公司为发挥明显形象效应来吸引消费者注意力的一种独特的市场定位策略。该策略的指导思想是在城市和其他交通流动大的地区集中定位许多相同的公司或商店，使消费者在这些地段能多次接触到企业的标志，给消费者留下深刻的印象，使消费者一旦产生消费的需求，首先想到的就是该企业。

体育营销。体育营销是指企业通过世人关注的体育活动赞助体育赛事方面的广告、营销和推广项目来加强企业品牌建设，提高顾客认知度的一种营销方式。

虚拟营销。虚拟营销是一种克服资源缺乏劣势的现代营销模式，其精髓是将有限的资源集中在附加值高的功能上，而将附加值低的功能虚拟化。比如：高档球鞋行业的战略环节是真正创造大量价值的产品开发设计和营销组织管理，而不是相对简单的制造环节。美国耐克鞋业公司针对这一状况，集中主要的财力、物力、人力投入到创造和积蓄完成核心业务所必须的产品设计和营销管理方面，而将加工制造环节的这一非核心业务虚拟化，以合同承包加工返销的方式转向一些低工资国家。

展示营销。展示营销也可叫示范营销。它是以示范效应引导消费，有组织性、针对性地将企业的产品形象以展示场所做为厂家与消费者或目标顾客进行沟通的一个平台，吸引顾客的注意力和购买欲望，最终促成产品的销售的一种营销模式。能让消费者感觉到产品的用途、功效以及花色款式等表现出来不同的效果。还能让厂家有相对优化的购买环境，吸引更多的目标顾客，易使顾客道出内心真实的感受及真实的需求，增加了与顾客交流的机会和时间，提升自身产品形象及品牌形象，改变顾客的生活观念，引导顾客适应新的潮流。

买断式营销。买断式营销是指一家或多家经销商买断企业销售权的一种营销方式。由于这种营销方式使商业资本进入生产领域，商家开始销售企业只为自己生产的具有独特个性的产品，这种订货和生产在某种程度上能更好地监控产品的质量，从而增加了对消费者的吸引力，同时也给厂家降低营销成本带来了莫大的好处，由于商业资本的介入，促使商家和厂家获得双赢。

体验式营销。在我国的北京、上海、广州等大城市的商家也纷纷提出了“体验式消费”的经营理念。体验式营销也叫感性营销，它是站在消费者的感官、情感、思考、行动、联想五个角度重新定义设计的一种营销模式，主要是研究如何根据消费者的状况，利用各民族传统文化、现代科技、艺术和大自然等手段来增大产品体验内涵，更好地满足人们的情感体验，审美体验，教育体验等多种体验需求，以服务为舞台，以有形产品为载体，生产经营高质量的产品，在给人们心灵带来强烈的震撼时达到促进产品销售的目的。这种营销模式突破了传统理性消费者的假设，认为消费者在消费时是理性与感性兼备的，消费者的体验才是购买行为和品牌经营的关键。有了“体验式消费”，顾客来到后不再象以往那样转一转就走，而是坐下来看别人怎么设计，或者自己也参与其中，感受一下设计带来的快乐，同时也增强了对产品应用效果的信心，不知不觉间往往就产生了配套购买的冲动。

品牌忠诚营销。品牌忠诚营销是指创立和巩固品牌地位，培养目标顾客对品牌的认同和忠诚的一种营销方式，并通过一切可能的办法来识别、吸引、维护和加强消费者对品牌的忠诚，培育最有价值的目标顾客。争取并且维护品牌忠诚顾客，把品牌购买者转化为企业品牌忠诚者。

关系营销。关系营销是指企业与消费者、分销商、零售商和供应商建立一种长期、信任、互惠的关系。销售并不是营销的最终目标，而是与目标顾客进行交易的观念转化为与目标顾客建立一种合作伙伴关系的意识，而为了要做到这一点，企业必须向这些个人和组织承诺和提供优质的产品、良好的服务以及适当的价格，从而与这些个人和组织建立和保持一种长期的经济、技术和社会的关系纽带。市场营销就从每次交易的利润最大化转变为使网络成员利益关系最大化。减少每次交易的成本和时间，把顾客的购买行为转变为惯例性行为，从而取得企业的长期稳定发展。

差异化营销。差异化营销是指无论是品牌的文化品位，还是产品的包装形式、销售渠道抑或是品牌的传播方式等，是要让品牌在成长的过程中以其独特的个性魅力取得市场的认同的营销方式。这种营销方式与传统的营销观念相比，充分体现了现代市场营销观念，有助于提升企业的竞争力，可以最大限度地满足不同消费者的差异化需求，提高企业经济效益。

网络营销。是指借助国际互联网络，实施企业的营销战略和策略，以求实现企业的营销目标的一种营销方式。网络营销着眼于信息流、物流和资金流的有效结合与统一，是当前网络时代促进企业市场全球化的一种有效方式。

绿色营销。绿色营销作为一种适应全球对环境恶化日益关切而发展出来的新型营销技术，它充分估计到了环保问题，体现了强烈的社会责任感，要求从产品的设计、生产到销售、使用的整个过程都要充分维护环保利益，做到安全、卫生无公害，因而可以很好地满足“绿色消费”的需求。同时，开展“绿色营销”的过程也就是开发环保产品、环保技术和环保服务市场，即“绿色市场”的过程。由于“绿色营销”的利益基点在于实现贸易利益与环境利益的最大统一，且具有开发环保产品，环保服务和环保技术的优势，因此，将会是本世纪营销的主流。

媒体的这些特征：

1. 帖子

上过网的人，都有过看帖、回帖和发帖的经历。帖子营销的形式多样化，它不需要高深的营销知识和经验，只需要时间、耐心和你对所要达成的营销目的有深刻的理解和原则性的把握。

2. E-mail

尽管 E-mail 营销的手法早已有之，但此法当格外谨慎使用，否则极易造成客户的反感。倘若客户把你的营销邮件列为拒收邮件，那就适得其反了。

3. 论坛

论坛对参与者身份特征等的甄别，是确定一论坛能否成为你的营销阵地的前提条件。在论坛里，你如果话语说的得当，就有可能成为该论坛的“领袖人物”。

4. 博客

博客风已经刮遍全国了，忽视博客的营销作用无疑是不明知的。在恰当的网站创建基于营销目的的博客往往可以吸引你的客户群，并倾听到市场一线最关心的问题，从而通过分析和判别找出营销解决方案。

5. 圈子

QQ、MSN、UC 等等网络通讯工具为我们创建基于网络平台的人际关系圈子成为了可能。企赢营销，为企业提供一站式网络营销顾问服务，帮助企业赢得更广阔市场。在这个圈子中，圈子中人不能简单地视为“消费者”，你所扮演的角色也是“卖主”，而是圈子中人的伙伴之一，唯有此，圈子中的交流氛围才能有效形成，才有可能实现营销的最终目的。

6. 文本

就礼品行业而言，通常的营销类文本大致包括“企业画册”、“项目画册”以及“客户通讯”等，而且很多此类文本也被企业网络化、电子化了。

7. 活动

常见的形式是：大多数的广告主只是利用网路媒体发布线下的活动通知，但基于网络的线上营销活动则凤毛麟角。实际上，在网络技术获得突飞猛进的今天，广告主完全有条件举办诸如游戏、比赛、征文、选秀、PK 以及排行榜等网络营销活动。这种线上的网络营销活动更能激发起网络客户的兴趣、关注和爱好，与司空见惯的线下营销活动相比，可以节省不菲的资金与人力成本的投入。

备注：华夏经济文化交流协会创意创业项目。

十、歌手大赛

华夏协会团队联合众多主办方共同打造。时间跨度大，比赛周期长，全面吸收传统媒体大赛海选竞技模式，创造全新网络歌唱比赛新流程。

【赛事特色】

参赛门槛低；专业性强；覆盖面广；公益性强；宣传力度大；

跳跃以往的比赛形式，多方面考虑最大限度让参赛选手及合作伙伴受益。努力为祖国新一代歌手搭建一个展示与发展平台。

【大赛范围】

全国范围内30多个省级、市级及直辖市设立一百多个分赛区，参与人数高达两万，另外涉各类媒体、电台、网络等途径进行全方位宣传。

【权威性】

歌手大赛的主办单位、支持单位、协办单位均为国际级和国家级专业机构，具有极高的权威性，与其他纯商业性的竞赛活动有着一定的区别。

【赛前培训】

我们会为您提供：乐理、气息控制、口腔共鸣、情感控制、节奏音准练习、演唱技巧、彩妆技巧、服装搭配、舞蹈等赛前培训。迅速提升参赛者的演唱格调与演唱水平及对音乐欣赏的整体水平。专业传授科学发声方法，歌唱技巧综合训练。启用科学完善的声乐教学训练体系，使每一位学员都能受到最专业的培训！

【企业文化】

文化是企业建设的重要内容，正所谓“艺术唱戏，企业搭台”。显然，“*** 首届华夏校园歌曲大赛”所搭就的这座文化大平台，无论是对个人、企业，还是整个社会来说，它不仅仅是一种娱乐、一种知识，更是一种实践、一种对人生的感悟；换言之，它是对社会和个体的一种智慧的美育。

【备注】华夏经济文化交流协会创意创业项目。

十一、形象代言人

【概念】

代言人是一个宽泛的概念，广阔的说，它是指为企业或组织的赢利性或公益性目标而进行信息传播服务的特殊人员。

代言人可以存在于商业领域，如众多公司企业广告中的名人；也可以出现于政府组织的活动中。如果我们再细化到商业营销领域，那么代言人可以分为企业代言人、形象代言人和产品代言人三类，它们是一种包含与被包含关系。不同类型（范畴）的代言人自有其不同的职能与要求，具体到企业品牌塑造层面，我们的营销及广告人员所必需通晓的就是形象代言人了。

【职能】

形象代言人的职能包括各种媒介宣传，传播品牌信息，扩大品牌知名度、认知度等，参与公关及促销，与受众近距离的信息沟通，并促成购买行为的发生，建树品牌美誉与忠诚。

【要求】

形象代言人一般要求：身体健康、肤色健康、形象健康，具有亲和力、五官清秀、身材比例好、气质佳、谈吐优雅、沟通能力强、具备一定的礼仪知识、性格活泼开朗大方、有上进心和团队合作精神。

【类型】

（一）高可信度型。高可信度型代言人是指具有一定公信力、影响力与传播力的公众性人物，他们一般是某个领域的名人、专家或权威。如演艺界的歌星、科研界的学者等；一般说来，高可信度型代言人的功能在于它能够以极强的说服力与号召力来传播品牌的价值内涵，对于一些高卷入的产品品牌，宜采用此型。如价值不菲的世界名表 OMEGA 聘用超级名模辛迪·克劳馥作代言。

（二）低可信度型。低可信度型代言人则指公众影响力较低的、不知名的普通人物或卡通造型，他（它）们来自生活与工作的各个领域，是广大普通受众的代表或熟悉的对象。低可信度型代言人虽然应用较少，但是却有它独特的一面：它力求还原于生活现实，以平凡诉求的手法拉近与广大受众的心理距离，从而达到告知与说服的目的，此类型若应用得当，其效果不逊于前者。如步步高无绳电话就是以一造型独特、话语俏皮的普通人为其形象代言人，受众记住了步步高，也记住了这位总爱叫“小丽”的男人，甚至在听到“小丽啊”三个字时，我们会立马想到步步高。

【作用】

（一）传播产品的具体功能。通过品牌形象代言人的语言、动作来直接说明产品的具体功能特征、能给消费者带来的利益。这时候，形象代言人充当的是传播者的角色（虽然扮演的角色看起来可能像顾客），而他（她）自身“形象”传达的信息是为了证明前面信息的“可靠性”、“可信性”。这时候，他(她)甚至不能被称作真正的“品牌形象代言人”，至多是“做广告的名人”，因为此时他(她)与品牌的形象没有内在的一致性。当然，在利用品牌形象代言人进行传播的过程中，这种作用始终会有所体现，只是强弱程度不同而已。

(二)通过展现形象本身，让观众产生对品牌形象的联想。这时候，品牌形象代言人是“被展现形象，”他(她)对产品的具体功能特征介绍的不多，甚至没有介绍，主要是充当消费者的角色，把产品的特征具体化，强化品牌效应，引导消费时尚。这一作用体现了“品牌形象代言人”的本源涵义。

(三)通过展现“品牌形象代言人”的鲜明个性，让观众联想品牌的独特个性。要形成消费者心目中的品牌个性，必须找到特点鲜明的“提示物”(或象征物)。这个提示物可以是核心图案或主题文案，也可是个性特征鲜明的人，或者几个方面的配合。

(四)形成品牌识别。品牌识别是一个系统，“品牌形象代言人”的形象则是一个一个直观的，很容易辨认的“联想物”，形象鲜明而独特，这种“联想物”是有形与无形的结合，是区别于其他品牌的重要标志。因此，易于形成品牌识别。

(五)增加品牌权益。品牌形象代言人主要作用是广告宣传。广告除了促进销售的作用，更是在为积累品牌资产投资。品牌价值作为一种无形资产，来源于品牌联想及专利、商标等独有资产。品牌价值是以消费者心目中的品牌形象为基础的，企业为了塑造品牌形象所推出的代言人，由名人来介绍品牌，就能够吸引公众的注意力，有利于扩大品牌知名度。同时，公众对广告中名人的好感会转移到他们对广告和品牌的态度上来，从而形成积极的品牌联想。

【备注】华夏经济文化交流协会创意创业项目。

十二、心理医生

【概念】

心理咨询是一面比较标准的镜子，可以不变形的从各个角度正确了解自己。正确的了解自己可以扬长避短，促进人生发展与成功。优厚的薪酬待遇与优越的工作环境，为众多择业者所追捧。我国的心理医生需求量很大。而且心理医生薪酬普遍在每小时300元左右，北京、上海最高可达每小时1000元，故此职业很有发展前景。

【职位描述】

心理医生应具有一定的专业知识，要有相当的学历和经验。人们都希望找经验多、技术好的医生给咨询，这是人之常情。但就心理咨询这个行业来说，经验和资历虽说重要，但年青与年老各有各的特点。年长的咨询师经验丰富、能很快找到问题的症结，而年轻咨询师虽不及经验丰富者找到问题快，但也会找到，而且没有模式化的限制，治疗更灵活。所以说大学生业很适合去这个行业发展，并且有很大的发展空间。

【重要性】

心理不成熟者易患心理障碍。从而妨碍他们在学习、工作及生活中得到充分发展和取得成功的机会，使他们难以获得更多的成就。所以，心理不成熟的正常人需要咨询心理医生，把自己所遇到的各种心理问题解决得更完美，为了使自己取得人生各方面的成功，心理医生就成为必不可少的发展产业。

备注：华夏经济文化交流协会创意创业项目。

十三、婚姻交友

【概念】

网络交友有如“雾中花，水中月”有人认为正因为如此，它看起来才格外美；它充分满足了人们的好奇与表现的心理。网络交友为我们的生活开辟了新的空间。它让我们超越了现实中交友的局限，生活变得充满期待和变数。因为网上朋友相隔远，不会有什么利益冲突，更不必担心袒露心灵会带来不良的后果。

【必要性】

随着社会的发展，技术的进步，人们的朋友圈变的越来越窄。因此拓展异性交往范围，迅速找到终生伴侣成为很多人的梦想。现代人生活和工作都很紧张，每天要做的事很杂，见的人也很多，但是真正能够结识并进行充分了解和长期相处的人并不多。毕业的同学没有联系，住所附近的邻居互不交往，相邻办公室的同事也不认识，工作中的客户要保持距离，这样导致现代人的交际圈子越来越小，至于适合自己的单身异性就更少了。我们是专业的交友场所，单身朋友在这里聚集在一起，同一种单身身份，同一个相识目的，很容易找到兴趣相投、彼此中意的异性伴侣。

【培训收益】

我们公司有专业的培训团队，可以让你快速而有效的掌握交友的方法，让你快速的适应交友的节奏，通过我们的专业人士的培训，在我们的帮助下，你可以自己成立自己的公司，开始自己的大学生创业。让你轻松的迈出你的事业的第一步。更让你在同龄人面前早一步踏上成功的路途。

备注：华夏经济文化交流协会创意创业项目。

十四、网络团购

【概念】

网络团购就是通过互联网平台，由专业团购机构将具有相同购买意向的零散消费者集合起来，向厂商进行大批量购买的行为。也可由消费者在团购网站上发布产品团购信息，自行发起并组织团购。

形式：

第一种是自发行为的团购；

第二种是职业团购行为，目前已经出现了不少不同类型的团购性质的公司、网站和个人；

第三种就是销售商自己组织的团购。

【市场前景】

在互联网高速发展的今天，网络团购已成为人们所普遍接受的一种消费方式。互不认识的消费者，借助互联网的“网聚人的力量”来聚集资金，加大与商家的谈判能力，以求得最优的价格。

尽管网络团购的出现只有短短两年多的时间，却已经成为在网民中流行的一种新消费方式。据了解，目前网络团购的主力军是年龄 25~35 岁的年轻群体，在北京、上海、深圳等大城市十分普遍。

备注：华夏经济文化交流协会创意创业项目。

十五、高层公关

【概念】

高层公关即对老板是否具有影响力，让他认同你的想法，支持你的发展。高层公关与社交能力、领导才能一起，同属于所谓的软性技巧。从事此类写作的作家和职场顾问都因讨论这些问题而赚钱，而在公司巧用这些技巧的人也都左右逢源，事业有成。

【职位描述】

为客户制定媒体关系策略和公关活动策划，达成客户的市场或传播目标；督促客户服务团队执行媒体及公关活动，有效分配资源，并保证服务团队的工作质量；负责监督公关项目的计划和实施，使公关项目能在预算的时间和费用内完成；积极拓展客源及开发公司业务；与客户进行紧密的业务联络和沟通。

【入行要求】

首先，拥有广博的知识。公关从业者一般需要有本科以上学历，拥有新闻、市场、营销、社会学、国际关系、公关广告等专业背景，熟悉媒体运作或政府关系者为佳。

其次，有强烈的求知欲，创新能力强。公关经常接触不同行业的客户，需要不断充电学习，了解企业运作目标。

再次，良好的沟通和团队合作能力。公关公司一般采取团队合作的工作模式，一个团队负责一个或多个客户。

最后，具备服务意识。公关从业者需要有强烈的服务意识和耐心，如原本做媒体的，要从弹性工作时间转变成坐班工作；原本做企业公关的，要转变成以客户为核心，满足客户的要求等。

【热门岗位】

从国际公关公司进入中国的那天起，就以国际化标准、国际化运作、国际化的思维结构打破了传统的“中国式公关”模式。公关不再是请客送礼、写稿发稿，它服务的手段由最初的市场研究、媒介关系、政府关系、市场推广，发展到品牌管理、整合营销传播、危机管理、战略咨询等全方位服务。因此，公关公司推出的职位有策划、资深文案、会议活动执行、高级设计师、网页及动画设计师等。

【市场前景】

公关行业发展迅猛，企业对社会公众影响力的实现和提高，需要依靠媒体宣传和公众活动策划。企业通过媒介的介绍、传播，和观众的交流、沟通和互动，在公众面前树立并强化公司的品牌形象，在市场竞争中赢得先机。

近两年来，公关公司发展迅猛。 随着公关人才的需求看涨，原本从事市场、媒体、新闻、中文、企业公关的部分人才将眼光投向了公关行业。

公关招聘需求逐年递增，加上亨氏、宝洁、肯德基、高露洁等知名跨国企业接连经历了公关危机，公关人才的作用日渐凸显，令公关行业人才的薪酬发展也颇为乐观。

备注：华夏经济文化交流协会创意创业项目。

十六、票务生活服务

【服务的含义】

在现代社会上，服务的涵义越来越广泛。以产品和服务来做个区别来说，服务是具有无形特征却可给人带来某种利益或满足感的可供有偿转让的一种或一系列活动。服务通常是无形的，并且是在供方和顾客接触面上至少需要完成一项活动的结果

【票务生活服务种类】

随着社会经济的迅速发展，我国城市化和城镇建设步伐进一步加快，人民生活水平的不断提高，为社会服务业的发展提供了千载难逢的大好机遇。票务生活服务也是服务行业中比不可少的一项，现实社会中越来越多的票务服务需求行业步入到我们的生活中来。

下面介绍几种常见的票务种类：

影视票、演出票、交通票、体育票、旅游票、展览票、收藏票、票务聊天室。

【票务生活服务发展前景】

伴随着全球性网络信息行业的革命，中国的互联网产业也在以爆炸性的速度增长。越来越多的网络票务服务站也开始步入我们的生活，这对我们票务服务行业的发展也无疑是一个很好的发展平台。

通过网络服务让人们以最快捷的方式，足不出户就可以完成交易，这将是社会经后发展的很好趋势。也给年轻一代的我们提供了很好的创意创业机会。

备注：华夏经济文化交流协会创意创业项目。

共青团中央、国家开发银行关于深化实施“中国青年创业小额贷款项目”的通知

（中青联发［2009］8号）【摘要】

共青团各省、自治区、直辖市委，国家开发银行各分行：

为进一步深化实施“中国青年创业小额贷款项目”（下称“小额贷款项目”），解决创业青年，特别是初次创业青年融资难问题，现就有关事项通知如下。

一、合作模式

1. 各地可参考《共青团中央、国家开发银行关于联合实施“中国青年创业小额贷款项目”的通知》（中青联发［2006］19号）提供的直贷、统贷、转贷等模式，结合实际探索创新。

2. 在实施“小额贷款项目”过程中，要将国开行在基层业务金融领域的成功实践与共青团的组织网络优势相结合，努力将其接入国开行市县合作机制，共享合作平台（合作机构）、风险分担机制等国开行市县合作建设成果，实现批量操作。

3. 在“小额贷款项目”运行过程中，积极借鉴基层的成功实践和工作基础，团组织、国开行共同推动当地政府加大青年创业支持力度，各方形成合力，构建扶持青年创业的长效机制。

二、各方职责

（一）团组织的职责

1. 各级团组织应积极争取当地党委、政府加大对青年创业的扶持力度，协调开发性金融合作办公室、城投公司等市县合作平台或其他经济实体参与实施“小额贷款项目”。

2. 团组织可派员在合作机构中担任具体职务，参与实施“小

额贷款项目”，要积极吸纳部分符合条件的“大学生志愿服务西部计划”志愿者参与“小额贷款项目”。

3. 团组织要构建“小额贷款项目”的入口机制，可依托相关就业创业服务机构设立项目服务平台，收集汇总各类青年的创业项目和需求；利用青年联合会、青年企业家协会等组织资源开展创业辅导、培训、咨询，建立创业导师团队对创业项目可行性进行评估，提高青年创业成功率和贷款成功率；协助合作机构做好贷前、贷中、贷后管理等辅助性工作。

4. 团组织可推动政府设立青年创业专项风险补偿基金，拨付资金提供贴息，在有条件的地区倡导设立青年创业基金、成立青年创业担保公司为“小额贷款项目”提供风险补偿或担保。

（二）国开行的职责

1. 国开行协助团组织熟悉市县合作机制及模式，为“小额贷款项目”顺畅接入市县合作机制、完善流程提供支持。

2. 国开行各分行负责向各级团组织与合作机构提供涵盖信贷流程、信贷分析评价技术等业务知识的培训与辅导，指导合作机构制定业务规章制度及操作流程。

（三）合作机构的职责

1. 合作机构要主动配合团组织、国开行，负责协助“小额贷款项目”的开发、初评、贷后管理等工作。

2. 对于逾期的贷款本息，及时启动担保及补偿措施，确保国开行贷款安全。

三、贷款要素

（一）贷款对象

在继续扩大前期合作成果的基础上，双方合作重点向初次创业的、具有小额融资需求的青年倾斜，努力填补初次创业青年融资渠道空白，以创业带动就业，扩大项目受益面与覆盖面。

（二）贷款额度、期限

1. 青年创业小额贷款每人单笔额度一般在10万元以内，最多不超过100万元；青年创办的中小企业贷款单户额度一般在500万元以下，最多不超过3000万元。

2. 贷款期限一般不超过3年。

（三）贷款定价

在条件成熟的地区，贷款利率执行在人民银行公布的同期贷款利率基础上适当上浮，使利率水平覆盖风险与成本，并能确保合作机构合理的利益分享水平。

四、操作流程

（一）确定合作机制

（二）项目开发

团组织、国开行、合作机构各方共同建立广泛的项目入口机制，通过市县合作平台的各种宣传渠道，向广大青年宣传“小额贷款项目”的贷款政策、申请方式、申请条件等信息。各地由团组织牵头设立贷款服务平台，批量收集广大青年的项目融资需求，定期将成熟项目进入评审程序。

（三）评审

进入评审程序的项目，国开行各分行要按照“以机制建设控制项目风险”的业务原则，简化审批程序。贷款按批发式、标准化办理，原则上不单独受理机制外项目。项目评审要对具体贷款项目的借（用）款人、贷款用途、信用结构、偿债能力等内容进行审查。具体包括：

1. 调查。合作机构组织现场和非现场评审调查，从各方面收集评审资料和数据。对借款人的资信状况，对项目实施的可行性、盈利性等方面进行评价。

2. 初评。通过调查，合作机构按国开行要求撰写申贷报告。

3. 审议。团组织可引入青年联合会、青年企业家协会、创业导师团队等专家资源开展项目评价，经团组织与合作机构商定后确定优质项目上报国开行。

（四）审批

国开行争取在 10 个工作日内办结审批程序。

（五）信贷管理

国开行审批通过的项目，合作机构协助国开行各分行开展合同签订、贷款发放与支付、本息回收、贷款管理、不良贷款清收等工作。

五、担保方式

（一）积极推进青年创业小额信用贷款。建立和完善青年资信评价体系，对优质客户可发放“免担保、免抵押”的小额信用贷款，扩大贷款覆盖面。

（二）大力发展创业青年互保、联保贷款。以行业集贸市场、商品一条街等行业市场的创业青年为对象，引导和鼓励创业青年加入“信用互助组织”、“信用联盟”等信用共同体。完善信用共同体内在激励约束机制，调动内部成员自我管理的积极性。积极推动和发展“公司＋青年”、“专业市场＋青年”、“企业＋加盟店”等信贷模式，提高青年初次创业成功率。

（三）大胆创新小额贷款项目的抵质押担保方式。进一步扩大青年创业申请贷款可采用的抵质押品范围，探索应收账款、股权、期权、分红、存单、专利、商标和商铺使用权等权利质押贷款。针对特定行业，以企业产业链或交易环节为核心，设计金融产品，通过仓单质押、提单质押、提货权转让等形式，使企业的原材料、库存产成品以及处于销售周转过程中的商品可供银行抵押融资。

六、机制建设

（一）风险控制机制建设。

（二）风险分担机制建设。

（三）激励与约束机制。

当不良率达到 5% 的止损指标时，国开行有权单方面解除协议、停止支付并扣减已经发生的剩余代理费或要求合作机构支付违约金。

七、风险防范

有关要求防范项目风险，简化贷款环节。国开行在防范风险的前提下，简化贷款环节，优化评审流程。团组织要从重点扶持对象中选择贷款对象，并对贷款对象进行信用教育。要采取创业培训、创业导航、创业见习、创业孵化等措施，对二次创业或初次创业的青年进行培训和扶持，提高贷款对象的创业成功率，提升项目整体运作水平。

共青团中央

国家开发银行

2009 年 3 月 16 日

关于进一步加强我市高校毕业生就业服务工作的通知

津教委德［2009］10号

各普通高等学校、独立学院、独立设置高职学院：

为贯彻《国务院办公厅关于加强普通高等学校毕业生就业工作的通知》（国办发［2009］3号）和《关于印发天津市促进高校毕业生就业意见的通知》（津政发［2009］12号）和国务院4月2日召开的全国普通高校毕业生就业工作电视电话会议精神，落实好各项就业政策，进一步做好我市高校毕业生就业服务工作，现就有关要求通知如下：

一、开展面向全体毕业生的就业政策宣传

国务院和有关部委、天津市政府和有关职能部门陆续出台了促进高校毕业生就业的政策，涉及面广、项目数多。为帮助广大毕业生及时了解政策，吃透精神，要构建全方位、多层次的政策、信息发布和宣传平台，促进学生积极就业、创业。一是天津市大中专就业指导中心和有关部门将共同编制就业政策解读手册，发放给每一位毕业生，为毕业生提供有针对性的读物；二是各高校要在校园网发布所有促进就业的政策法规，供学生上网查询；三是各高校必须召开面向全体毕业生的政策宣讲会，要精心设计，面对面的精讲、细讲，回答学生的有关问题，要让每一个毕业生都了解就业政策。同时要充分利用橱窗、广播等渠道宣传相关就业政策。

二、深化就业指导，确实提高服务水平

各高校要进一步提升就业指导和服务水平，加强大学生职业生涯和就业指导课程体系建设，开设必修课，为学生提供有针对性的职业生涯和就业指导。就业指导要做到全覆盖，保证使100%的大

学生在毕业前都接受过专业化的就业指导。各高校还要继续以网络为依托，提供个性化、深度信息服务，努力降低毕业生求职成本，全面提高就业信息服务水平，做到信息发布的全面覆盖和及时有效。要加强与电信部门合作，建立短信发布平台和就业信息查询平台，并充分利用电子邮箱、飞信等现代电子通信手段，为毕业生发布各类及时有效的信息。

三、千方百计收集岗位信息

要把大力收集岗位信息作为当前就业工作的重中之重。要带着对学生深厚的感情，以对学生极端负责的态度，采取“走出去”、“请进来”等多种形式，调动全校力量特别是职能部门、院系以及班主任、辅导员、专业导师，积极为学生寻找就业岗位。同时，要继续加大力度，攻坚克难，组织不同类型的招聘活动，通过精心策划、耐心工作、教育引导，努力提高在招聘中的签约率。天津市大中专毕业生就业指导中心也要主动收集整理用人信息，主动与落户我市的大项目联系，积极开展送岗位进校园活动。

四、认真做好大学生到基层就业的项目

要配合有关部门做好“选聘高校毕业生到村任职”、“大学生志愿服务西部计划”、“三支一扶”、“农村义务教育阶段学校教师特设岗位计划”、“鼓励科研单位吸纳和稳定高校毕业生就业”、“大学生应征入伍”等项目的组织、动员和宣传工作，为毕业生提供相应的服务，落实好高校毕业生学费和国家助学贷款代偿政策。

五、加大创业教育工作力度，实现高效毕业生自主创业人数明显增加

各高校要整合本单位教学、科研、就业、学生工作、学生社区等部门的优势，采取灵活多样的形式，普遍开展创业教育，培养学生的创新精神和创业能力。要加强创业队伍建设，配备学生创业指导教师。要积极开设创业课程，做好政策创业的宣讲和相关知识的培训，提高学生的创业能力和水平。有条件的高校要设立创业孵化

基地，为学生创业实践搭建平台。为对有创业意愿的学生提供项目引导、技能培训、专家指导、法律援助等公益性服务。积极鼓励毕业生参与科研项目的研究。

六、加大对家庭经济困难毕业生的帮扶力度

各高校要提出具体的帮扶措施，继续加大对家庭经济困难毕业生帮扶的力度。对于经济困难的毕业生要建立台帐，进行重点指导服务和重点推荐；学校对经济困难毕业生要提供交通、通讯等方面的费用补贴；采取“一对一”的方式，切实帮助经济困难的毕业生落实就业岗位，有稳定的收入；有条件的高校可组织一次专门面向经济困难毕业生的招聘会。

七、加强毕业生思想政治教育和心理健康教育，确保就业安全和学校稳定

一是各高校要积极开展以当前形势教育为重点的就业教育活动，在就业教育过程中要帮助学生客观、理性、辩证地认识就业形势，引导学生合理调整就业期望值，积极主动地适应形式，作好就业准备。二是积极鼓励和引导毕业生到西部、到基层、到祖国需要的地方建功立业。三是面对严峻就业形势要加强心理健康教育，帮助毕业生顺利度过毕业、就业的心理关键期。学校要专门组织针对毕业生的心理危机排查、现场咨询、心理讲座，积极为毕业生舒缓压力；对在求职中多次遇到困难的学生要及时进行个别心理疏导，缓解不稳定情绪。四是充分发挥高校辅导员的作用，在职业生涯辅导中融入思想政治教育，突出理想信念教育，强化就业工作导向。五是各高校要充分认识做好就业安全和稳定工作的特殊重要性，在招聘会安全、求职安全、应对处置突发性事件等方面要制定专门的工作方案和应急预案，确保校园稳定。六是各高校要精心设计毕业生文明离校的系列活动，如开展感恩母校的主题班会、优秀毕业生座谈会、到艰苦地区就业学生的事迹报告会等教育活动，引导学生文明离校。要组织好毕业典礼，发挥典礼仪式的育人作用。各高校要通过事迹报告会、校园广播、橱窗展示等多种宣传方式宣传典型事迹，营造全社会共同关心和促进高校毕业生就业的良好舆论氛围。

八、加强领导，加大检查督导力度

市教委将深入高校，加大对就业工作地督促和指导力度。市大中专就业指导中心将进一步发挥指导、协调和服务作用。高校一把手要负总责，深入职能部门和院系，了解问题，及时解决；院系主要负责同志要深入班级，了解学生的所思所想，帮助学生分析形势，通过面对面的交流与沟通，引导学生认清形势，积极就业。

二OO九年四月十三日

关于推进天津市青年创业就业工作的实施意见

各区、县、局（总公司）、大专院校、中央直属驻津单位团委，机关各部室、各直属单位：

为贯彻落实中央、市委关于扩大就业的战略部署和团中央关于促进青年创业就业的总体要求，充分发挥共青团组织自身优势，扎实有效地推进我市青年创业就业工作的深入开展，依据相关政策和法律法规，制定本意见。

一、指导思想

以党的十七大、十七届三中全会和市九次党代会、九届五次全会精神为指导，深入贯彻落实科学发展观，牢牢把握党政工作大局，正确分析社会发展形势，紧密结合青年创业就业的现实需求，举全团之力，全面推动“天津青年创业就业行动”，进一步健全和完善各项制度和措施，大力整合社会资源，积极营造支持青年创业就业的良好环境和氛围，不断激发青年的创业激情，培养青年创业主体，提升青年创业就业素质，全力支持青年干事创业，积极扶持青年就业兴业，努力构建具有共青团特色的促进青年创业就业工作新格局，为加快滨海新区开发开放，推动城乡一体化进程，实现天津经济社会又好又快发展做出积极贡献。

二、总体思路

按照《天津市2009年至2012年促进以创业带动就业规划纲要》的安排，以服务城镇失业青年、高校毕业生、农村失地青年、留学回国青年、外来务工青年等群体为重点，以“天津青年创业就业行动”为主线，以实现“创业带动就业”为目标，以“事业化推进、项目化运作、品牌化发展、社会化服务”为导向，以倡树创业理念、提高创业技能、推介创业项目、落实扶持政策、拓宽融资渠道为重点，以创建示范基地、培育孵化载体、建设信用体系为依托，建立健全服务网络，打造综合性服务平台，形成上下联动、左右互动、三级齐动的工作格局，带领和引导更多青年自主创业、自由择业、自谋职业，自我发展。

三、主要目标

全市各级团组织要发挥组织网络优势、资源整合优势，建立起技能培训、政策咨询、创业扶持、就业推介“四位一体”的青年创业就业运行机制，形成青年崇尚创业、社会支持创业的局面。力争用三年时间，全市各级团组织培训创业青年 6 万人，培训就业青年 30 万人，大专院校学生参加创业指导和培训活动的比例不低于 30%，创业毕业生累计达到 3% 左右。青年新创办企业 2 万个，创业带动就业率达到 1：6，累计带动就业 12 万人。各级团组织直接扶持 300 个青年创业项目，建立 200 个青年创业就业培训基地、50 个青年创业孵化基地、15 个青年创业示范园区，培养 1000 名青年创业带头人。创建 200 个青年创业就业见习基地，与 1000 家企业签订用工协议，三年内帮助 20 万名青年实现就业。

四、工作重点

（一）倡树创业就业新理念，增强青年的创业意识

1. 培育创业思想。组织开展“青年创业大讲堂”、“校园创业先锋讲坛”、“滨海·创富”青年创业论坛、“挑战杯”大学生创业计划大赛、大学生创意大赛、青年创业能力大赛等活动，在青年中大力宣传“劳动者自主择业，市场调节就业，政府促进就业”的就业方针，倡导自主择业、自主创业等新的创业就业观念，增强青年的创业意识，激发青年的创业热情。

2. 选树创业典型。选树一大批青年身边的创业典型，充分发挥先进典型在青年创业中的导向作用，让广大青年从身边人的创业事迹中受到启迪、激发热情。发挥典型的引领作用，在青年中形成崇尚创业、敢于创业、竞相创业的局面，以创业带动就业，实现就业的倍增效应。

3. 激励创业行为。以评选表彰“天津青年创业奖”为统揽，开展“青年创业先锋”、“农村青年创业致富带头人”、“大学生创业明星”、“海外学人报国创业之星”、“青年自主就业明星”等评选表彰活动。进一步扩大青年创业就业行动的社会影响，从而带动更多的青年通过自主创办生产服务项目、企业或从事个体经营，在实现自我创业就业的同时带动更多青年就业。

（二）大力加强阵地建设，形成创业就业组织网络

1. 建立三级创业就业服务中心。依托政府相关部门，市、区县、大专院校、街道乡镇三级都要建立集青年创业、择业、交流、开发、培训、储备为一体的“青年创业就业服务中心”，健全软硬件设施，配备专业工作人员，完善各种服务功能。采取市场化的运作模式，对涉及创业政策、创业融资、创业项目、市场信息、人才需求、企业用工等资讯进行有效整合，实行联网发布，实现上下贯通、左右相联、资源共享、优势互补。培育信誉高、服务优、效果好的创业就业服务品牌。

2. 建立青年创业孵化基地。各级团组织要紧紧依托经济技术开发区、保税区、高新技术园区、大学科技园区及各区县经济开发区，借助加快滨海新区开发开放的巨大优势，抓紧建设一批具备知识培训、项目运作、资金筹措、证照办理、管理咨询、商务服务、法律援助等一站式服务的各类青年创业孵化阵地。各级团组织在积极做好各项后续服务工作的同时，要联合有关部门为进驻基地的创业青年提供一定期限的政策扶持，以增强创业企业的经营管理水平和市场竞争能力，提高创业成功率，培育一批具有广阔发展前景的青年创业企业。

3. 建立青年创业示范园区。依托具有一定规模的商业经营场馆、农业产业化龙头企业、农村青年专业合作组织等建立青年创业示范园区，统一品牌和标识，为青年创业初期、发展期和成熟期提供全程服务，为青年创业培训、项目开发、经营策划、融资担保、管理咨询、市场评估等提供专项服务，形成整体促进青年创业的工作机制和工作模式，示范带动青年创办经济实体，帮助青年实现创业理想。

4. 建立青年创业就业见习基地。依托青年联合会、青年企业家协会、青年乡镇企业家协会等组织的成员企业，建立一批青年创业就业见习基地，为青年提供实训岗位，学习创业技能，提高就业能力，积累工作经验，为青年自主创业、自主就业奠定基础。同时，按照政策规定对参加实训的单位和个人给予补贴。

5. 建立青年就业技能培训基地。团市委将联合市教委、市劳动和社会保障局等部门，利用高职院校、技工学校等社会资源，建立一批青年就业技能培训机构。培训机构要做到“四有”、“四统一”，即有岗位责任制、有年度培训计划、有考核办法、有培训记录；统一挂牌、统一教材、统一考核、统一教学管理机构。通过规范化的技能培训，使青年掌握一技之长，以提高就业的竞争能力。

（三）加大创业就业培训力度，提高青年创业就业技能

1. 大力开展 SYB（创办你的企业）培训。要采取新闻媒体面向社会征集有志创业青年、团组织层层推荐青年培训学员相结合的方式，推荐青年参加 SYB 培训。对学员进行意向性筛选，对有创业志向并具备一定创业条件的学员优先进行培训。培训学员目标群体为 45 岁以下城镇失业青年、大学生、农村失地青年。在市劳动和社会保障局的支持下，严格按照国际劳工组织的标准，大力开展 SYB 培训。市青年创业中心要在原有基础上，按照政策规定扩大招生范围，增加培训班次。各区县、大专院校的青年创业就业服务中心，要在市青年创业中心的指导下，制定 SYB 培训计划，开办 SYB 培训班，最大限度地吸引青年参加，使有创业意愿的青年和大学生掌握创业学员企业构思、评估市场、企业人员组织、企业法律形态、预测流动资金、制定利润计划、企业生存能力、开办企业等方面的基本知识。

2. 拓宽创业培训渠道。以专家教授、职业指导师、青年企业家为青年创业培训的主讲教师，深入各区县、大专院校开办“青年创业大讲堂”。设计一批精品课程，吸引广大青年积极参与，不断强化青年的创业意识，帮助青年掌握创业知识，增强创业本领。在不断优化课程结构，提高培训实效的同时，对具有自主创业意愿和创业项目的青年，提供市场分析、项目论证、政策指导、决策参考

等方面的具体指导。各区县、局（总公司）和大专院校各级团组织要加强与我市各级各类创业培训中心、培训学校等培训机构的合作，因地制宜、因人制宜，广泛开展“小老板”培训计划，通过采取灵活多样、有针对性的培训方式，培养一大批敢闯市场、善于经营、精通管理的青年“小老板”。

3. 强化职业技能培训。根据经济发展的趋势和社会对劳动力的需求，加强青年的技能培训，提高他们的就业竞争能力、职业转换能力。要根据就业市场的需求、变化和青年的实际，不断增强培训的针对性、实用性、有效性和前瞻性。要将培训与青年创业、就业有效结合起来，以劳动力市场需求为导向，以能力培养为基础，以市场化、项目化运作为手段，创新培训方式，开展“订单式”培训，密切劳动力供需关系，逐步形成“市场引导培训，培训促进就业”的良性循环。积极争取劳动保障部门的支持，大力推行国家职业资格证书制度，加强职业技能鉴定，做到培训与需求相结合，技能与岗位相对应，提高青年的职业技能水平和岗位适应能力。

（四）拓宽资金借贷渠道，加大创业融资力度

1. 进一步拓宽创业融资渠道。团市委将继续联合国家开发银行天津分行实施“天津青年创业小额贷款项目”，并发挥青年创业贷款融资管理机构的职能，为青年创业者提供小额创业贷款。同时，通过举办“青年创业融资讲堂”及各种形式的银企对接会、融资洽谈会等，与其他金融机构建立长期的合作关系，推出优惠政策。降低商业贷款的门槛，在国家规定的基准利率基础上下浮贷款利率，减轻创业青年的融资负担。各区县团委青年创业金融服务站，要依托或联合本区县创业融资机构，建立贷款管理平台，做到机构到位、人员到位、场地到位、制度到位、工作到位，参与青年创业贷款的融资和管理，并与全团融资平台对接，实现融资资源共享。

2. 积极发挥担保平台作用。团市委将继续加强与中大融泽等投资公司的合作，拓展担保业务，扩大担保范围。各区县要积极争取政府部门支持，依托政府部门和社会已成立的担保公司，与金融机构共同搭建市场化的担保平台，为青年创业贷款提供利率、担保、授信、贴息等方面的优惠。同时，尝试捆绑式、无抵押等新的担保

方式，降低担保条件，简化担保手续，加快担保审核，以确保青年创业融资顺利进行，为青年创办企业提供资金保障。

3. 设立青年创业就业基金。坚持公益性、服务性、社会性的原则，积极争取市财政部门的支持，面向社会广泛募集，设立“天津市青年创业就业基金”，基金额度不低于 500 万元。以创业就业基金为依托，广泛吸纳政府项目资金、社会捐助资金、企业参股资金，风险投资资金，为青年就业和创业提供启动资金。引导高校毕业生和海外回国学人创办高新技术企业，吸引创业风险投资基金、股权投资基金介入，提高直接融资的比例，提高青年创业的成功率。

（五）积极倡导诚实守信，建立青年信用征信体系

1. 大力开展“诚实守信”教育。教育青年树立“人无信不立，事无信不成”的诚信思想，使青年深刻认识诚信对社会、对他人、对自己的重要意义，提高青年在面临个人利益与诚信行为矛盾时的道德水准，大力弘扬以信立业、以德立身的传统美德，引导青年自觉增强信用意识，提高信用素质，树立青年诚实守信的良好形象。

2. 大力开展信用创建活动。要发挥团组织的信用优势，全面加强与金融部门、担保机构的协调和合作，以信贷征信体系建设为基础，制定统一标准，严格进行审核，推进信用征信标准化建设，共同开展信用者、信用户、信用村、信用企业、信用群体等创建活动，促进青年信用建设规范、安全、有序、健康发展。

3. 大力创建信用征信体系。成立“天津市青年信用建设促进会”，努力拓展资信评估、信用评级、信贷咨询、信用担保等业务。各区县、高校、集团公司要大力发展信用共同体，通过信用评级增级，提高青年创业企业的融资能力。建立征信机构与青年创业企业信用信息库，积极争取市级相关部门的信用信息资源，实现融资与担保信息的互通共享。

（六）宣传落实政策，扶持青年自主创业

1. 积极宣传创业就业政策。通过各种媒体和各种形式，大力宣传《天津市 2009 年至 2012 年促进以创业带动就业规划纲要》，帮助青年了解政府有关支持创业主体发展政策、鼓励创业载体发展

政策、税费减免政策、市场准入和经营准入政策、小额担保贷款政策和劳动保障政策，激发青年的创业热情，引导更多的青年自主创业。

2. 积极落实创业就业政策。团市委将按照我市相关政策规定，协调落实创业补助金、社会保险补贴、注册资本最低限额、开办创业园区补助、小额贴息贷款最高额度、税收减免、社保岗位补贴以及岗位实训补贴等相关政策。同时积极争取政府部门的支持，制定符合青年创业需求的相关政策，扶持青年创业。

3. 积极争取青年创业政策。团市委将积极协调财政、劳动、人事、科技等部门，共同制定扶持青年创业就业的政策。一方面争取从资金支持、人员培训、机构设置等方面给予扶持，争取活动经费和工作经费，保证团属创业就业阵地的正常运转；另一方面争取给予实体性的青年创业园区优惠政策，按照孵化机构的标准施行财政补贴和税收减免。团市委将积极争取团中央的支持，在建设全团示范基地方面给予政策和资金扶持。

（七）搭建资源互通共享平台，提供创业就业综合服务

1. 创建项目采集推介平台。按照高端、中端和低端的分类方式，以市场化运作模式采集高校及科研院所科技项目、大学生发明项目、市场经营项目、加盟连锁项目，聘请专家学者对项目进行论证和遴选。设立“天津青年创业项目库”，实行分级分类管理，实现储备、更新、推介和实施一体化。建立项目推介制度，采取广泛展示、重点推介、专项发布等形式，面向社会青年和大专院校学生推介，为不同需求的创业青年提供相应的创业项目，增强项目推介的针对性，减少青年选择项目的盲目性。

2. 创建人岗信息互通平台。发挥团组织的组织优势，对我市尚未就业青年进行调查统计，并实行分类登记造册，分级建立“青年创业就业人才库”。利用共青团的联络优势和网络优势，广泛收集用工信息，挖掘就业岗位，包括季节性、临时性、流动性岗位，建立“青年就业岗位信息库”。实现就业青年与就业岗位的信息互通。采取集中发布与区域发布结合，职业介绍与劳务派遣结合等多种形式，通过举办各种类型的人才招聘会、需求见面会，实现青年

与岗位的完全对接，帮助青年实现跨地区、跨城乡、跨行业自主择业和灵活就业。

3. 创建创业就业后援平台。一是组建由财政、工商、税务、经贸、银行、城建、民政等政府有关部门的负责人和专家组成“青年创业咨询服务团”，帮助青年了解相关政策，利用优惠政策，为青年创办企业解决市场准入、税收减免、融资融券、场地使用等各方面实际困难。二是组建由大专院校和社会团体的青年专家、青年企业家、高级经营管理人员、职业经理人等组成的“青年创业导师团”，在制定创业规划、选择创业项目、规避市场风险等方面为创业青年提供有效指导；按照青年创业企业不同类别，按照行业进行分类，实施“1+1 群”后续扶持，对创业青年跟踪指导，指导服务时间不少于 8 个月。

五、有关要求

1. 提高认识，加强领导。青年创业就业工作是共青团服务滨海新区开发开放和城乡一体化发展，加快实施“一二三四五六”奋斗目标的全局性工作，是促进青年成长成才的一项重点工作。各级团组织要充分认识这项工作的重要性和紧迫性，把实施“天津青年创业就业行动”列入团的重要议事日程，作为一项重点工作常抓不懈。团市委成立“天津青年创业就业行动”领导小组，负责活动的规划、部署、指导和协调。领导小组办公室设在团市委实业部。各级团组织也要成立相应的领导机构，由“一把手”负总责，分管领导具体抓，把工作任务细化、量化，有步骤、分阶段地稳步组织实施。团的有关部门要根据“天津青年创业就业行动”的总体规划，针对不同青年群体提出相应举措，采取得力措施，确保工作顺利开展。

2. 建立机制，有序推进。各级团组织要着眼于工作的长期性，努力构建科学规范的运行机制。将“天津青年创业就业行动”的各项工作措施与政府促进以创业带动就业工作的整体部署和政策法规接轨，纳入本地区促进以创业带动就业工作的总体规划。建立青年创业就业行动工作的检查通报制度，经常检查、及时通报各单位的进展情况，把帮助多少青年创业，为青年创业办了多少实事作为衡量工作成效的重要标准，并将其作为考核、评价各地团组织工作的重要依据。团市委将设立“天津青年创业就业行动”特别贡献奖，每年评选表彰做出突出贡献的单位和个人。

3. 加强宣传，优化环境。通过创作青春创业歌曲、制作活动宣传画、发布公益广告、开展创业主题教育、与新闻媒体合作推出创业栏目等形式，加大对活动的宣传力度，倡导鼓励青年创业的舆论氛围。要根据青年创业就业工作的发展变化，不断分析新情况，研究新问题，总结新经验，推广新办法。要加强对青年的政策指导，帮助他们用足用好国家及我市已出台的有关政策。要主动争取有关部门的支持，在减免税费、提供小额贷款、社会保险补贴等方面出台一些区域性的具体政策，切实营造青年创业就业的浓郁社会氛围，推动工作不断向纵深发展，为“天津青年创业就业行动”的全面实施创造良好的社会环境。

共青团天津市委员会

2009 年 2 月 1 日

天津市劳动和社会保障局
关于选聘高校毕业生从事公益工作的通知

（津劳社局发［2009］72号）

各区（县）劳动保障局、财政局，各有关单位：

为贯彻落实市政府《关于印发天津市促进高校毕业生就业意见的通知》（津政发［2009］12号）精神，实施更加积极的就业政策，进一步做好高校毕业生就业工作，鼓励和引导高校毕业生到基层就业，现就选聘高校毕业生从事基层社会管理和公共服务等公益工作有关问题通知如下：

一、选聘对象、条件和方式

（一）选聘对象。坐落在本市的全日制普通高等院校和本市生源在外地全日制普通高等学校的应届毕业生（含2008年毕业后未就业的学生）。

（二）聘用条件。高校毕业生需具有全日制本科、专科学历，工作责任心强，身体健康，具有团队精神，愿意从事公共服务工作。

（三）选聘名额。全市每个街道选聘4名、乡镇3名、社区1名，市总工会、团市委、市妇联各选聘30名，市劳动保障局、市教委、市工商联、市房管局各选聘50名，市民政志愿者联合会和慈善协会各选聘25名。

（四）选聘方式。市劳动保障局统一组织，公开报名、统一考试、择优录用。对被录用的人员，由用人单位签订协议书（协议书由市劳动保障局另行制定）。

二、工作职责

各区县选聘的高校毕业生在街道办事处、乡镇政府领导下，从事劳动保障、扶残救助、住房保障、养老服务、社区公共环境与设施维护等工作。街、乡镇劳动保障服务中心具体负责工资和社会保险日常管理。

市总工会、团市委、市妇联、市劳动保障局、市教委、市工商联、市房管局、市民政志愿者联合会和慈善协会选聘的高校毕业生，主要从事创业、就业和公共管理等公益工作。

三、相关政策扶持

（一）从事公益性工作的高校毕业生，可在公益性岗位进行1至2年的锻炼，比照协管员类公益性岗位，由市就业资金按照我市最低工资标准给予岗位补贴，并给予养老、失业、医疗、工伤、生育等五项全额社会保险补贴。

（二）工作经费由区县财政和相关部门给予保障。

（三）从事公益性岗位工作的高校毕业生再次就业后，进入国家机关及事业单位的，原公益性岗位年限，计算工龄、社会保险缴费年限，接收单位按照所任职同等条件人员确定工资待遇。进入企业的，其原公益性岗位年限与其在企业工作的社会保险缴费年限合并计算。

四、工作要求

有职业卫生要求的要定期组织见习人员进行健康检查。

各区县劳动保障和财政部门一定要高度重视高校毕业生就业问题，将高校毕业生就业纳入本区县就业总体规划，把选聘高校毕业生公益性岗位工作提上重要议事日程，统一思想，提高认识，明确责任，狠抓落实；要周密组织，制定方案，抓紧实施，各区县劳动保障部门和市相关部门于4月末将选聘方案报市劳动和社会保障局。同时，要做好培训准备工作，制定培训计划，明确需要培训的内容、时间安排。选聘工作6月底前完成。

各有关单位要切实发挥职能，认真履行职责，加强协调配合，共同推动工作。要大力开展高校毕业生就业工作的宣传，引导高校毕业生树立正确的就业观和成才观，形成全社会共同促进高校毕业生就业的良好舆论环境。要加强对高校毕业生的就业服务，多渠道开发就业岗位，千方百计促进高校毕业生就业。同时要充分发挥好高校毕业生的作用，进一步提升公共服务质量和水平，为我市经济发展、社会稳定做出新的贡献。

天津市领导和社会保障局

二OO九年四月二十日

天津市劳动和社会保障局关于印发《天津市高校毕业生就业见习管理办法》的通知

津劳社局发［2009］67号

各区、县劳动和社会保障局，各委、局（集团总公司）劳动（人事）部门，各有关单位：

现将《天津市高校毕业生就业见习管理办法》印发给你们，请遵照执行。

天津市劳动和社会保障局

二〇〇九年四月十七日

天津市高校毕业生就业见习管理办法

第一条　为提高高校毕业生职业技能，积累工作经验，促进其实现就业，根据国务院办公厅《关于加强普通高等学校毕业生就业工作的通知》（国办发［2009］3号）和市政府《关于印发<天津市促进高校毕业生就业意见>的通知》（津政发［2009］12号）的规定，结合本市实际，制定本办法。

第二条　高校毕业生就业见习工作，坚持毕业生自主选择与企业需要相结合、所学专业与岗位技能相结合、职业能力提升与实现就业相结合，充分调动各类用人单位、大专院校、高校毕业生的积极性，促进高校毕业生就业。

第三条　市劳动和社会保障局统筹规划全市高校毕业生就业见习工作，主要任务是：

（一）制定政策，组织实施，监督检查；

（二）制定高校毕业生就业见习总体规划；

（三）审核认定高校毕业生就业见习基地；

（四）核拨见习补贴。

第四条　市劳动和社会保障局人力资源开发服务中心（以下简

称“人力资源中心”）受市劳动和社会保障局委托，具体负责全市就业见习工作组织推动、业务指导。

（一）落实就业见习计划；

（二）就业见习工作日常管理；

（三）定期发布就业见习供求信息；

（四）整合、调剂就业见习资源；

（五）对见习基地进行检查评估。

第五条　区县劳动和社会保障局负责辖区内就业见习工作的日常管理、业务指导、监督检查。

（一）受理见习基地申报，审核申办单位资格；

（二）受理高校毕业生就业见习报名；

（三）整合、调剂辖区内就业见习资源；

（四）收集、发布、上报就业见习相关信息；

（五）见习补贴初审。

第六条　符合下列条件的企事业单位均可申办青年就业见习基地（以下简称“见习基地”）。

（一）生产经营和工作正常，管理规范；

（二）能够提供相应的见习岗位和条件；

（三）见习岗位技术含量高、专业性强；

（四）有专门的见习管理办法和指导人员；

（五）能够留用百分之三十以上的见习人员。

第七条　见习基地申办程序。

（一）申办见习基地的企事业单位先向坐落地区县劳动和社会保障局提出申请，填写《天津市青年就业见习基地申报审核表》（见附件一），并提交申请报告、营业执照或事业法人登记证复印件，以及其他相关材料。

（二）区县劳动和社会保障局初审后报市人力资源中心复核；

（三）市人力资源中心复核后报市劳动和社会保障局审核；

（四）市劳动和社会保障局审核合格的，颁发“天津市青年就业见习基地”标牌，并向社会公布。

第八条　见习基地具体组织实施高校毕业生的就业见习。

（一）制定并实施见习计划；

（二）落实见习岗位，完善安全生产条件；

（三）配置见习指导师；

（四）见习人员日常管理；

（五）定期上报见习情况；

（六）申请、发放见习补贴；

（七）按规定比例留用见习人员。

第九条　参加就业见习人员条件。

本市普通高校有劳动能力和就业愿望的下列人员（含本市户籍在外地普通高校就读拟回津就业人员）可参加就业见习：

（一）已进行失业登记的上届和应届高校毕业生；

（二）符合条件的毕业学年在校学生。

第十条　见习报名需填写《高校毕业生就业见习申请表》（见附件二），并提供以下材料：

1. 身份证复印件；

2. 毕业生持《就、失业证》、毕业证书复印件；

3. 毕业学年在校学生持学生证和《就业服务卡》。

第十一条　就业见习报名方法。

高校毕业生可到见习基地报名，也可到区县劳动和社会保障局职业介绍中心或市人力资源中心报名。毕业学年在校学生到本校就业服务指导中心报名。

第十二条　见习基地应根据见习能力、见习岗位设置和见习指导人员等情况，编写就业见习计划，并在见习实施10日前报所在区县劳动和社会保障局。区县劳动和社会保障局汇总后上报市人力资源中心。市人力资源中心报市劳动和社会保障局备案，并根据全市见习岗位数量、分布和见习学员报名情况进行汇总分析、平衡调剂，促进见习人员与岗位需求有效对接。

第十三条　见习基地要按照见习人员数量、岗位等情况，匹配相应的见习指导人员，并认真做好见习人员岗前培训和安全生产教育等工作。

第十四条　见习基地要与见习人员签订《就业见习协议》（见附件三），协议应明确见习岗位、见习期限、补贴标准，以及双方应履行的义务和责任。

第十五条　见习人员的生活费，由政府补贴和见习基地匹配两部分组成。

第十六条　见习基地应建立见习人员花名册和数据库，并于见习人员上岗后7日内报所在区县劳动和社会保障局。区县劳动和社会保障局将相关数据录入信息网络，报市人力资源中心，作为核拨见习补贴的依据。

第十七条　见习基地应完善就业见习管理制度，掌握见习人员工作生活情况，加强安全生产管理习基地可终止见习协议。

（一）由于患病或已落实工作单位等原因不能继续从事就业见习的；

（二）连续无故缺勤3天或累计缺勤5天以上的；

（三）不遵守见习纪律且教育无效的；

（四）由于见习人员过失给见习基地造成一定损失的。

第十八条　见习基地于每月末5日内向区县劳动保障部门报送《见习人员增减变化统计表》（见附件四）。

第十九条　就业见习期限为3至12个月。见习期满后，见习基地应据实对见习人员进行考核鉴定，填写《毕业生就业见习鉴定表》（见附件五），作为推荐见习人员就业的参考。

第二十条　见习基地要及时为留用人员办理就业登记手续，依法签订劳动合同。

第二十一条　见习补贴及申领程序：

（一）市劳动和社会保障局按照最低工资60%的标准给予见习人员生活费补贴，并给予城镇居民医疗保险补贴。

（二）见习补贴每季度末的25日后申报。

（三）申报见习补贴应首先向坐落区县劳动和社会保障局提交申请，并提供以下材料：

1. 《天津市青年就业见习基地申报见习补贴审核表》（见附件六）；

2. 《见习基地申报补贴花名册》（见附件七）；

3. 《就业见习协议》；

4. 见习人员身份证复印件、毕业证复印件、就业服务卡；

5. 见习人员考勤情况；

6. 见习人员领取补贴情况。

（四）受理申请的区县劳动和社会保障局对见习基地所报材料初审后，3 个工作日内报市人力资源中心。市人力资源中心 3 个工作日内报市劳动和社会保障局。市劳动和社会保障局审批后，于下季度的 10 日前将补贴资金直接拨付见习基地。

第二十二条　见习基地实行年度考核评估制度。

天津市人民政府关于印发天津市促进高校毕业生就业意见的通知

2009-03-24

各区、县人民政府，各委、局，各直属单位：

现将《天津市促进高校毕业生就业的意见》（津政发［2009］12号）印发给你们，望遵照执行。

天津市人民政府

二〇〇九年二月二十六日

天津市促进高校毕业生就业的意见

为贯彻落实《国务院办公厅关于加强普通高等学校毕业生就业工作的通知》（国办发［2009］3号）精神，实施更加积极的就业政策，进一步做好普通高等学校毕业生就业工作，现提出如下意见：

一、高度重视切实做好高校毕业生就业工作

（一）充分认识做好高校毕业生就业工作的重要意义。高校毕业生是国家宝贵的人力资源。高校毕业生就业关系到千家万户，关系到社会的和谐稳定。当前，受国际金融危机影响，我市就业形势严峻，高校毕业生就业压力加大。因此，必须把高校毕业生就业摆在当前就业工作的首位，从加强就业培训和见习、提高创业就业能力、完善就业政策措施、健全就业服务网络等方面着手，促进高校毕业生就业。

（二）健全就业促进机制。坚持市场导向就业、毕业生自主择业、政府促进就业的方针，加快形成市场配置、自主就业、政策促进“三位一体”的工作机制。在统筹各类人群就业的同时，重点突

出高校毕业生；在实施更加积极就业政策的同时，重点扶持高校毕业生；在推进公平就业的同时，重点服务高校毕业生。坚持用大项目、好项目拉动就业，鼓励创业带动就业，实施培训促进就业，努力稳定高校毕业生就业局势。

（三）加强组织领导和工作考核。各级人民政府要加强对高校毕业生就业工作的组织领导，将高校毕业生就业纳入就业总体规划，统筹安排，确定目标任务，实行目标责任制，层层签订责任书，加强工作考核和督查。各有关部门要切实发挥职能，落实责任。劳动保障和人事部门要制定和实施高校毕业生就业政策，并做好高校毕业生离校后的就业指导和服务工作。教育部门要指导高校大力加强在校生的就业指导和服务工作，倡导行行可建功、处处能立业、劳动最光荣的就业观。财政部门要根据高校毕业生就业形势和实际需要，统筹安排资金用于促进高校毕业生就业。其他有关部门要认真履行职责，加强协调配合，推进工作开展。要进一步发挥工会、共青团、妇联等社会团体的积极性，共同做好高校毕业生就业促进工作。要形成各级人民政府共同负责、各职能部门齐抓共管、全社会积极参与的工作局面，千方百计做好高校毕业生就业工作，促进我市经济持续健康发展和社会和谐稳定。

二、多渠道开发就业岗位

（四）鼓励企业吸纳就业。坚持把新建项目和生产经营企业作为高校毕业生就业的重要载体。新建项目立项时要安排一定数量的用工，签订用工意向协议；新建项目开工时要制定培训计划，提前开展专业培训；新建项目竣工时要及时安排用工，组织企业生产经营。国有大中型企业和创新型企业要更多地吸纳有技术专长的高校毕业生。中小企业和非公有制企业要积极录用高校毕业生，不断改善劳动用工结构。各经济功能区要充分发挥集中吸纳高校毕业生就业的作用。受金融危机影响的困难企业要采取积极措施稳定就业岗位，保留高校毕业生技术骨干。对受金融危机影响，资金周转困难、不能按照标准工时安排生产经营、停产半停产的困难企业，可按规定给予社会保险补贴、岗位补贴、培训补贴和求职补贴。

各用人单位在招用高校毕业生就业时，要消除就业歧视，积极吸纳女大学生就业。

（五）鼓励自主创业。组织和鼓励有创业计划的高校毕业生学成创业。放宽市场准入条件，高校毕业生创办企业首次出资额允许为零。放宽学籍管理，对在校生自主创业的，2 年内保留学籍。

（六）扩大就业见习。认定社会责任感强、经营管理规范、具备一定规模的用人单位作为高校毕业生见习基地，见习基地总量增加到 1000 家，见习基地容量扩展到同时安排 3 万名未就业高校毕业生进行为期 3 至 12 个月的见习。见习期间企业可不与见习人员签订劳动合同，政府按照每人每月我市最低工资 60% 的标准给予见习人员生活费补贴，见习基地也应给予一定的补贴。见习人员继续参加城镇居民医疗保险，享受大病医疗保险和学生意外伤害保险待遇。见习基地应与见习人员签订见习协议，明确见习岗位、待遇标准、见习期限等内容，规范见习活动。

（七）组织开展创业实训。认定一批有条件的企业为创业实训基地，安排有创业意愿和能力的毕业学年在校生和未就业的高校毕业生到实训基地进行 3 至 6 个月的创业实训，增强创办企业的能力。补贴政策和标准比照高校毕业生见习基地执行。

（八）组织企业家带徒授业。选聘 1000 名优秀企业家、高级工程师和高级技师，帮带 3000 名有创业意愿和条件的高校毕业生了解创业经验，学习管理方法，掌握专业技术，提高创业成功率。企业家与毕业生通过自愿选择，签订不超过 1 年的带徒授业协议，其间企业按月提供一定的生活费，政府给予毕业生一定的补贴，对带徒授业取得成效的企业家给予一定奖励。

（九）扩大公益就业岗位。每个街道、乡镇、社区选聘一名高校毕业生，从事社会管理、公共服务、生产服务、生活服务、救助服务等公益工作。工会、共青团、妇联可选聘一定数量的高校毕业生，从事创业和就业等公益工作。全市公益性岗位安置 5000 人，进行 1 年以上锻炼，给予岗位和社会保险补贴。

（十）鼓励到基层单位和边远地区工作。继续组织实施“选聘高校毕业生到村任职”、“三支一扶”、“大学生志愿服务西部计划”等工作。落实好高校毕业生到西部地区和艰苦边远地区基层单位就业的国家助学贷款代偿政策和天津市人民政府服务基层奖励金政策。鼓励高校毕业生应征入伍，并按规定享受国家助学贷款代偿政策。机关招考公务员、事业单位招聘工作人员，要优先录用经过基层锻炼的高校毕业生。

（十一）鼓励继续学习深造。2009 年研究生招生计划增加 1000 人以上；普通高校专升本招生计划增加 15% 以上；适当扩大成人本科应用型人才的招生规模，鼓励专科（高职）毕业生到成人院校继续学习。

三、强化创业和就业服务

（十二）实施“双证书”制度。对高校在校生实行毕业证书和职业资格证书“双证书”制度。参加中级以上职业技能培训并取得国家职业资格证书的，职业院校学生给予鉴定费补贴，其他普通高校学生按照培训成本给予 50% 的培训和鉴定费补贴。

（十三）实施职业技能培训。鼓励未就业的高校毕业生到具备条件的相关职业院校、培训机构参加职业技能培训。对取得国家职业资格证书的，按照社会需求程度和职业资格等级，给予相应补贴。

（十四）实施就业一条龙服务。强化高校毕业生创业指导服务，提供政策咨询、项目开发、创业培训、创业孵化、小额贷款、开业指导、跟踪辅导的系列化服务。各级公共就业服务机构要盯住项目，提前介入、动态跟踪、搞好服务，促进项目与人才对接。公共就业服务机构要积极提供档案管理、人事代理、社会保险办理和接续、职称评定以及权益保障等方面的服务。企业招用登记失业半年以上以及零就业、单亲、低保等困难家庭中的高校毕业生，可按规定享受社会保险补贴、岗位补贴等相关扶持政策。

（十五）实施就业专项活动。各级公共就业服务机构要采取网络招聘、专场招聘、供求洽谈会和用人单位进校园等多种方式，大力开展面向高校毕业生的就业服务系列活动。实施“1123 服务”，对毕业学年的在校生每人发放 1 张就业服务卡，享受 1 次职业技能培训鉴定补贴，免费提供 2 次职业指导和 3 次职业介绍。开展就业专项服务活动。2009 年 2 月举办就业援助月活动，将零就业、单亲等困难家庭中的未就业高校毕业生作为重点援助对象，实施岗位援助、技能援助，托底安置，确保动态为零；5 月开展高校毕业生就业服务月和民营企业招聘周活动，组织企业深入校园，开展专场招聘，现场提供政策咨询、就业指导、岗位推荐等服务，开辟校企对接绿色通道；9月开展高校毕业生创业服务月活动，举办全国性创业项目展示推介会，开展创业政策宣传、项目推介、投资融资等服务。

（十六）实施定点服务。各级公共就业服务机构要对高校开展定点服务，签订服务协议，明确服务内容。要加强与企业沟通联系，广泛收集企业用工信息，及时向高校发布。行业总公司要积极组织企业，根据产业布局、行业特点和生产需求，与院校签订岗位预留和人才定向供给协议，实现企业用工需求和高校毕业生资源的有效对接。工会、共青团、妇联要根据各自职能为相关群体提供创业和就业服务。

（十七）实施信息共享。实施教育部门毕业生信息和劳动保障部门就失业信息互联共享，将教育部门的毕业生基本信息、就业去向与劳动保障部门的社会保险参保缴费、就失业登记信息相互传输比对，动态掌握高校毕业生的就失业状态。在高校配置必要的信息传输设备，将全市公共就业服务机构收集的岗位需求、就业政策等信息及时向高校发布。

（十八）拓宽融资渠道。支持小额贷款公司、村镇银行、贷款公司、农村资金合作社和担保公司等新型融资机构发展，努力满足高校毕业生创业融资需求。扩大小额担保贷款规模，各区县财政要建立规模不低于500万元的小额贷款担保基金，市小额贷款担保基金等额给予匹配。提高贷款额度，高校毕业生创业初次贷款额度由2万元提高到5万元，还款期限由2年延长到3年；对还款及时、信誉度高、企业成长性好的，给予每年10万元的贷款支持。

（十九）搭建创业平台。市内六区和塘沽区要整合教育教学资源，选择1所有一定土地面积和建筑规模的学校改建为创意创业园。有需求、有条件的其他区县和经济功能区也要选择1所有一定土地面积和建筑规模的学校改建为创意创业园。有条件的高校应在校内适当位置建设创意创业园。

（二十）完善财税政策。企业吸纳就业困难高校毕业生的，按规定给予税收减免优惠。认真落实《天津市2009年至2012年促进以创业带动就业规划纲要》、《天津市促进以创业带动就业若干政策规定》（津政发［2008］85号）和其他有关财税优惠政策，鼓励高校毕业生自谋职业、自主创业，全面促进高校毕业生就业。

天津市人民政府关于印发天津市引进创新创业领军人才暂行办法的通知

（津政发［2009］7号）

各区、县人民政府，各委、局，各直属单位：

现将《天津市引进创新创业领军人才暂行办法》印发给你们，望遵照执行。

天津市人民政府

二〇〇九年一月十六日

天津市引进创新创业领军人才暂行办法

第一章　总则

第一条　为深入实施人才强市战略，促进天津科学发展和谐发展率先发展，大力引进创新创业领军人才，根据国家和本市有关规定，制定本办法。

第二条　引进创新创业领军人才，以加快推进滨海新区开发开放，提高自主创新能力，发展高端化、高质化、高新化产业为主要目标，充分发挥领军人才的作用，促进具有自主知识产权的重大科技项目实现成果转化和产业化，孵化一批高成长性科技型企业，吸引一批国内领先、国际先进水平，市场竞争优势明显的高新技术企业落户天津。

第三条　创新创业领军人才引进工作，应坚持突出重点、项目带动、科学评价、注重实效的原则，以新引进的产业化项目为载体，以用人单位为主体，搭建吸引优秀人才创新创业的平台。

第二章　引进对象和条件

第四条　创新创业领军人才，应当是掌握重大科技项目核心技术，具有自主研发能力和产业化经历，能够引领和带动某一专业技术领域科技发展，具有学科优势和行业领先地位，带项目、带技术、带资金来津创办企业、领办企业，实施科技成果产业化的科技团队带头人。一般应具备以下条件：

（一）基本条件：

1. 遵纪守法，具有良好的职业道德、突出的专业贡献、较大的发展潜力和显著的引领作用；

2. 所带项目知识产权属于领办、创办的在津注册的经营企业所有；

3. 曾在国内外著名高校、企业、研发机构担任高级职务 5 年以上，具有主持研发成果成功实施转化的经历，且直接从事本专业领域科技研发及产业化工作；

4. 在业内具有良好信誉，无知识产权争议或经济纠纷。

（二）领军人才携带的项目应具备以下条件：

1. 知识产权清晰，市场潜力巨大，技术前景广阔，项目达到国内领先、国际先进水平，能够引领和带动本市重点产业的启动和发展；

2. 项目基础稳固，已完成前期开发，进入中试或样机制造阶段，具有稳定的实验数据和中试产品；

3. 拥有项目研发、成果转化所需的部分资金（不少于 100 万元），并拥有一支技术研发、生产管理、市场开发等方面人才组成的创新人才团队。

第三章　工作机构

第五条　成立天津市引进创新创业领军人才工作委员会，在天津市人才工作领导小组领导下，负责全市引进创新创业领军人才的组织、协调工作，成员单位包括市委组织部、市发展改革委、市经委、市教委、市滨海委、市科委、市人事局、市财政局、市工商局和市知识产权局。委员会主任由市人才工作领导小组办公室主任兼任，副主任由市人才工作领导小组办公室副主任兼任。

第六条　市引进创新创业领军人才工作委员会下设办公室（以下简称办公室），设在市人事局，由市人事局、市科委、市财政局有关处室组成。市人事局负责引进领军人才申报材料的受理工作，并会同市科委负责组织协调对申报专项资助项目进行评审论证工作。市财政局负责专项资金的落实工作。

第七条　按专业领域成立天津市创新创业领军人才专家评审委员会（以下简称专家评审委员会），主要负责确定引进创新创业领军人才的评审标准，对引进项目和人选进行评审。每个专家评审委员会由 10 至 15 人组成，设主任委员、副主任委员各 1 名，均由两院院士担任；秘书长 1 名，由市人事局负责同志兼任；委员由相关领域的两院院士、知名专家以及经营管理、金融投资等方面的资深专家组成。专家评审委员会开展评审工作，每次出席专家评委不得少于 9 人，其中外地专家不得少于半数。

第四章　申报与评审

第八条　引进创新创业领军人才申报工作采取组织推荐的方式进行，由引进项目单位所属区县、委局的人事部门向办公室申报。

第九条　申报单位应当对引进项目进行评估和论证，对人选情况进行审查与核实，确保申报材料真实可靠。

第十条　申报引进创新创业领军人才，应提交以下材料：

（一）天津市引进创新创业领军人才申请表，包括对项目的评估、论证，人选基本情况、获专利情况、发表论文论著情况，主持研发项目和新产品情况、获奖励情况及 2 名以上同行权威专家对其以往专业业绩的评价、主管部门（单位）意见和相关证书佐证材料等；

（二）引进创新创业领军人才所在企业营业执照复印件；

（三）创新创业研发转化项目介绍，包括知识产权、研发转化周期、市场前景、预期经济效益等内容；

（四）对所报项目的权威评价资料，包括权威部门评价和与项目相关的论文等；

（五）其他需要申报的材料。

第十一条　评审工作采取随时受理、集中评审的方式，办公室根据受理情况，及时组织开展评审工作。

第十二条　评审工作分两个阶段进行。

（一）函评。采取盲评形式，不透露被评人姓名，请同行两院院士、专家按专家评审委员会确定的标准进行评议。函评专家每次不少于9人。函评未达到半数同意的，不得进入下一评审阶段。

（二）会议评审。函评通过后，专家评审委员会在审阅申报材料和听取推荐人选本人答辩的基础上，进行综合评议。经专家评审委员会投票，获得实际到会专家评委三分之二以上（含三分之二）同意，提名领军人才建议人选。

函评专家与专家评审委员会成员一般不得重复。

第十三条　评审工作实行回避制度，与推荐人选存在亲属、合作或其他形式直接利益关系的专家应当回避。参与评审的专家应严格遵守保密规定，不得透露与评审相关的信息。

第十四条　根据专业领域及项目特点，将评审结果在一定范围内进行公示，公示期为15天。公示期间接到相关举报和质疑的，由办公室负责调查、核实并处理。

第十五条　公示无异议的，由市引进创新创业领军人才工作委员会报市人才工作领导小组审批。

第五章　资助及优惠政策

第十六条　设立天津市引进创新创业领军人才专项资金，每年2亿元，其中市财政1亿元，引进领军人才的区县、委局筹集1亿元。对批准引进的创新创业领军人才给予一次性经费资助300万元，其中项目资助费200万元，安家资助费100万元，由市财政和引进领军人才主管区县、委局各投入50%。

第十七条　经批准引进的创新创业领军人才，由办公室通知领军人才所在区县、委局主管部门，并与所在区县、委局及领军人才本人三方签订天津市引进创新创业领军人才专项资金执行合同。

第十八条　按照合同有关约定，市财政局应及时将天津市引进创新创业领军人才专项资金拨付主管区县、委局等申报单位，由主管区县、委局连同配套资金一并划拨领军人才所在单位，由单位直接拨付给领军人才本人。安家资助费、项目资助费由办公室负责监管落实。引进创新创业领军人才专项资金当年没有安排的结转下年，滚动使用。

第十九条　引进的创新创业领军人才可享受以下待遇：

（一）优先推荐申报相关国家科技计划；

（二）市级各类科技计划在同等条件下，优先支持由创新创业领军人才领衔实施的研究开发和科研成果转化项目；

（三）优先向国内外金融机构、风险投资公司推荐项目；

（四）优先推荐申报享受政府特殊津贴专家、天津市授衔专家等荣誉称号；

（五）优先解决配偶、子女的户口及社会保险等问题，其子女可就近选择中小学、幼儿园入学入托。

第六章　管理、服务与考核

第二十条　创新创业领军人才所在区县、委局的人事部门应按照合同约定，确定考核指标，对创新创业领军人才实行定期考核。考核工作每两年进行一次，考核结果报办公室备案。

第二十一条　接受专项资助的创新创业领军人才严重违反合同约定的，可依据合同条款撤销或终止合同。

第二十二条　市引进创新创业领军人才工作委员会在每年年末，对本市引进创新创业领军人才专项资金执行和使用情况进行检查，编制年度执行报告，报市人才工作领导小组。

第七章　附则

第二十三条　本办法自发布之日起施行。

天津市职业培训补贴办法

第一条　为进一步完善政府购买培训成果的机制，引导社会培训机构根据市场需求开展职业培训，加速高技能人才培养，改善我市人力资源素质结构，促进社会更加充分就业，根据《中共中央办公厅、国务院办公厅关于进一步加强高技能人才工作的意见》（中办发［2006］15 号）、《财政部、人力资源和社会保障部关于就业专项资金使用管理及有关问题的通知》（财社［2008］269 号）、《天津市 2009-2012 年促进以创业带动就业规划纲要》（津党办发［2008］30 号）等有关规定，结合本市实际，制定本办法。

第二条　职业培训和补贴原则。坚持以市场需求为导向，以职业技能培训为重点，以改善人力资源素质结构和促进就业为目的，采取政府购买培训成果的方式，按照培训职业的社会需求程度、资格等级和培训成本，给予不同比例的培训和鉴定费补贴。引导各类培训机构、职业院校和符合条件的用人单位，对劳动者开展相应的职业培训。

第三条　职业培训补贴对象。在法定劳动年龄内，有劳动能力和就业（培训）愿望的城镇登记失业人员、农村富余劳动力、企业在职职工、外来劳动力、普通高校毕业学年的学生及符合条件的其他人员。

第四条　职业培训成本及市场需求程度目录。市劳动保障、财政部门应当建立职业需求程度评审机构（以下简称“评审机构”），可以委托社会调查机构，每年对市场需求的职业（岗位）和培训成本开展调查，依据调查结果制定《职业培训成本及市场需求程度目录》（以下简称“《目录》”），并向社会发布。《目录》主要包括职业名称、职业资格等级、市场需求程度、培训成本等内容。市场需求程度由高到低分别为非常紧缺、紧缺、一般紧缺。审机构根据产业结构调整和重点建设项目对技能人才的需求变化，适时调整和补充《目录》内容并向社会发布。

第五条　职业技能培训费补贴。下列人员参加《目录》中所列职业和等级的技能培训并取得国家职业资格证书的，给予相应的培训费补贴。

（一）城镇登记失业人员和农村富余劳动力参加职业技能培训，按需求程度分别给予培训成本100%、80%、60%的培训费补贴；

（二）企业在职职工参加职业技能培训，按需求程度分别给予培训成本90%、70%、50%的培训费补贴；

（三）外来劳动力参加职业技能培训后与用人单位签订一年以上劳动合同的，按需求程度分别给予培训成本100%、80%、60%的培训费补贴；

（四）普通高校毕业学年的本科学生，参加职业技能培训并取得中级工以上职业资格的，按培训成本给予50%的培训费补贴。

上述人员参加职业技能培训，取得技师以上职业资格的，按培训成本给予100%的培训费补贴。

第六条　职业技能鉴定费补贴。下列人员参加《目录》中所列职业和等级的技能培训并取得国家职业资格证书的，给予相应的鉴定费补贴。

（一）城镇登记失业人员和农村富余劳动力参加职业技能培训，给予100%的鉴定费补贴；

（二）外来劳动力参加职业技能培训后与用人单位签订一年以上劳动合同的，给予100%的鉴定费补贴；

（三）普通高校毕业学年学生参加职业技能培训，并取得中级工以上职业资格的，对高等职业院校学生给予100%的鉴定费补贴；对本科院校学生给予50%的鉴定费补贴；

（四）企业在职职工通过全员技能评价取得中级以上职业资格的，给予50%的鉴定费补贴。

上述人员参加职业技能培训，并取得技师以上职业资格的，给予100%的鉴定费补贴。

第七条　再就业培训费补贴。再就业培训应当以市场需求为导向，以定向就业培训为主，三年内全部过渡为定向就业培训，培训内容应当根据用人单位岗位职业需要合理确定。城镇登记失业人员参加再就业培训合格的，给予每人300元的培训费补贴，其中在6

个月内实现就业的，再给予每人 200 元的就业补贴。

第八条　转岗培训费补贴和在职继续教育培训费补贴。按照市劳动和社会保障局、市财政局《关于失业保险基金支持参保单位开展促进就业培训的补贴办法》（津劳局［2006］306 号）执行。

第九条　创业培训费补贴。参加模拟企业实训或创办企业培训，并取得培训结业证书的人员，根据结业人数，按每人 500 元的标准给予培训费补贴；培训后 6 个月内成功创业人数达到 50% 以上的，根据成功创业人数，按每人 700 元的标准再给予培训费补贴。

参加改善和扩大企业培训，并取得培训结业证书的人员，根据培训合格人数，按照每人 1500 元的标准给予培训费补贴。

第十条　培训项目按下列要求实施：

（一）具备相应培训资质的职业培训机构，应当通过竞标方式取得定点培训机构资格后，方可组织实施职业培训并享受职业培训补贴；市劳动保障部门根据本市职业需求、人力资源分布和培训机构条件，通过招标方式认定定点培训机构。

（二）定点培训机构实行市、区县两级管理，市劳动保障部门制定定点培训机构考核认定和退出的动态管理办法，组织指导定点培训机构开展职业培训；区县劳动保障部门负责区域内定点培训机构的日常管理工作。

（三）《目录》所列职业和等级的技能培训，经市劳动保障部门确认后，由定点培训机构或用人单位自行组织实施。企业有定向需求、且是非常紧缺职业的，原则上通过向社会公开招标的方式进行。

第十一条　职业培训补贴按下列程序申请和拨付：

（一）职业培训补贴申请。培训单位培训结束后，应当向劳动保障部门提出职业培训补贴申请。

（二）职业培训补贴拨付。市劳动保障部门核准后，向市财政部门出具资金拨付意见，市财政部门复核后，将职业培训补贴资金直接划入申请单位账户。

（三）职业培训补贴资金管理使用。职业培训补贴资金的管理和使用，严格遵循公开、公正、透明的原则，接受社会监督，任何单位和个人不得擅自扩大补贴范围和标准，严禁弄虚作假骗取补贴资金。对违反规定的，依法追回补贴资金，并取消定点培训机构资质；造成严重后果的，依法追究相关人员的法律责任。

第十二条　各类人员参加职业培训原则上不能重复享受职业培训补贴。其中，参加晋升职业资格等级技能培训人员和就业困难人员，累计可享受 3 次职业培训补贴，每次间隔为一年以上；参加创办企业培训并创业成功的人员，还可继续享受一次改善和扩大企业培训补贴。

第十三条　本办法自印发之日起执行。

转发市劳动保障局关于落实天津市2009-2012年促进以创业带动就业规划纲要实施意见的通知

各区、县人民政府，各委、局，各直属单位：

市劳动保障局《关于落实天津市2009-2012年促进以创业带动就业规划纲要的实施意见》已经市人民政府领导同志同意，现转发给你们，请照此执行。

天津市人民政府办公厅

二〇〇九年四月三十日

关于落实天津市2009-2012年促进以创业带动就业规划纲要的实施意见

为贯彻落实《天津市2009-2012年促进以创业带动就业规划纲要》（津党办发［2008］30号），做好市人民政府与人力资源和社会保障部共建创业带动就业实验区的各项工作，提出如下实施意见：

一、鼓励各类人员多种形式创业

（一）鼓励各类人员创业。有创业愿望和创业能力的高校毕业生、科技人员、留学人员、农民、失业人员、”低保”人员、残疾人、复转军人、机关事业单位工作人员、企业职工等个人，均可利用资金、场地、技术等进行创业。

（二）鼓励多种形式创业。创办一人公司。允许一个自然人作为投资主体，出资设立一人有限责任公司。

创办个体工商户。自然人可依法申请从事个体经营成为个体工商户。放宽自然人从事个体经营投资限制，允许一人申办多个个体工商户营业执照，经营范围实行“非禁即入”，被吊销营业执照的经营者可再次申请个体工商户登记，取消个体工商户营业执照4年有效期制度，个体工商户登记备案不收取登记费。

创办各类企业。自然人可以共同出资创办有限责任公司和股份有限公司。允许创业者按照法律、法规规定的条件、程序和合同约定，将家庭住所、租借房、临时商业用房等作为创业经营场所。

创办手工作坊。自然人可以从事家庭手工业、手工编织、小制作、小加工、小维修等手工作坊式业态经营，从业人员3人以下的可免于工商登记，应在工商部门备案，或申请短期个体营业执照。

二、建立创业指标体系

（三）建立创业指标评估制度。选择1500户创业企业作为样本，建立创业指标体系。主要包括出资的自然人，创办的企业、劳动用工量；生活服务、社会服务、生产经营和创新创意活动；销售额，增加值，工资额，纳税额；职工赡养系数，万人企业率等指标。（见附件1）

（四）建立创业带动就业指标考评体系。将创业政策完善落实情况、创业培训效果、创业服务质量、创业初始成功率、企业存活率以及创业带动就业率等指标分解下达，并列入各级人民政府考核内容。市人民政府对指标责任人实施考核，实行月统计、季度检查、半年通报、年终考评。（见附件2）

（五）建立创业项目评估指标体系。将市场因素、项目参与人因素、投资情况、经济效益、风险分析和后续服务等参数，分解为市场竞争对手状况、对项目参与人文化水平要求、项目所需启动资金、销售毛利润、投资回收期、后续服务期限等28项指标，综合评估创业项目。（见附件3）

三、落实工商金融财税政策

（六）放宽市场准入。要认真落实我市促进个体工商户发展、实施团体化登记管理、扩大市场主体、放宽经营范围等政策，进一步放宽市场准入条件和经营准予。

（七）拓宽出资人出资方式。允许股东以货币、实物、知识产权、土地使用权、股权等出资设立公司或向存续公司增资。以股权出资的，按照《公司股权出资登记管理试行办法》（津工商企注字［2008］16号）有关规定执行。

（八）引进创业领军人才。设立专项资金，大力引进电子通信、生物制药、航空航天、装备制造等方面的尖端人才，带项目、带技术、带资金来津创办领办企业。具体办法按照《天津市引进创新创业领军人才暂行办法》（津政发［2009］7号）、《京津冀生物医药产业化示范区优惠政策》（津政发［2008］68号）执行。

（九）研究制定和完善鼓励创业的相关政策。各相关单位应按照要求，提出本部门的贯彻实施意见。制定包括鼓励各类人员创业、支持创业载体发展、完善小额担保贷款和拓宽投资融资渠道、税费减免和完善社会保障的政策。对于涉及部门多、需要反复论证的政策，最迟应在2009年5月底前以联合行文的形式制定出台。（见附件4）

四、加强创业培训体系建设

（十）强化市级创业培训服务机构职能。市劳动保障局通过置换场地的方式，将市创业培训指导中心迁移至中心城区，建立集创业培训、师资培养、小额贷款、企业孵化、项目征集评估、咨询服务等功能为一体的综合型创业服务机构，主要负责全市创业培训和服务工作的组织管理、示范指导和技术支持等工作。

（十一）建立区县创业培训服务机构网络。依托区县就业训练机构，增加创业培训服务功能，配备不少于10人的专职工作人员，安排专项经费，负责区域内创业培训和服务工作。

（十二）完善街镇社区创业培训服务功能。依托现有街道（乡镇）劳动保障服务中心和社区劳动保障工作站，增设创业培训服务窗口，增加创业培训服务公益性岗位，配合公共创业培训服务机构，为辖区内创业者提供就地就近的政策宣传、培训报名、项目推介、贷款申请等服务。

（十三）发挥工会、共青团、妇联创业培训机构作用。增设一定数量的创业服务公益性岗位，进一步完善职能，发挥各自优势，提高创业培训和服务能力，重点做好职工、青年、妇女等特定群体的创业培训服务工作。

（十四）加强创业培训师资队伍建设。发挥市创业培训指导中心作为国家创业培训师资基地的作用，制定我市创业培训师资考核管理办法。从 2009 年第二季度开始，实施全市创业培训师资培养计划，主要为工会、共青团、妇联和各区县的公共创业培训机构以及高校培养师资，今年全市培训师资达到 200 人。规划期末，全市师资达到 1000 人以上。其中，每个公共创业培训服务机构教师不少于 10 人，每所高校不少于 5 人，实行持证上岗。全市每年组织 2 次教师进修培训，每次不少于 30 课时；每年组织 1 次师资资格考核进一步提高队伍素质。

（十五）强化创业教育培训。制定创业培训机构认定管理办法和培训标准，通过政府招标方式，由劳动保障、财政等部门共同认定有资质的创业培训机构开展培训。市创业培训指导中心主要面向已成功创业的创业者开展改善和扩大企业培训；工会、共青团、妇联和各区县的创业培训机构要继续开展创业能力和创业意识等培训。市教委将“知晓创业”培训融入大学和职业教育教学体系，对应届毕业生开展创业培训。在规划期内，全市年均开展创业培训 2 万人次，创业成功率达到 50% 以上，带动就业率 1:6；到规划期末，大中专技校学生参加创业教育和创业活动的比例达到 60%，创业成功人数占当年毕业生总量的 5%。全市累计开展创业培训 8 万人次，扶持 4 万人成功创业。

（十六）开展创业实训。选择一批优秀企业认定为创业实训基地，安排经过培训的人员到基地进行不超过 6 个月的实训。到规划期末，全市认定的创业实训基地数量不少于 1000 家。重点实施“三个 100”工程，工商联负责在生产加工、商贸零售、种养殖和服务等行业中筛选 100 家不同规模的民营企业，建立创业实训基地；共青团依托青年联合会、青年企业家协会，建立 100 家青年创业实训基地；妇联依托女企业家协会，建立 100 家女大学生创业实训基地。

（十七）引进先进创业培训技术。市劳动保障局要充分发挥促进创业带动就业实验区优势，依托人力资源和社会保障部，加强与国际劳工组织等国际和区域组织的交流合作，引进先进创业培训项目。2009 年 4 月，与全球模拟公司中国中心完成签约，引进实施模拟公司实训技术。在市创业培训指导中心建立集培训教室、实训场地和信息服务为一体的模拟公司天津中心，开展模拟实训项目，年模拟实训能力达到 5000 人。规划期末，工会、共青团、妇联和各区县创业培训机构开展模拟公司培训项目，全市年模拟实训能力达到 1 万人。

（十八）加强职业技能培训和鉴定。大力开展职业技能培训和鉴定，促进劳动者实现技术技能创业，同时为创业企业储备和提供所需人才。充分发挥公共培训机构、职业院校、社会培训力量和企业培训中心的作用，构筑多种类、多层次、多形式的职业技能培训体系，形成百万人次以上的年培训能力。依托国家职业展示中心和国家职业资格培训鉴定实验基地，围绕我市产业结构调整和技术升级需要，更新完善职业技术标准；围绕新兴职业发展，积极承接国家统考和实验性鉴定项目，大力开发新职业标准，并在全国积极组织推广和试验。在职业院校和企业，认定一批高技能人才培训基地，建立 100 个技师研修站，打破年龄、身份、比例等限制，通过名师带徒、生产现场考核、技术攻关、技能竞赛等形式，形成技能人才培养考核评价的新模式，造就一批应用型、高技能人才。

（十九）开展企业家带徒授业活动。市劳动保障局会同市工商联、市教委，从民营企业中筛选 1000 名优秀企业家作为导师，从高校毕业生中选择 3000 名有创业意愿和条件的人员作为学徒，开展导师带徒授业活动。通过企业家“传、帮、带”方式，使高校毕业生了解创业经验，学习管理方法，掌握专业技术，提高创业成功率。企业家与毕业生通过自愿选择，签订不超过 1 年的导师带徒授业协议，在此期间企业按月为毕业生提供一定的生活费，政府给予一定补贴。对带徒授业取得成效的企业家给予一定的奖励。

五、加强创业载体建设

（二十）发展便民商（农）贸市场。各区县人民政府要根据全市商（农）贸市场的布局和规划、区域经济发展特点和群众需求，通过购置、置换、租赁土地等形式，新建一批便民商（农）贸市场，优先吸纳本市下岗失业、失地农民和高校毕业生等创业人员入场经营。对就业困难人员进场创业的，减免租金和各项收费。

（二十一）建立区县创业培训服务场所。各区县、各经济功能区要根据社会创业需求和区域发展定位，选择有一定土地面积和建筑规模的学校、工业小区和厂区、商业区建设为公众创业园。其中，市内六区和塘沽区要在 2009 年上半年完成，其他区县和经济功能区要在 2010 年全部建立。

（二十二）认定创业基地。对社会力量新建的创业园或商贸市场，吸纳新办创业企业数量在 50 家以上的，以及现有的创业园或商贸市场年新吸纳新办创业企业数量在 30 家以上的，可认定为创业基地，给予一定补贴。

（二十三）发展高科技创业孵化基地。制定扶持科技企业孵化基地政策和办法。鼓励科技主管部门、高校、科研机构、高新技术产业园区、创业投资机构和其他各类企事业单位建立电子通讯、生物医药、光机电一体化和节能环保等技术领域的专业技术与综合技术孵化基地。扶持资金从科技发展资金中列支，为科技创业者提供预孵化、创业培训、开业指导、投资融资、知识产权保护、技术嫁接、市场开发、共享服务、场地提供等各类企业发展服务。到规划期末，全市要建立 70 家左右科技企业孵化基地。

（二十四）建立高校创业园角。市教委要组织有条件的高校安排一定的场地，建立创业园角，成立具有完备创业服务功能的管理机构，为校内创业提供平台，支持高校毕业生在校期间实现自主创业。

六、加强融资体系建设

（二十五）创新银行贷款新业务。各银行机构应从创业者实际融资需求出发，制定更加灵活多样的信贷政策。注重流动性、提高有效性、增强融资性、实现多样性。建立预审制、限时审批制等制度，创建信贷审批绿色通道。进一步开发小额无抵押贷款业务、个人信用贷款、个体户贷款及支持个人创业的短期借贷等各类信贷业务。采取应收账款质押、动产质押，保理融资、联户联保贷款等适合小企业的信贷创新产品。

（二十六）鼓励创建新型融资机构。依据《中国银行业监督管理委员会关于调整放宽农村地区银行业金融机构准入政策更好支持社会主义新农村建设的若干意见》（银监发［2006］90号）的规定，各区县人民政府要引导、鼓励、支持境内外金融机构、境内非金融机构企业法人、境内自然人出资，在有农业的区和各县设立为当地农民、农业和农村经济发展提供金融服务的村镇银行和信用合作组织，从事经营吸收公众存款，发放短期、中期和长期创业贷款，办理国内结算，票据承兑与贴现，同业拆借，银行卡业务，代理发行、代理兑付、承销政府债券，代理收付款项及代理保险业务以及经银行业监督管理机构批准的其他业务。2009年在环城四区首先建立村镇银行和信用合作组织，到规划期末，所有区县均要建立村镇银行和信用合作组织。

支持商业银行或农村合作银行依据有关法律、法规并经银监会批准成立贷款公司，在有农业的区和各县为辖区农民、农业和农村经济发展提供贷款服务。

按照《关于小额贷款公司试点的指导意见》（银监发［2008］23号）和《天津市小额贷款公司试点暂行管理办法》（津金融办［2008］66号）的规定，鼓励自然人、企业法人与其他社会组织投资设立小额贷款公司，为创业者提供融资服务。

（二十七）解决抵押质押问题。发展传统的不动产抵押，积极发展动产抵押、质押，探索开办商标专用权、专利权、著作权等知识产权中的财产权质押，仓单、提单、基金份额、股权质押，应收账款质押，出口退税税单质押，存货抵押，林权、资信良好企业供销合同抵押，小企业业主或主要股东个人财产抵押、质押以及保证担保等。

创新担保方式、拓展担保物范围。对在我市依法设立的小额贷款公司，按照《中华人民共和国担保法》和《中华人民共和国物权法》等法律规定，办理各类担保物他项权利登记服务。

（二十八）建立市、区县小额贷款担保基金。全面实施小额担保贷款下放区县管理。各区县人民政府要摸清底数，结合区县实际情况测算小额担保贷款需求，确定小额担保贷款基金规模。市级小额担保贷款基金基于区县出资等额匹配。已建立担保机构的区县要在年内增加小额贷款担保业务，为本区域符合小额担保贷款条件的借款人提供担保。市小额贷款担保基金由天津市中小企业担保基金管理中心负责管理和运营，主要用于为劳动密集型小企业和参加市级创业培训机构培训的人员初次贷款和循环贷款提供担保。

（二十九）建立各类创业发展基金。市创业发展促进会要加强与市工商联、个私协会、各行业协会等合作，扩大会员规模，采取政府支持、社会捐助、会员自愿注资的方式新建规模不低于2000万元的支持创业企业发展基金，定向为会员企业提供短期融资服务。市人事部门要设立创新创业领军人才资金，围绕构筑高端化、高质化、高新化产业结构需求，充分利用好每年2亿元的专项资金，引进一批海内外创新创业领军人才；市科委要扩大科技型中小企业技术创新资金、天使投资等基金规模，支持创办和发展中小型科技企业；市教委要设立创业教育专项基金，用于支持高校开展创业教育场地建设、师资培训、学生天使资金、高校企业孵化器或大学生创业服务中心的运营、国际合作等；团市委要设立天津市青年创业就业基金，基金规模不低于500万元，并继续加强与国家开发银行和大连银行协作，实施青年创业小额贷款项目；市妇联要进一步加强与世界银行合作，扩大妇女创业小额贷款基金规模，额度不低于500万元，并将现有融资机构改制为公司法人。

七、加强创业服务体系建设

（三十）完善街道（乡镇）劳动保障服务中心创业服务功能。在全市241个街道（乡镇）劳动保障服务中心，增设创业培训服务窗口，在劳动保障协管员中选聘创业服务协调员，从事创业宣传、创业服务、政策咨询等工作。

（三十一）强化各级公共创业培训服务机构一条龙服务功能。各级公共创业培训服务机构为创业者提供项目推介、创业培训、小额贷款、税费减免等"一条龙"创业服务。市劳动保障局、市总工会、团市委、市妇联和各区县的创业培训服务机构，依托工商、税务等职能部门，设立创业服务代办中心，为创业者提供全方位、一站式的服务。

（三十二）建立覆盖全市各级培训服务机构的专家和志愿者服

务队伍。各级创业培训服务机构要聘请各相关职能部门的工作人员和企业管理、市场营销等方面的专家，建立专家服务队伍，各服务机构应不少于 10 人；市劳动保障局会同市委宣传部、市文明办等部门，面向社会招募创业服务专家和志愿者，建立 1000 人以上的志愿者队伍。

（三十三）建立社会化创业服务专业平台。市劳动保障局、市财政局每年向社会公布包括企业发展、企业管理培训和咨询服务、企业财务管理、企业财务控制、企业组织管理、法律、保险、审计、职业培训、技术转让、经营管理信息服务等政府购买成果的创业服务类别，凡合法经营和具有相关专业资质，并自愿为劳动者创业提供帮扶的社会专业机构，采用招投标的方式，为劳动者提供专业化服务。市劳动保障局、市财政局根据投标单位的有关情况，按照择优原则，确定服务项目的中标单位，由中标单位提供市场化、专业性服务。

（三十四）加强创业培训服务专家和创业指导志愿者队伍管理。市劳动保障局要搞好专家、志愿者队伍和创业者的对接，根据创业者需求，安排专家和志愿者进行对口服务。建立志愿者储蓄服务制度。每年根据服务记录及创业者满意度等工作业绩，评选优秀专家和志愿者，并予以表彰。

（三十五）加强创业服务信息网络建设。市劳动保障局要对现有的创业服务网站进行更新、扩容、升级，及时登录和发布创业政策、创业项目、创业培训、创业案例、专家名录等信息，并与工会、共青团、妇联、各区县的创业培训服务机构和各高校等进行联网，搭建信息发布平台，实现信息共享，为创业者提供高效、便捷的信息化服务。

八、加强创业项目建设

（三十六）建立市级创业项目库。市劳动保障局与中国（天津）专利产权交易中心建立联络合作机制，每季度举行专利技术研讨会，选择投资小、见效快、市场前景好的专利技术作为创业项目；与中国就业促进会联合向全国征集具有地域特点的"名、特、优、新"创业项目；与国际加盟连锁企业协会合作，广泛征集加盟连锁创业项目，经专家筛选评估后，纳入市级创业项目库。市级创业项目库项目总量不低于 1 万个，每年入库的新项目不少于总量的 20%。建立创业项目库动态管理机制。市劳动保障部门每年组织续存创业项目核查工作，对于连续两年无人选用的项目，实施退出，每年更新率不低于 10%。

（三十七）建立创业项目评估专家委员会。市劳动保障局要依托创业服务专家队伍，建立由技术、管理、财务等方面专家组成的创业项目评审委员会，根据项目评估规范标准，对入库的创业项目进行评审和论证。

（三十八）建立创业项目定期发布制度。市劳动保障局要在平面媒体、网站开辟“创业项目超市”专栏，每月向社会推介创业项目不少于 1000 个；每月定期举行制造、商贸、服务以及种养殖等不同行业的创业项目专题推介会，由项目人与创业者进行面对面的交流和洽谈；组织区县创业培训服务机构，每年开展一次以上符合其区域和产业特点的创业项目推介会。

（三十九）定期举办创业项目展示推介活动和创业论坛。市人民政府与中国就业促进会每年定期共同举办全国性创业项目展示推介会，由市劳动保障局负责具体实施。在市级创业项目库中，筛选不少于 2000 个项目参加展出。结合展示推介会，邀请国内外创新创业领军人物、创业理论专家、政府官员等举办创业论坛，加强国际合作交流，扩大我市创业促进就业工作的影响力。

九、职责分工

（四十）在市委、市政府、人力资源和社会保障部领导下，市就业委局际联席会议负责《天津市 2009 年 -2012 年促进以创业带动就业规划纲要》的组织实施。市就业委局际联席会议成员单位、各区县人民政府和经济功能区管委会、市总工会、团市委、市妇联、市工商联和有关企业集团、社团组织等，要制定本地区、本单位实施意见并报市人民政府。

（四十一）劳动保障部门制定年度创业促进就业工作的各项任务指标，建立完善创业培训和创业服务网络体系，搭建创业服务平台，培养创业培训教师，引进创业培训技术，设立创业项目库，筛选推介优秀创业项目，支持创业载体发展，推进创业实训基地建设。进一步完善劳动保障服务体系，加强职业技能培训和鉴定，完善社会保险政策，发展和谐劳动关系。落实社会保险补贴、免费创业培训、职业技能培训鉴定补贴、创业实训补贴、创业补助金等扶持政策，为创业者提供优质高效的服务。

（四十二）教育部门要深化教育教学制度改革，将创业教育列入高校评价体系，做好各级各类毕业生的创业引导工作，充实创业培训师资力量，普及创业知识培训，依托院校中试基地和重点实验室，建立校内创业孵化园，鼓励更多的高校毕业生自主创业。

农委要摸清并掌握我市农村富余劳动力的情况，制定完善适应农村创业需求的扶持政策，支持设施农业、特色农业、农产品深加工发展，加快农村商贸物流、中介服务、旅游观光等服务业项目建设。积极培育和发展专业生产合作社、产业协会、技术协会、农村经济人。做好农村富余劳动力自主创业服务和扶持工作。

（四十三）工商行政管理部门要做好证照审批及管理工作，简化程序，减少环节，落实收费减免政策，配合各级创业服务机构提供一站式服务，加大对非正规就业组织和灵活就业的扶持力度。

财政部门要加大对创业促进就业工作的资金投入，对于参加创业培训、积极投身自主创业、增加就业岗位等活动，要从政策和资金扶持上给予支持，增加担保贷款基金额度，扩大贷款扶持范围。

金融部门要制定措施，进一步做好对民营企业、自主创业者的融资服务工作，促进其稳定、快速发展。

市容、城管、城建、国土房管等部门要制定措施，对自主创业人员提供优质高效的服务。放宽对自主创业人员经营场地的审批限制，为创业人员利用房屋抵押等方式进行融资等提供便利。

市经委、市中小企业发展促进局要组织和带动社会资源，积极利用闲置厂房、楼宇、都市工业园区、区县工业园区等场所，充分挖掘其孵化企业的潜能，为创业小企业提供功能齐全的生产经营场地和综合性服务。制定扶持小企业创业基地建设的措施和办法，为小企业的创立和发展创造良好环境，提高其创业成功率。

（四十四）各区县人民政府和经济功能区管委会要将创业促进就业工作作为工作重点，制定年度工作计划，狠抓落实，安排必要场地兴办创业园区，建立创业孵化基地，设立担保机构，全方位促进创业。天津滨海新区要重点围绕现代制造业和研发转化基地建设，兴办零部件、装配、包装、运输等中小企业，鼓励创业者在电子信息、生物制药、航天航空等领域进行技术创业、知识创业。中心城区要建设一批科技型、环保型、节约型、效益型、就业安置型、社会公益型的特色都市工业小区，发展都市创意创业园和便民商贸市场，推动社区商业、餐饮业、住宿业发展。有农业的区和各县要加快乡镇工业区建设，推动中小企业向工业园区集中。加快集贸市场和特色商业街等各类市场建设，鼓励创业者兴办农产品加工、新型建材、冶金制品、环保产品、自行车及配件、服装加工等中小企业。

（四十五）市总工会要充分发挥职工创业基地、再就业联社等机构的作用，扩大津工超市连锁经营、社区服务等创业实体，鼓励职工创办为主业配套服务的经济实体；要进一步挖掘培训资源，扩大创业培训基地规模和数量；要组织各级工会组织开展技术革新、发明创造活动，鼓励职工立足岗位创新创业，有组织地开展创业就业。

（四十六）团市委要充分发挥青年创业广场、青年就业指导中心、青年联合会、青年企业家协会等机构作用，开发适合青年的创业项目。建立青年创业孵化基地、示范园和职业技能培训基地，开展创业培训和技能培训。发展青年创业就业基金，完善青年信用诚信体系，实施青年小额贷款项目。健全青年创业就业服务机构，积极为高校毕业生等青年群体创业提供服务。

（四十七）市妇联要充分发挥妇女创业中心、小额贷款机构、手工编织协会、家政服务协会等机构作用，在各区县建立妇女创业分中心，开展“1+X”创业培训，为具有创业意愿的妇女提供市场分析、项目论证、政策指导、决策参考等创业服务；拓展家庭服务公司服务领域，开发家政服务、手工编制、商务礼仪、营养配餐、小饭桌等适合妇女创业项目；启动女大学生创业导师行动，实施“万名女带头人培训工程”，支持女大学生创业；提高手工编织行业竞争力，建立北方手工编织品交易市场。

（四十八）市工商联要充分发挥会员企业作用，加强与民间商会、行业商会和民营企业的联系协调，引导成员企业遵守行业规范，支持民营企业依法维护自身权益。推动民营企业建立创业实训基地，组织民营企业家实施带徒创业，促进创业工作开展。

（四十九）各集团公司要强化社会责任意识，加强职工职业技能培训，提升创业能力；组织大企业开展零部件配套转分包业务，支持生产加工型中小企业发展；鼓励企业职工利用企业的辅业资产、闲置资产创业；支持企业富余职工承包企业配套生活服务项目。

（五十）社团组织要发挥自身优势，配合相关部门广泛收集创业信息，推介创业项目，搭建创业项目和创业者之间的交流平台；行业协会要组织专家学者为创业者提供项目评估、投资融资、信用担保、工商登记、经营管理等专业咨询服务。制定行业规范，完善自律机制，实现公平竞争，促进创业企业健康发展。

附件：

1. 创业指标评估制度
2. 2009 年创业带动就业工作指标分解
3. 创业项目评估指标体系
4. 贯彻实施《天津市 2009 年 -2012 年促进以创业带动就业规划纲要》急需出台配套文件及责任部门、完成时限

天津市劳动和社会保障局

二〇〇九年四月一日

促进“三支一扶”大学生就业的相关政策

市委组织部、市人力资源和社会保障局等八部门联合下发文件，出台促进“三支一扶”大学生就业的相关政策，主要包括：

一是“三支一扶”大学生服务单位为事业单位且有职位空缺的，可直接录用，不再执行见习期。服务期满时为本科学历的，录用后直接认定初级专业技术职称。

二是涉农区县在事业单位公开招聘工作中，每年要拿出三分之一左右的职位，公开招聘“三支一扶”大学生。对困难家庭“三支一扶”大学生免收报名费、考务费和体检费。

三是“三支一扶”大学生服务期满1年内参加全市公务员公开招考的，可按具有2年基层工作经验报考，也可按应届高校毕业生身份报考，笔试成绩加5分。

四是“三支一扶”大学生自主创业，可按照市劳动和社会保障部门、工商部门关于鼓励、支持高校毕业生自主创业的有关政策，享受小额贷款担保和贴息等优惠政策。

五是“三支一扶”大学生在服务期满1年内可作为“选聘高校毕业生到村任职”计划的选聘对象，也可参加1次选调生统一招考。

六是服务期满后3年内报考硕士研究生的，初试总分加10分。

创意创业术语

创业	
创业者 (Entrepreneur)	创建、经营一个企业并承担风险的人。
公司 (Corporation)	一种企业组织形式，其所有权和经营管理权分离。公司的重要特点包括责任有限、所有权便于转移以及可无限期经营。
独资企业 (Sole proprietorship)	业主一人承担公司一切责任的企业形式。
合伙公司 (Partnership)	由至少两位合伙人经营、共享利润并共同承担损失的企业。
有限合伙公司 (Limited partnership)	日常经营由一方或多方普通合伙人控制但有限责任合伙人（亦称为“沉默合伙人”）参与提供资本的合伙公司，有限责任合伙人承担的法律责任不超过己方投入的资本。
合资企业 (Joint venture)	由至少两家企业联合创办、共同经营、分享利润和分担损失的法律实体。
家中企业 (Home-based business)	采用任何规模或形式、主要在业主家中从事业务活动的企业。
绿色创业	抓住气候变化、能源紧缺等带来的经济机会，积极研发可再生能源、环保新型材料和清洁技术。为绿色创投提供咨询以及资金、技术、网络支持，倡导实践和承担社会环境责任，并帮助有识之士成功实现绿色创业梦想。
企业孵化器 (Business incubator)	为创业者和处在起步阶段的企业免费或降价提供场地、培训和支持性服务的园区。
企业计划书 (Business plan)	一份详细的书面计划，用于描述企业的现状、需要和预期目标。它包含对下列各项的透彻分析：公司的产品或服务、市场和面临的竞争、营销战略、运营计划和管理以及利润、资产负债表和现金流量的预测。
商标 (Trademark)	企业或个人为了使自己的商品和服务区别于类似商品与服务而使用的字词、名称、标志、音响或颜色。商标受法律保护。它与专利不同，可以无限期使用。
社会企业家 (Social entrepreneur):	看到社会问题并遵循创业原则组织、创建和管理一个企业以实现社会变革的人。社会企业家经常通过非营利组织和公民团体展开工作，但他们也可能在私营企业或政府部门工作。许多成功的企业家后来成为社会企业家，如微软公司的比尔·盖茨 (Bill Gates)。

库存 (Inventory)	一家公司所拥有的成品、半成品和原材料。
小企业发展中心 (SmallBusinessDevelopment Center)	一个利用大学教授和其他专家向目前和未来的小企业主提供管理协助的机构。
小企业管理局 (SmallBusiness Administration)	美国联邦政府的一个独立机构，创立于1953年，为小企业提供扶持、咨询和协助，保护小企业的利益。
退休主管服务核心小组 (Service Coreof Retired Executives)	小企业管理局赞助的一个非营利组织，致力于创业者的教育和小企业的成功经营。向小企业提供咨询。
外包 (Outsourcing)	把本来由公司内部员工提供的标准服务(财会、工资、信息技术、广告等)交给承包商去做。
业界交往 (Networking)	指发展业界联系以建立商业关系、获得更多知识、扩大业务或为社区服务的活动。
营销 (Marketing)	调研、宣传、促销某一产品或服务的过程。营销涵盖一系列范围很广的活动，包括广告、宣传、促销、定价和包装等。
营销计划 (Marketing plan)	描述一家公司的潜在顾客以及向其销售商品和服务的全面战略的文件。
缝隙市场营销 (Niche marketing)	发现竞争对手尚未充分服务的市场并针对此等市场展开营销的活动。
电子商务 (E-commerce):	在互联网上出售产品或服务的活动。
浏览器 (Browser)	使用户能够在互联网上浏览网上内容的电脑程序。
著作权 Copyright)	著作权是对以一种有形或物质的形式固定下来的出版或未出版的文学、科学、艺术作品所给予的法律保护。它规定创作者在某一阶段内对其作品享有专有权利。
专利 (Patent)	授予发明人的专有权利，借以禁止他人在有限时期内制造、使用、销售其发明。作为得到专利的交换条件，发明人必须在获得专利时公开发明的细节。
资金资产类	
创业融资 (Start-up financing)	为公司争取用于产品开发和初期市场营销的资金。进行创业融资的公司通常尚未销售其产品。
抵押品 (Collateral)	作为贷款抵押的资产。
风险投资者 (Venture investor)	专门向尚未建立长期业绩但预期会有巨大发展的企业提供巨额长期资本的机构或个人。风险资本家可能在不同程度上为企业提供管理和技术能力。

负债 (Liabilities)	包括应付帐款和税款、银行贷款及其他债务在内的公司债务。短期负债应于一年之内偿还，而长期负债的偿还期限超过一年。
股权 (Equity)	在某一企业中占有的股份比例。
过渡性融资 (Bridge finance)	预期可很快偿还的短期融资。
可变成本 (Variable cost)	随生产量或销售量变化的那部份成本。
流动性 (Liquidity)	资产可以不打折扣地迅速转换成现金的程度。
收入报表 (Income statement)	也称”损益表”，反映企业一定阶段内的收入和支出及盈利或亏损状况。
收支平衡点 (Breakeven point)	指公司的销售收入等于（但不超过）其所有的固定成本和可变成本。
天使投资者 (Angel investors)	拥有资本、愿意意承担风险的投资者。这些人往往是成功的创业者，他们投资于新兴企业，以此作为从个人出资阶段向吸引风险资本阶段的过渡。
无抵押贷款 (Unsecured loan)	借贷人不以任何资产作担保的短期贷款。
无形资产 (Intangible assets)	不具有实物特徵的财产，如创新想法。
现金流量 (Cash flow)	公司在一定阶段内的现金收入和现金支出之差。它是可用于采购、支付帐单及偿还债务的实有资金。
现金流量表 (Cash flow statement):	公司对一定阶段内现金流量的总结
信贷额度 (Line of credit)	（1）银行和客户之间商定的、客户在某一特定时间内可以借贷的无担保最高限额。（2）买方可以从卖方得到货物而延期付款（即赊购）的限额。
折旧 (Depreciation)	按照通用会计方法计算的、在资产预期寿命期间所消耗的那部份价值，如基于使用期对资产成本进行分配。
种子资金 (Seed financing)	为验证某一构想——可能需要进行产品开发和市场调查——而提供的小额资金。
资本 (Capital)	用于创造收入的现金或物资。对创业者来说，资本多指资金或投资于企业的其他资产。
资产 (Assets)	资产负债表上所列的一家公司拥有的有价值的物项，包括现金、设备和存货等。
资产负债表 (Balance sheet)	对一家公司在一定阶段内的财务状况——资产和负债——的总结性报告

创意创业图书

1.《大学生创业实践》

定价：￥32.00

作者：陈龙春

出版社：浙江大学出版社

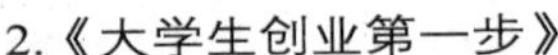
2.《大学生创业第一步》

定价：￥32.00

作者：张天桥 侯全生 李朝晖

出版社：清华大学出版社

3.《企业你也行》

定价：￥23.00

作者：朱胜龙

出版社：江西高校出版社

4.《赢在中国给创业者的忠告》

定价：￥35.00

作者：李琴

出版社：中国画报出版社

5.《卡耐基的成功之道》

定价：￥30.80

作者：戴尔·卡耐基

出版社：吉林大学出版社

6.《财富第六波Ⅱ：在家创富操作手册》

定价：￥25.00

作者：范伟云　胡国安

出版社：中国工人出版社

7.《家里的黄金》

定价：￥13.00

作者：史蒂夫·普莱斯博士

出版社：贵州人民出版社

8.《大学生网络创业现状与趋势》

定价：￥36.00

作者：阿里巴巴网络创业研究中心

出版社：电子工业出版社

9.《只要点子想得妙　无本也能赚大钱》

定价：￥29.80

作者：吕双波

出版社：中国戏剧出版社

10.《无本营销》

定价：￥20.00

作者：李文森

出版社：首都经济贸易大学出版社

11.《大学生创业法律实务》

定价：￥25.00

作者：叶虹

出版社：清华大学出版社

12.《大学生创业教程：理论与实践》

定价：￥35.00

作者：刘平

出版社：清华大学出版社

13.《大学生就业与创业指导教程》

定价：￥22.00

作者：赵居礼

出版社：机械工业出版社

14.《大学生创业之旅——探秘全程电子商务》

定价：￥33.00

作者：陈申

出版社：电子工业出版社

15.《大学生就业与创业教程》

定价：￥25.00

作者：郭训武

出版社：中国人民大学出版社

16.《大学生创业基础》

定价：￥28.00

作者：李肖鸣 朱建新 郑捷

出版社：清华大学出版社

17.《当梦想照进现实 - 上海大学大学生创业案例集》

定价：￥19.00

作者：周哲玮

出版社：上海大学出版社

18.《草根创业》

定价：￥25.00

作者：曹垣亮

出版社：中国人民大学出版社

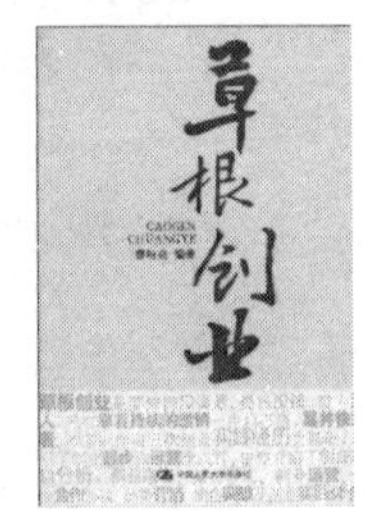

19.《文化精英创富揭秘》

定价：￥17.50

作者：陈昌照 姜晓霞

出版社：人民出版社

20.《就业环境变革视野中的重庆大学生就业》

定价：￥17.50

作者：黄蓉生等

出版社：人民出版社

21.《创意财富》
定价：￥32.00
作者：《财富故事会》栏目组
出版社：当代中国出版社

22.《创业大本营》
定价：￥58.00
作者：曾雄
出版社：湖南师范大学出版社

23.《社会表演学》
定价：￥26.00
作者：孙惠柱
出版社：商务印书馆

24.《大学生职业规划与就业指导》
定价：￥25.00
作者：钱建国
出版社：人民出版社

25.《加减——让每一个人成为资源》

定价：￥32.00

作者：金伯扬 吴咏怡

出版社：中国经济出版社

26.《财商策划》

定价：￥26.00

作者：廖灿

出版社：中国经济出版社

27.《当下的力量》

定价：￥24.00

作者：埃克哈特·托利

出版社：中信出版社

28.《雄心万千》

定价：￥18.00

作者：CCTV《赢在中国》项目组

出版社：上海人民出版社

29.《创意中国》

定价：￥38.00

作者：廖灿

出版社：中国经济出版社

30.《现代秘书职业技能与实训》

定价：￥25.00

作者：崔建明

出版单位：全国大学生就业能力认证办公室

31.《大学生明日领袖训练营》

定价：￥27.00

作者：张文杰

出版社：苏州大学出版社

32.《为心灵引航——爱是人生大战略》

定价：￥38.00

作者：边四光

出版社：知识产权出版社

创业基金组织

什么是创业基金？

创业基金又称风险资本，是指由专业投资人提供的快速成长并且具有很大升值潜力的新兴公司的一种资本。风险资本通过购买股权、提供贷款或既购买股权又提供贷款的方式进入这些企业。风险资本是准备用于进行风险投资的资金。风险资本的来源因时因国而异，如个人和家庭资金，国外资金，保险公司资金、年金和大产业公司资金等，主要是一种以私募方式募集资金，以公司等组织形式设立，投资于未上市的新兴中小型企业（尤其是新兴高科技企业）的一种承担高风险、谋求高回报的资本形态。在我国，通常所说的“产业投资基金”即属于创业基金。

创业基金支持的对象

1．创业基金支持的项目需符合以下条件：

（1）符合国家产业政策，技术含量较高，创新性较强的科技项目。

（2）产品有较大的市场容量和较强的市场竞争力，有较好的潜在经济效益和社会效益。

（3）项目应具备一定的成熟性，以研发阶段项目为主。

项目处于研发阶段：指项目以生产为目的，研制新技术、新工艺、新产品、新方法、新装置或对现有工艺、产品、生产过程进行技术上的实质性改进而进行的一系列技术工作；其成果应为一种具有新产品或新技术基本特点的原型（样品、样机）。

项目处于中试阶段：指项目以生产为目的，利用研发阶段得到的原型（样品、样机）、工艺、技术等成果进行产品的定型设计、获取生产所需的技术参数等一系列技术开发工作；这一阶段包括产品试制与设计、工业性试验以及小批量试生产。

项目处于批量（规模化）阶段：指项目利用中试阶段的技术开发成果进行较大规模的生产活动。

2. 申请创业基金的个人或法人应具备以下条件：

（1）申请人或企业法定代表人为在校大学生（含硕士、博士）。

（2）主要从事高新技术产品的研制、开发、生产和服务业务。

（3）申请人有较强的市场开拓能力和较高的经营管理水平，并有持续创新的意识。

（4）在校期间品学兼优，无不良记录。

创业基金支持的方式

根据大学生创业的实际情况，申请创业基金的大学生基本为首次创业，为了便于管理及增强大学生的创业责任感，投资公司拟采取资本金（股本金）投入并对其财务进行监管的方式支持在校大学生的创业行动。

资本金投入：资本金投入以投资公司自有资金投入为主，数额一般不超过企业注册资本或申请人准备投入的 50% 且投入一般不超过 3 万元。

同时，投资公司还会从公司注册手续的办理、企业税务的代理、经营中的管理培训及相关政策的把握等各个方面给予申请人新设的企业以支持。

创业基金的申请

创业基金对同一个大学生只支持一个项目。

申请人应根据申请支持的项目所处的阶段和个人的具体情况，明确选择一种相应的支持方式。

1. 申请时间

创业基金不设开始及截止时间，有创业梦想的在校大学生随时可以提出申报

2. 申请程序

符合创业基金申请条件的项目，申请人可按下列程序提出申请：

（1）到投资公司网站下载《大学生创业基金申请材料汇总》，并认真阅读有关文件。

（2）按统一要求准备申请材料（申请书、可行性报告以及附件等）。

（3）将准备好的申报材料邮寄或 E-MAIL 到投资公司。

（4）个人的品行证明及所在院系的推荐意见书。

企业提供的材料必须真实可靠。如发现弄虚作假，投资公司将不再受理该大学生的申请。

3．申请材料

申请创业基金支持的大学生，应提交以下材料：

（1）《大学生创业基金项目申请书》

《大学生创业基金项目申请书》在《大学生创业基金申请材料汇总》中提供。申请人按填写说明规定录入相关内容，并打印出完整的《大学生创业基金项目申请书》。

（2）《大学生创业基金项目可行性研究报告》

《大学生创业基金项目可行性研究报告》须按通用项目报告的要求及格式进行编制。该报告可以由申请人自行编制，也可以委托有关中介机构编制，报告中所涉及的有关数据须与《大学生创业基金项目申请书》一致。

（3）申请材料附件

申请材料主要附件包括：

①申请人身份证及学生证或法人营业执照（复印件）。

②已经经营一定时间的企业，需提交经会计师事务所（或审计师事务所）审计的企业上两年度的会计报表（复印件）和相应的审计报告（复印件），以及本年度最近一个月的企业会计报表（复印件）；会计报表包括资产负债表、损益表、现金流量表以及报表附注等。经过审计的财务报表应加盖审计单位印章。

当年注册的新办企业，须报送企业注册时的验资报告（复印件）和本年度最近一个月的企业会计报表（复印件）。

拟新设立企业的个人需提交在校期间学费已缴清的相关证明文件。

③可以说明项目情况的证明文件（如技术报告、查新报告、鉴定证书、检测报告、用户使用报告等的复印件）。

④能说明项目知识产权归属及授权使用的证明文件（如：专利

证书，产权使用授权书，产权使用认可书、技术合同等的复印件）。

⑤与项目和企业有关的其它参考材料（如奖励证明、用户定单等的复印件及产品照片）。

⑥个人的品行证明及所在院系的推荐意见书

企业提供的材料必须真实可靠。如发现弄虚作假，投资公司将不再受理该大学生的申请。

申请受理

1. 受理单位

投资公司负责受理创业基金项目的申请。

2. 受理处理

投资公司对申请人提交的申请材料进行受理审查。对审查不合格的项目，投资公司一般自收到申请之日起两个月内，向申请人电话告之。

受理审查合格的项目，投资公司将组织有关专家和机构对其进行立项审查。立项审查未通过的项目，投资公司一般自对该项目进行受理审查之日起四个月内，电话通知。

申请材料一律不退还。申请人可根据需要备份申请材料。

立项及监理

通过立项审查并报创业基金支持的项目，投资公司将于立项之日起20日内以申请人可以获知的方式通知申请人，并与其签订《大学生创业基金项目合同》。

投资公司对创业基金项目的实施过程进行监督管理，监理的内容和要求：

1. 创业基金支持的项目必须入驻SBI创业街孵化，否则将不予考虑对其给予支持。

2. 创业基金支持的额度不超过申请人自有投入的50%。

3. 申请人入驻后自主经营，投资公司对其公司财务状况定期核查。如发现有违反法律规定及转移公司资产的情况则投资公司可以采取法律手段处理。

适于大学生的创业基金：融资新渠道

■中国青年创业基金发放对象：年龄在18~35岁之间；失业、半失业或待业；有一个很好的商业点子；资源有限；筹措不到创业启动资金。

资金来源：国家专门拨款；国内外各种机构、团体、企事业单位或个人的捐款；国内各级政府资助等。

资助方式：提供3~5万元的无息资金。

申请条件：申请者无需担保和资产抵押，经基金管理机构审核批准后就可获得创业贷款。

申请程序：创业者或企业向团组织提出贷款申请，团组织进行审核并推荐贷款对象。

■中国大学生西部创业基金发放对象：品学兼优、准备到西部创业的优秀大学应届毕业生。

资金来源：郑泽先生的个人捐助；金鹰国际集团——宁夏银川金鹰国际CBD中心年经营利润的一定比例提成；社会捐助等。

资助方式：根据创业项目，给予资金支持。

申请条件：到西部边远地区从事科、教、文、卫工作，或者有自主创业计划并有可行性创业项目愿意到西部创业，或者参加基金设立机构金鹰国际集团在西部的建设项目。

申请程序：可向基金会设立的专门机构提出申请，经审核后发放。

■科技型中小企业技术创新基金发放对象：1. 拥有自主知识产权，并且市场前景好，市场容量大的项目；科研院所转制为科技型企业完成的成果转化及产业化项目；科技人员和海外留学人员携带具有良好产业化前景的高新技术项目；国家重点科研、开发计划待产业化的项目；有利于环境保护和出口创汇的项目；2. 技术水平高、持续创新能力强、管理科学、产品市场和效益前景好的企业；科技人员和海外留学人员携带具有良好产业化前景的高新技术项目创办的企业。

资金来源：基金是经国务院批准设立，用于支持科技型中小企业技术创新的政府专项基金。

资助方式：根据企业的不同特点和项目所处的不同阶段，基金分别采用无偿资助、贷款贴息，以及技术转移项目等不同方式。

申请条件：1. 符合国家产业、技术政策，技术含量高，创新性较强，知识产权清晰，技术处于国内领先水平；2. 必须是以生产、销售、技术服务和盈利为目的，产品或服务有明确的市场需求和较强的市场竞争力，可以产生较好的经济效益和社会效益，并有望形成新兴产业；3. 年度重点支持《指南》中所列的项目范围。

申请程序：由企业按申请要求提供相应材料，项目推荐单位须出具推荐意见，其中申请贴息的企业还需提供有关银行的承贷意见。该基金全面实行数字化管理系统，项目申请实行电子申请。

■玫琳凯妇女创业基金发放对象：有创业能力但经济能力有限的城市妇女。

资金来源：由玫琳凯公司与全国妇联合作设立，由玫琳凯公司资助。

资助方式：中短期无息贷款。

申请条件：有创业计划或是正在创业。

申请程序：向各地妇联提出申请，妇联审核后向基金会提出贷款申请。

■上海市大学生科技创业基金发放对象：面向上海市高校（含研究生培养单位）应届毕业生（含毕业阶段在校生和离校应届毕业生）、在读硕士、博士生及其所创办的企业（含上海户籍外地高校的专科、高职、本科生、硕士、博士研究生）。

资金来源：该基金是上海市政府用于扶持上海高校毕业生科技创业的政府资助型“天使基金”，也是培育高科技企业的“种子基金”。资金来源包括上海市财政划拨专项资金、高校配套资金及社会资金三个渠道。其规模为每年 5000 万元，每个项目资助金额为 30 万元以内。基金首期计划为期 3 年（2005 年为首年），资金总规模为 1.5 亿元。

资助方式：一是对高校毕业生的科技成果孵化予以资助。即依托复旦、交大、上大、上理工等高校科技园区，建立上海市大学生科技成果孵化基地和上海市大学生科技创业园区，为拥有科技成果的高校毕业生提供科技成果转化为产品的场地和服务。二是对科技成果孵化成熟后高校毕业生创办的企业予以资助。即基金对每个项目按 30 万元以内额度投资。并根据申请人的资金需求，通过审核和评估，按照与创业者自筹资金 3：1~5：1 的比例直接投资。投资期限一般为 1~2 年。

申请条件：品学兼优，具有一定的组织协调能力和科技创新能力；原则上必须完成学业，提供毕业证书和学位证书，提供在沪居住证明；申请项目需符合国家、上海市产业导向与就业需求，具有一定的技术先进性与开发价值。

申请程序：由大学生按申请要求提供相应的申请材料，经所在学校校内主管部门推荐，向委托机构提出申请。

■海外留学人员来沪创办软件和集成电路设计企业专项资金发放对象：海外留学人员，是创办企业的法定代表人或最大股东。

资金来源：浦东新区财政局负责资金划拨。

资助方式：一次性无偿资助 10 万元人民币。

申请条件：1. 所创办的企业主要从事生物医药、新材料、环保等高新技术产业，注册资金人民币 50 万元以上（含 50 万元）；2. 必须是从事软件和集成电路设计的留学人员；3. 申请人一般不少于 5 年的海外学习和工作经历，在海外获得博士学位者可不受学习、工作年限的限制。

申请程序：申请者可登陆浦东科技网（www.techpudong.gov.cn）海外人才网（www.pudongos.com），下载表格，提交申请材料。

中国十大公益性创业组织和项目

1. YBC：中国青年创业国际计划（Youth Business China）

主办：共青团中央、全国青年、劳动社会保障部、中华全国工商业联合会等 7 家机构。

网址：http://www.ybc.org.cn/。

2．KAB：创业教育（Know About Business）

主办：共青团中央、全国青联、国际劳工组织等机构。

网址：http://www.kab.org.cn/node/kab.htm。

3．AAMA 亚杰商会：未来科技领袖摇篮计划

主办：AAMA（亚杰商会）中国分会。

网址：http://www.aamachina.com.cn。

AAMA未来科技商业领袖

摇篮计划

4．BCF 北京光华慈善基金会：创业教育

主办：北京光华慈善基金会、美国国家创业指导基金会。

网址：http://www.bcf.org.cn/index.asp。

5．SOE：中国青年创业探索（Spirit Of Enterprise）

主办：SOE、上海映绿公益事业发展中心。

网址：http://www.soe.org.cn/index.php

6. 中国光华科技基金会 光华创新工程

主办：中国光华科技基金会。

网址：http://www.ghstf.org/。

7. SYB（Start Your Business，又名 SIYB）：创业培训

主办：人力资源和社会保障部、国际劳工组织。

网址：http://www.siyb.com.cn/index.html。

8. JA（Junior Achievement）China 国际青年成就计划

主办：国际青年成就中国部。

网址：http://www.jachina.org/cn/index.html。

9. NPI（Non-Profit Incubator）：公益组织孵化器 OR 公益创投

主办：NPI 组织、南都基金会、上海浦东非营利组织发展中心。

网址：http://www.npi.org.cn/index.php。

10. NPP 公益创投（Non-Profit Partners Venture Philanthropy）

主办：NPP、中国红十字基金会。

网址：http://www.nppcn.com/。

创意创业网络

阿里巴巴创业网（info.china.alibaba.com）
中国店网（www.koduo.com）
世界创业实验室（elab.icxo.com）
大学生创业网（www.liying.net.cn）
长沙创业网（www.cscyw.com）
青岛创业网（www.cscyw.com）
78 商机（www.78.cn）
28 招商网（www.28.com）
织梦内容管理系统（www.popoh.com）
天下创业网（wz.chyee.com）
么么家族（chuangye.21me.me）
财富经中国创业网（www.cfj88.cn）
中华创业港（www.cygang.com）
123 创业（www.cccx.cc）
慧聪网（www.hc360.com）
创业基地（www.3966.com）
商机网（www.518ad.com）
商格里拉（www.sellgreat.com）
天搜创业网（www.58ts.cn）
搜易创业（www.sooe.cn）
校园大学生创业网（www.chuangyw.com）
黄金路创业网（www.gold66.com/dachuangyue1.htm）
大学生创业网（www.studentboss.com）
创业网 - 中国创业门户网站（www.cye.com.cn）
小本创业网（www.36578.com）
中国创业投资网（www.wineast.com）
越众创业网（www.yzcy.com）

青年创业网（www.qncy.org/index.html）
共赢创业网（www.oowork.com）
创业项目网（www.51ttss.com）
广东大学生创业网（www.i-am-boss.com）
成都创业网（www.cdcyw.com）
深圳青年创业网（www.start-up.com.cn）
创业项目信息网（www.cf98.com）
创业投资网（www.wp28.com）
创业商机网（www.78.cn）
精品创业网（www.vipcyw.com）
一起创业网（www.go7go.cn）
中华创业致富网（www.81189.com）
台湾创业网（www.995job.com）
588 创业网（www.588cy.com）
中国江西创业网（www.jxgdw.com/jxgd/jxcy）

尾篇

创意创业的坐标系

二维世界里需要一横、一纵两个线索可以明晰一切；

三维世界里需要 X、Y、Z 三个线索可以明晰一切。

似乎这个世界上的一切都能够明晰，但是总有人发现新理论，发明新东西，为什么唯独创意的产物能够引领思想潮流。人类的现在的认知有限，但是创意思维无限。

似乎这个社会上的一切都循规蹈矩，但是总有人发容易之财，成为社会精英，为什么创业的人总是独领时代风骚。人类的创造能力是有限的，但是创业能力无限。

那么，需要多少线索才能明晰创意创业？两条。一是想，二是做。

在时间的河流中摸索，找到一个属于自己的坐标。

创意创业从这个坐标开始。

谁是我们的财富榜样

上海大学出版社副主编　李　旭

历经变革的时代，新鲜事物层出不穷。新锐的品牌各种各样、千变万化，可谓是各领风骚。而新鲜的面孔、新颖的行业、新的生意方式、新的价值标准则是他们共同的特点。散发着现代气息、财富魅力、贵族风格的新生代创业精英，是让人耳目一新的新的财富主流。虽然，新生代的创业精英还不是当今的商界明星，但是他们是想创业和正在创业人们的财富榜样。因为这些人物的创业故事和财富历程具有很强的可模仿性、可复制性及可借鉴性。

商机发现

大多数的新锐企业总是能在偌大的市场中找到适合自己的行业，而且这个行业又是大多数人并未发现的，而这便是商机。

这个爱好书法的年轻人，从书法教师做起，转战多个行业，1995 年他进入了图书业。而这个人就是席殊，他被成为中国民营图书业第一人。在经历了初期的艰难之后，他找到了合适的切入点——图书俱乐部 + 连锁书店的经营模式，这个模式开辟了中国民营图书业的新道路。在建立了 500 家连锁书店之后，席殊开始筹建他的图书俱乐部。并将俱乐部会员制与连锁店互动，至此他创造出了第二条独特的商机。在连锁店与俱乐部形成品牌效应之后，他又做起了网上书店，在经历了开始的不熟悉阶段之后，网上书店逐渐的成为他的第三条商机。

而现在，席殊书屋的三驾马车相辅相成，成为了中国民营图书业的经典经营模式。

席殊的成功在于对待市场的观察，他总是能发现别人忽略或不敢做的事。并且通过敏锐的嗅觉、果断的决策以及开放的思维建立了中国民营图书业的巨头。连锁店、俱乐部、网站这些都是很普遍的事物，但是在新锐创业家眼中，这些就成为了一个新行业的重要组成部分。

新运营模式

一个全新的企业运营模式将给我们带来什么？带来一个独一无二的企业。在一个行业中拥有别人所不能具备的运营方式，将是你成功的开始。

起初只是广告公司的华谊兄弟，在不经意间做起了电影。但是对于中国电影市场来说，华谊还是一个愣头青，如何才能拔得头筹，这个问题摆在了华谊老总王中军的面前。王中军行伍出身，退役后在美国历练五年。因为有美国的经历，他第一个想到的就是好莱坞模式，从而吹响了大制作的集结号，这个制胜法宝让华谊成为了中国电影市场上的巨头。然而好莱坞模式也并不能满足王中军的“野心”，全球票房分账模式在中国是首开纪录。这个模式让华谊快速的进入了国际市场，对于立志高大制作的王中军来说为他提供了更为广阔的空间。在电影市场上的旗开得胜，没有满足华谊的胃口，在广告、制药、马会俱乐部等多个方向，华谊开始了它多元化的发展。

运营模式并不是一个固定的行业规则，也并不是不可以改变的。如果能够大胆改变传统的运营模式，将成为企业特有的竞争力。创意是无所不在的，不要把自己局限于规则内，这才能看的更远。

市场细分

创业并不只是局限于创造性的发现某个商机，若能在现有的行业中细化出新的行业，也是一种创造性的发现。

从北京电视台走出来的《洋话连篇》成为了国内英语口语培训的全国性新锐品牌，这不得不说是个奇迹。这个奇迹的缔造者孙震，出身于北京电视台，偶然的机会让他开始了英语教学节目的制作。凭借充满生活、现代气息的场景，轻松的游戏、时尚的衣着，这档节目成为了中国第一个娱乐化电视教学节目。节目的成功并没有满足孙震的胃口，他开始进军英语培训市场，但从何入手却难住了他。孙震首先坚持的是市场细分——集中优势兵力全力占领口语培训市场，保证学员从“洋话连篇”学到的是当今应用最普遍甚至最时髦的口语。并且利用电视节目带来的巨大人气，适时的拓展了会员俱乐部、出版了“洋话连篇宝典”、推出全新的“修学游”项目，出国旅游、学习洋话。

多产业化发展让“洋话连篇”成为了国内英语培训的标志性品牌。

这是一个有关市场细分的经典案例，行业并不是一成不变的规则，如果你善于发现选择适当的切入点，即使是已经饱和的市场，还是会在你的智慧下衍生出新的行业，而在这个行业中，作为开拓者的你必然享有别人无法比拟的优势，利用一切资源，开始改变你的认知。

技术产业化

很多人认为技术是一个不可变得因素，它取决于人的能力、资质和素质，并不是你一厢情愿就能够改变的，但是如果将技术变为产业，并且进行适当的扩大化又会发生什么?

1997 年，时任中国农村信用投资集团山东物资公司总经理的史英建因为公司关闭即将面临着抉择。然而他选择了“足疗”这个比较生僻的行业，足疗在普通人的眼中是一项“手工活”，但高水准、一致性的“手工活”却成为了史英建成功的法宝。这此基础上，他还成立了专门的研究院，将一项“手工活”发展为规模化的“生产机器”。如今 200 多家的连锁店，让“良子”这个品牌成为目前中国最大规模、最为规范的专业足疗企业，还是国内仅有的一家从事自然疗法研究的专业机构。对于企业文化的建设，史英建从没有放松过，坚持传统保健文化、传统民族文化，管理贯穿着传统道德理念是“良子”取得成功的基石。

将技术化、规模化的生产却放在了“足疗”这样一个行业上，不得不说是一个创意创业的典范。

产业化是一个并不容易达成的目标，但是却也不是不可能完成的任务，选择市场就成为了关键的步骤，规范的企业管理则是企业突出重围的致胜法宝，品牌文化的建设、技术批量化的实现也是必不可少的条件。这给迷信于依靠强大资本形成产业集团的人们，带来了不同的选择。

四种方式为新锐创业者们提供了不同的道路，让我想到了另外四种方式。

商机—点化

在广州大学工作时，看到楼下的复印社有这样一个招牌：“名片、打字、传真、复印。”闲谈之余，我给复印社的老板提了一个建议，希望他将自己的招牌改为“名片交换、上门打字、代收传真、复印留底”。同时引用俱乐部的会员制度，为每位会员安排专用的柜子，将每位来此复印文件、接受传真客户的文件一一保存以便日后找寻起来方便，这种方法类似于银行的功效。还希望他能保留制作过的名片，并以福利的方式提供给他的会员。老板听从了我的意见，后来这家复印社成为了一家信息资讯公司。

这便是点化。商机在市场上总是可遇而不可求，那需要的客观条件过于复杂，但如果能够自己创造商机，便能够脱颖而出。商机无处不在，却像未露锋芒的石头，创业者需要点石成金的创意。

细分—聚合

有个朋友拥有一个茶社，并在这里组建了一个俱乐部。他的经营方式让我很感兴趣，他在大厅中央放置了一个巨大的三层旋转式水晶立柜，上面有很多空的格子，里面是各式各样的茶罐。我不明所以，他告诉我这里的茶罐都是会员自带的，每次会员来的时候便使用自己的茶罐，这能给会员们带来了主人翁的感觉，而且这里并没有消费的概念。

这样一个俱乐部，让每个会员都能融入其中。将所有的形式聚合其中，形成了不同寻常的效果，也给他带来了丰厚的回报。就是这样一个简单的方式，却把俱乐部的核心因素——会员，牢牢的凝聚在这个茶社之中，是一个新鲜的尝试。如果说市场细分是一个胆大心细的尝试，那聚合便是智慧的海纳百川。

技术—艺术

梅兰芳剧场，在物质的北京，这是一个异类，但他却成功了。在强敌林立的市场上，能够脱颖而出，必然拥有他的特点——专业艺术。京剧是国粹，而梅兰芳则是这个行业中的佼佼者，剧场的名字便道出了这一点：我们提供专业的京剧表演。这在人群中的影响力是巨大的，偶像的感染力、艺术的单纯强化，让这个品牌成功在北京闯下了一个偌大的天地。

技术作为市场的主流创业方向，已经误导了现代的年轻人，在渴望创意的年代里，有没有想过换一个方向，比如说艺术。

模式—独创

北京君和律师事务所在业内是一个权威，然而它是如何成为一个传奇的？这来源于独创的律师合伙制，这种制度让君和成为一个不同寻常的存在。在别的事务所还在老老实实的做业务的时候，君和已经开始接触律师行业的核心，并成功的掌控了它。其实这并不是一个秘密，这个行业的核心就是律师，只是君和提前进入了而已。

独创是一种思维，也是一种创意。而创业者如果没有这中意识，便无法从惨烈的市场竞争中突出重围。针对于模式而言，独创有它的优势，若不能缔造模式，那就缔造独创吧。

我想，这个世界上并没有一个固定的行业或着市场能够提供优厚的前景，而那些真正具有优秀创意思维的人却能在这种不确定的环境中寻找到适合自己的事业。创意并不是束之高阁的，创业也不是艰难困苦的道路。创意创业提供了一个不同寻常选择，做自己的财富榜样吧！

尾 篇

后 记

有一种机缘出创意

中国策划家思想文库主编 大 林

世界上的事情有时很凑巧，《大学生创意创业》就是一件很凑巧的事。

3月份，我带领北京俱乐部赴美国高校考察团从美国归来。正在撰写《美国大学生创业前考察报告》之际，接到天津创意策划研究会秘书长张合军先生的邀请，前往天津商议大学生创业的策划工作。巧遇华夏经济文化交流协会刘之汉先生，在天津举办华夏经济文化万里行首站活动。三人在天津华夏酒店凑在一块，一番头脑风暴下来，决议要编撰一本《大学生创意创业》。

在编写的过程中同时在联系出版社，没想到选题一出，各大出版社蜂拥而至。最积极的莫过于知识产权出版社的策划编辑荆成恭，他闻讯就表示："这本书由我们出了，无论是什么条件我们都能接受"。上海大学出版社李旭先生表示："《大学生创意创业》就是我们的《十万年薪俱乐部》的姊妹篇，我们正在筹备《百万富翁俱乐部》的出版。如果说《百万富翁俱乐部》所针对的是大学创业成功的人，那么《十万年薪俱乐部》就是针对即将毕业的大学生。"深圳海天出版社、北京当代世界出版社、湖南教育出版社都对这本书的出版表示了极大的热情。

在编撰本书的过程中，北京大学、清华大学、长沙电视台、重庆创业者协会等不下30个单位都表示要积极地参入《大学生创意创业》的编撰、创意、出版、发行的工作。

在这么多朋友的关注和热情的支持下，我们的编辑部1个多月以来，夜以继日、废寝忘食，大家斗志高昂，处在创作的热情中。到今天，这本书终于杀青了。作为处女作的《大学生创意创业》天津版，今天就要和大家见面了。我们怀着惴惴不安的心情，等待着大家的评判。与此同时，我们又不无骄傲的告诉大家，这本书是极为有看点的。我们在10几万字的书籍中进行了很多预埋，你在不经意的阅读中，会完整的感受到策划的理念；你在字里行间的浸染中，会感受到有效的俱乐部主张；尤其是你通过故事的阅读，会找到创业的财富地图。担任本书总策划的大林先生是国内知名的畅销书策划家，在《零岁方案》、《席殊练字》、《锦州记忆》、《疯狂英语》、《学习的革命》等系列教育畅销书的经验上，再度推出适应当前大学生创业就业的实用性工具书《大学生创意创业》。

这本书的使用方法有3点。第一，大学生们不妨先粗略的浏览一遍；第二，针对自己的实际问题在目录上寻找对应点，按图索骥地找到解决方案；第三，采取交互式方法阅读，即书中的理论实践与自己的实际情况相结合。

本书短小精悍，就像是文艺战线的轻骑兵。然而这本书的生命力所在，还在于大学生们对它的认可。吸收和迎合既有的创业成功经验，归纳和指示未来的职业走向，是本书的使命。我们在书中只是做了前面的一部分工作，有了你的阅读和千万大学生的介入，这本书才会真正的完善起来。

本书出版之际，正逢团中央大学生创业基金委员会在湖南召开现场会议。与此同时，华夏经济文化交流协会与天津市创意策划研究会所举行的“大学生创意创业一把火”的启动仪式和演唱晚会在天津召开。中央电视台正在重庆做外景摄制的《创意梦工厂》摄制组，也等待着本书在重庆的发行。湖南省展览馆闻讯，打算马上筹备全国大学生创意创业博览会。

好消息不断传来，大学生们，你们处在一个全社会热情关注大学生就业的大好时机！你们要把眼下的择业创业与国家的经济建设结合起来，让每一个创意都开出灿烂之花，汇聚在万紫嫣红的祖国大花园中。

谨让我代表本书的编委会全体编委、代表编辑部所有同仁向本书创意策划、提供素材、写作编辑、图书设计的所有专家致谢！

2010年5月9日于北京

尾 篇

北京五项措施大学生创业 部分高校规定

取得创业学分才能毕业

李 莉

本报讯（记者李莉）随着大学生就业形势的日益严峻，大学生创业成为解决就业的一条新途径而备受瞩目。今天上午来自 51 所高校的 689 项创新成果在北京交通大学集中展示，吸引了近 20 家企业的目光，其中 16 家企业表示愿意将学生设计的项目进行推广。

近日教育部下发文件，表示将把创新创业教育纳入专业教育和文化素质教育教学计划和学分体系。今年教育部还将会同科技部建设一批“高校学生科技创业实习基地”，为创业大学生提供场所并减免一年房租。北京市近 3 年划拨了 2505 万元专项资金用于开展 4000 项大学生科学研究与创业行动计划，目前已经支持完成 2000 余项。这 2000 余项创业项目涵盖了理、工、农、医、文、法、经营等各学科方向，北交大绿色动车组、北理工新型多用途反恐防暴机器人、北京科技大学音乐机器人乐队、清华大学房屋抗震设计等均在今天的展会上亮相。

据了解，北京市在 2008 年至 2010 年期间同投入 2.21 亿元资金，立项支持引导推动首都高校开展实践教学改革创新。目前已经投入 8760 万元资金建设了 187 个市级实验教学示范中心，投入 1750 万元资金建设了 59 个校外人才培养基地，投入 560 万元资金支持了 10 项大学生科技竞赛活动，为了大学生实践能力、创新能力搭建展示中心。

市教委有关负责人表示，目前学生的弱点是实践能力较差，市教委将从五个方面对学生的创业实践能力进行培养。首先是创业教育进课堂，现在多所高校都已经开设了与创业相关的选修课和必修课，有的高校还规定学生必须取得“创业学分”才能毕业；第二是将创业要求纳入到实践教学中；第三，积极聘请企业人士进校任教，提高学生实际应用能力；第四，依托大学科技园进行科技成果转化，去年本市大学科技园数量猛增 70%，从 14 所增加到 24 所，为学生科技成功孵化提供帮助；第五，将与中关村国家创新自主示范区加紧合作，学校与企业联合对硕士、博士生进行培养。

（转引自 2010 年 5 月 9 日《北京晚报》）

《大学生创意创业》

团 队

【编辑部】

主　编：刘之汉

执行主编：张合军

编　审：潘岩铭　张大文

策　划：大　林

主　任：韩玉明　王小新

编　辑：方　丹　张启芳　董艳妮

刘丽静　杨彤文　岳瑞升

视　觉：王谷元

设　计：岳瑞君

图　片：曹　哲

【推　广】

北京　王　蕾　上海　李　旭　天津　吴子金

重庆　喻卫东　广州　张乐群　长沙　杨　琴

成都　胡兰军　深圳　远　古　大连　张小玲

呼市　宝　金　南京　谈剑平　济南　朱　策

鸣 谢

华夏经济文化交流协会
天津市创意策划研究中心
大捷奥策（北京）文化交流中心

北京大学政府管理交流中心
《北大商业评论》
清华大学文化创意产业研究中心

南开大学
今晚传媒集团《渤海早报》
天津市正信集团有限公司
天津市凌奥创意产业园
天津市意库创意产业园
天津市民园西里创意园

重庆青年创业者协会
广州南方人才基地
湖南人文科技学院
百万富翁出版有限公司
十万年薪广州俱乐部

樊月龙　史莲芝　侯建军　李　谦
田　洪　袁　辛　孙伟业　高立红
刘晓艳　周　享　王欣鑫